Cómo posicionar su sitio web

Inteligencia artificial
y herramientas de Google
para optimizar el SEO

6ª edición

Murielle Charansol
Marie Prat

ISBN: 978-2-409-05066-4
Edición original: 978-2-409-04558-5

Ediciones ENI

P° Ferrocarriles Catalanes, 97-117, 2a pl. of. 18
08940 - Cornellà de Llobregat (Barcelona)

Tel: 934 246 401
Fax: 934 231 576

e-mail: info@ediciones-eni.com
http://www.ediciones-eni.com

Autores: Murielle Charansol, Marie Prat
Colección **Objetivo: Web** dirigida por Corinne Hervo

Capítulo 1
Introducción

Capítulo 2
Búsqueda de información y motor de respuesta

Capítulo 3
Primera posición

Capítulo 4
Las otras herramientas de búsqueda

Capítulo 5
Entorno del sitio web

Capítulo 6
La base: las palabras clave

Capítulo 7
Preparar el AEO

Capítulo 8
Criterios on page: el contenido

Capítulo 9
Criterios on page: optimizar los medios

Capítulo 10
Criterios off page: Netlinking

Capítulo 11
Envoltorio técnico

Capítulo 12
Mobile First

Capítulo 13
SEO y WordPress

Capítulo 14
SEO y comercio electrónico

Capítulo 15
SEO local

Capítulo 16
Optimización para medios sociales (SMO)

Capítulo 17

Indexar su sitio o blog

Capítulo 18
Monitorización del SEO

Capítulo 19
Herramientas para webmasters

Capítulo 20
Llegar a conclusiones útiles

Capítulo 1

Introducción

A. Preámbulo

Aquí estamos con la 6.ª edición de este libro. Desde la primera, lanzada en 2005 el tema del SEO (*Search Engine Optimization*), es decir, el posicionamiento natural, sigue siendo plenamente actual.

El número de sitios web y artículos de blogs publicados continúa creciendo exponencialmente, y todo el mundo quiere estar en la primera página de los resultados de Google.

Las dos cifras que encontrará a continuación ilustran el fenómeno:

- En enero de 2025 había 1.130 millones de sitios web en Internet, una cifra que aumenta sin parar año tras año.
- En 2025, cada día se publican más de 7,5 millones de entradas de blog y WordPress tiene una cuota de mercado de los CMS a nivel mundial superior al 61 %.

Fuentes: https://www.websitehostingrating.com/es/internet-statistics-facts/

https://www.wpzoom.com/blog/wordpress-statistics/
#:~:text=WordPress%20powers%2043.5%25%20of%20all,over%2030%2C000%20WordPress%20themes%20available.

Eche un vistazo también a este extracto del estudio anual publicado por We Are Social y Melwater sobre el uso de Internet en el mundo. Estar presente, visible y vender en Internet es esencial para todas las empresas en cualquier sector de actividad.

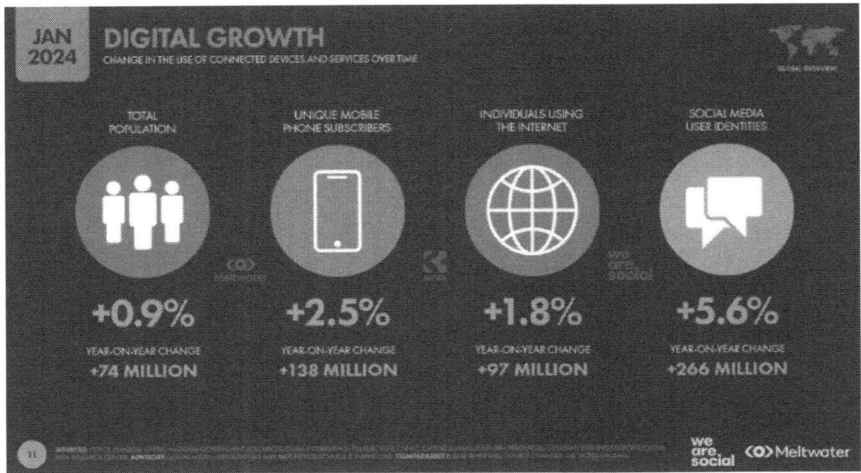

Fuente: https://wearesocial.com/es/blog/2024/01/digital-2024-5-billiones-de-usuarios-en-social-media/

El SEO (*Search Engine Optimization*) continúa evolucionando al albur de los avances tecnológicos y las actualizaciones del algoritmo de Google.

Sin embargo, los fundamentos siguen siendo los mismos: ofrecer contenido que pueda interesar a los usuarios de Internet que conforman el público objetivo y dar valor a este contenido a través de una estrategia de SEO *ad hoc*.

Pero ¿cómo optimizar su estrategia de SEO? Este es el propósito del libro que tiene entre manos.

B. Google, el buscador hegemónico

Desde la última edición de este libro, Google se mantiene como el buscador predominante sobre todas las demás herramientas de búsqueda.

1. Las cifras

Observe las siguientes cifras porque hablan por sí solas:

- Google capta el 90,8 % de las búsquedas en todo el mundo; Bing, en segunda posición, se utiliza para el 3,72 % de las consultas.
- Cada día se realizan 8500 millones de búsquedas en Google.
- En general, los internautas usan dos palabras (23,98 %), una palabra (27,71 %) y tres palabras (19,60 %) en sus búsquedas en Google. Menos personas utilizan 4 (13,89 %), 5 (8,70 %) o 6 palabras y más (12,12 %) en sus búsquedas en Google.
- Los dispositivos móviles representan el 60 % del tráfico web.
- Más del 25 % de las consultas diarias en Google contienen elementos de geolocalización.
- Los usuarios prefieren los sitios que incluyen vídeos; pasan mucho más tiempo en las páginas que disponen de ellos.
- Una última cifra: existen algo más de 1900 millones de sitios web en el mundo (de los cuales aproximadamente el 5 % están en español) y los sitios más visitados en España, por este orden: Google, YouTube, Marca y Bing.
- En 2023, más del 20 % de las búsquedas móviles se efectuaron por voz.

Fuentes:

https://affmaven.com/es/google-search-statistics/

https://moz.com/blog/state-of-searcher-behavior-revealed

Google Study "Understanding Consumers Local Search Behavior", https://www.thinkwithgoogle.com/_qs/documents/2915/Google_Local_Search_Behavior_UK_2015_1.pdf

https://www.semrush.com/trending-websites/es/all

https://www.puromarketing.com/8/213128/como-busquedas-estan-transformando-resultados-google-como-adaptar-empresa#:~:text=En%202023%2C%20m%C3%A1s%20del%2020, Home%20y%20Cortana%20de%20Microsoft.

Veremos más adelante cómo estas tendencias pueden impactar en su estrategia de SEO.

Las redes sociales también ocupan un lugar preponderante y su presencia es cada vez mayor en las páginas de resultados de los motores de búsqueda. Esto significa que deberán tenerse en cuenta en la estrategia de SMO (*Social Media Optimization*) que va a implementar. En febrero de 2025 había más de 5000 millones de usuarios activos en las redes sociales. Puede acceder a un informe reciente sobre las redes sociales más utilizadas en el mundo y en España aquí:
https://mkparadise.com/redes-sociales-mas-utilizadas
También abordaremos con detalle este aspecto del posicionamiento más adelante.

Para que pueda hacerse una idea de la magnitud de estas cifras, observe los datos que aporta esta captura realizada en la página Meltwater con cifras de 2025:

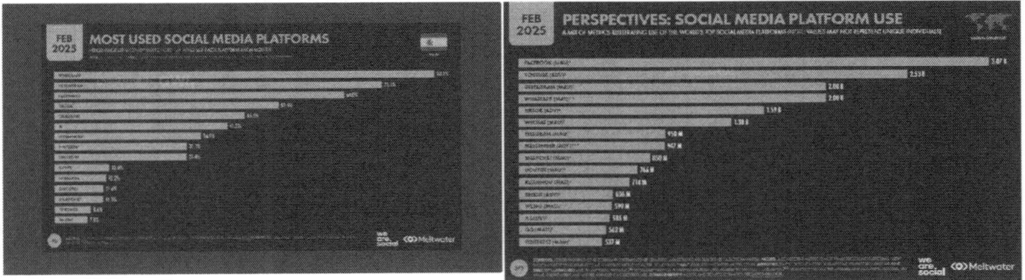

Fuente: https://www.meltwater.com/en/global-digital-trends

Dedicaremos un capítulo a la indexación de sitios de comercio electrónico. Una vez más, las cifras son edificantes; hoy es impensable no tomar en consideración este canal de ventas, independientemente del producto o servicio vendido. De hecho, según las cifras publicadas, la mitad de la población mundial realizó compras en línea en 2020.

De hecho, en 2022, según las cifras publicadas alrededor de 1 persona de cada 4 era aficionada a las compras en línea. Respecto a España, en 2024, alrededor de un 80 % de los internautas españoles compró en línea y el gasto medio de aquellos que adquirieron bienes y servicios en Internet durante 2023 fue de 3476 € (fuente: https://es.statista.com/temas/3751/el-comprador-online-en-espana/).

2. Las tendencias

Sabemos que determinadas tendencias emergentes o probadas, así como ciertos desarrollos tecnológicos, impactan e impactarán en el SEO a corto y medio plazo.

a. Inteligencia artificial (IA)

Desde hace algún tiempo, Google ha integrado en su algoritmo un programa llamado Rankbrain que utiliza inteligencia artificial y, en particular, el aprendizaje automático (machine learning), responsable principalmente de responder al 15 % de las nuevas consultas realizadas cada día. Resumiendo, este programa se usa para comprender mejor la demanda del internauta, uno de los puntos que más preocupan a los responsables de este motor de búsqueda. Esto es solo un ejemplo del uso de inteligencia artificial por parte de Google, que está dedicando un montón de recursos a este tema desde hace unos cuantos años.

b. Búsqueda visual

Otra tendencia importante de Google para el futuro es una orientación más «visual» de su motor de búsqueda, con un énfasis creciente en las imágenes. Google también utiliza la inteligencia artificial para comprender mejor las imágenes, incluso sin necesidad de etiquetas de texto que las acompañen.

De hecho, ahora Google ha implantado una función de búsqueda «por archivo de imagen» que sirve para encontrar contenidos visuales similares a sus archivos, según los formatos habituales (.jpg, .png., .webp, .gif., etc.) entre las imágenes indexadas.

c. Búsqueda por voz

Los internautas utilizan cada vez con mayor frecuencia la búsqueda por voz, en particular a través de los asistentes que Google y otros motores ponen a su disposición, pero también a través de su teléfono inteligente (en la actualidad, el 32 % de las consultas se realizan por voz).

Fuente: https://firstsiteguide.com/voice-search-stats/

En lo que respecta al SEO, ¿cuáles son las principales diferencias entre una búsqueda por voz y una búsqueda por teclado? En algunos casos de la primera, solo se ofrece un resultado en lugar de una página de resultados.

Otra diferencia radica en la forma de plantear las preguntas: el usuario tiende a ser más coloquial en una búsqueda por voz, mientras que usa preferiblemente una serie de palabras clave cuando efectúa búsquedas mediante el teclado.

Esta evolución indudablemente tendrá un impacto en el SEO para las consultas convencionales. De hecho, el motor de búsqueda está evolucionando progresivamente hacia un motor de respuestas. También lo abordaremos en este libro.

d. Un contenido de calidad con E-E-A-T

El 15 de diciembre de 2022, Google actualizó sus directrices (recomendaciones para los webmasters) añadiendo el criterio de «Experiencia» al concepto E-A-T (*Expertise, Authoritativeness* y *Trustworthiness*; Conocimientos, Autoridad y Fiabilidad).

De esta manera, la experiencia de usuario se añade a los criterios de conocimientos, autoridad y fiabilidad asignados a un contenido web. Por eso Google E-A-T se convirtió en Google E-E-A-T.

A partir de este momento, para tener valor frente al motor de búsqueda Google, debe redactar su contenido con cuidado según los siguientes criterios:

- Experiencia del contenido: el autor del contenido debe demostrar un nivel de experiencia determinado sobre el tema en cuestión.
- Conocimientos: la información disponible en el sitio web debe ser correcta y el sitio web no debe participar en ningún conflicto de intereses.
- Autoridad (*authority*): la autoridad revisa el prestigio de un contenido, pero también el del autor. Está vinculada de manera directa con la cantidad de enlaces externos procedentes de sitios de confianza.
- Fiabilidad (*trust*): el criterio de fiabilidad agrupa de manera simultánea la credibilidad de la información y el grado de confianza de los internautas. Este último criterio se evalúa mediante las opiniones positivas de clientes.

e. Core Web Vitals y la experiencia de usuario

Para evaluar la calidad de la experiencia de usuario en un sitio web de forma técnica. En 2021 Google implantó tres indicadores de medida nuevos: las *Core Web Vitals*, es decir, «Métricas web principales». Son los siguientes elementos:

- El tiempo de carga (*Largest Contentful Paint*): mide el tiempo necesario para que se muestre una página de forma que el usuario pueda ver el contenido.
- La interactividad (*First Input Delay*): mide el tiempo transcurrido entre la primera interacción del usuario y la respuesta del navegador a esta interacción.
- La estabilidad visual (*Cumulative Layout Shift*): evalúa la estabilidad de los elementos que componen una página mientras se muestra.

Sin embargo, Google anunció que un indicador nuevo sustituiría a *First Input Delay* el 12 marzo de 2024, bajo el nombre de *Interaction to Next Paint* (INP). Este indicador nuevo está destinado a medir el tiempo que tarda la página (y no solo el navegador) en actualizarse tras una interacción.

Entonces hay que implantar acciones en el sitio web para acelerar la visualización de las páginas:

- reducir el tiempo de procesado del código JavaScript;
- implantar un sistema de caché;
- optimizar el peso de las fuentes:
- reducir el peso de las imágenes;
- etc.

Este gigante celebró su vigésimo aniversario en 2018. Para la ocasión publicó un largo artículo en su blog presentando sus líneas futuras de desarrollo.

Para obtener más información sobre este tema, consulte el artículo *INP la nueva métrica de Core Web Vitals: qué es y cómo afectará al SEO* de opennemasblog: https://blog.opennemas.es/articulo/SEO/inp-metrica-core-web-vital-google/20240301124533003224.html

f. El futuro de Google

¿Cómo evolucionará Google en el futuro?

El 10 de mayo de 2023 Google desveló el futuro de la búsqueda en su motor.

De esta manera nos encontramos con la inteligencia artificial generativa en el núcleo de su proyecto.

Así, el gigante de los motores de búsqueda desea dar mejores respuestas y resultados a las preguntas más complejas gracias a la IA. También quiere ir más lejos en el planteamiento y ofrecer contenido complementario al tema inicial (preguntas lógicas suplementarias, información adicional de calidad, etc.).

En cuanto a la parte Google Shopping, Google quiere enriquecer la experiencia de compra en el motor de búsqueda enriqueciendo la información visual de los productos con ayuda de la IA: descripción de producto, evaluaciones, precio, imágenes, productos similares, etc.

Pero no hay que asustarse en lo que al tráfico SEO de los sitios web se refiere. Google se compromete a seguir enviando tráfico valioso a los sitios web, incluso con la integración de la IA generativa en la búsqueda. Es decir, hay que seguir trabajando en el posicionamiento natural durante los próximos años.

Para obtener más información, consulte el artículo «Google ofrecerá resultados generados con IA en su motor de búsqueda» de France 24: https://www.france24.com/es/minuto-a-minuto/20240514-google-ofrecer%C3%A1-resultados-generados-con-ia-en-su-motor-de-b%C3%BAsqueda

C. El algoritmo y sus actualizaciones

1. El algoritmo

El universo de los motores de búsqueda y la indexación se halla en constante evolución; lo que era cierto hace algunos meses no tiene por qué serlo hoy necesariamente.

Las técnicas de indexación evolucionan en la medida en que lo hacen los algoritmos utilizados por las herramientas de búsqueda, los cuales, a su vez, evolucionan para, entre otras cosas, contrarrestar las técnicas fraudulentas de indexación y ofrecer cada vez más relevancia y rendimiento.

El «white hat SEO» consiste en optimizar las páginas web siguiendo los buenos consejos de Google para ofrecer resultados relevantes a su futuro visitante.

El «black hat SEO» también consiste en optimizar las páginas, pero usando técnicas destinadas a manipular artificialmente el algoritmo, conocidas como «spamdexing» (indexación fraudulenta).

Siempre hablamos del algoritmo de Google en singular, pero en realidad hay docenas de algoritmos, y el principal se actualiza con mucha frecuencia.

¿Sabía, por ejemplo, que cada año hay más de 500 actualizaciones del algoritmo de Google? Algunas de ellas son menores, pero otras tienen un fuerte impacto en los resultados que muestra este motor de búsqueda.

2. Historia

A partir de 2003 Google experimentó un ascenso fulgurante en la web, especialmente gracias a dos grandes innovaciones:

- *AdSense*: departamento de publicidad de Google que utiliza los sitios web o los vídeos de YouTube como soporte para sus anuncios.
- *Google News* (o Google Noticias): servicio en línea gratuito de Google que presenta de forma automatizada artículos de información procedentes de fuentes verificadas en la web.

A partir de este año Google implantó las grandes actualizaciones de algoritmo, debajo aparecen las principales. Hay que destacar la creatividad de algunos nombres dados a estos algoritmos:

- 2003: las páginas consideradas como contenido duplicado terminan en un índice paralelo;
- 2005: adaptación de los resultados al historial de búsquedas;
- 2007: aparición de la búsqueda universal consistente en añadir diferentes pestañas como imágenes, vídeos, noticias u otras dentro de los resultados del motor de búsqueda.
- 2010: Google Caffeine o el hecho de poder *crawler* (acción realizada por un robot cuando explora contenido web) y luego indexar una página de forma instantánea;

- 2011: Google Panda o el hecho de penalizar los contenidos malos (contenido duplicado, atasco de palabras clave, black hat, etc.);
- 2013: Google Colibri o la sanción de los sitios de mala calidad con distinción de las intenciones de búsqueda;
- 2014: Google Pigeon, o la priorización de la referencia local;
- 2015: *Rankbrain* o la integración de la inteligencia artificial para tener en cuenta el sentido de las consultas asociándolas con consultas similares;
- 2017: *Mobile-first index* o el hecho de clasificar las páginas web mobile-first según determinados criterios;
- 2019: Google BERT o priorizar búsquedas por voz;
- 2019 y 2020: *Core Update* o priorizar contenidos de buena calidad, sitios con éxito con la implantación de los criterios E-A-T.
- 2022: E-E-A-T o la adición de la experiencia dentro de los criterios de puntuación de un sitio web.

> Puede obtener más información sobre este tema visitando esta página web:
> https://www.seo.com/es/basics/how-search-engines-work/algorithm-updates/

3. El SEO

La indexación/posicionamiento de un sitio web en Google es, por tanto, un tema complejo y plantea un auténtico desafío de capital importancia para aquellos que buscan atraer a los internautas a sus nuevas páginas web. Ayudarle en esta tarea es el propósito de este libro.

El trabajo que se desarrolla en el ámbito del SEO consiste en optimizar un sitio teniendo en cuenta, en primer lugar, al internauta, pero también a Google, pues, de lo contrario, el internauta no tendrá ninguna posibilidad de encontrar la página. Se trata, pues, de un juego sutil que consiste en no cruzar nunca la línea roja establecida por Google.

El mundo del SEO ha evolucionado notablemente en los últimos años: esto es lo que nos impulsa a escribir la sexta edición este libro, donde encontrará información y técnicas actualizadas.

> Puede consultar la historia de las principales actualizaciones del algoritmo de Google aquí:
> https://netgrows.com/es/historia-de-las-actualizaciones-de-algoritmos-de-google/

D. SEO versus SEA

Hoy en día es frecuente que el SEO vaya acompañado del SEA (*Search Engine Advertising*, es decir, el posicionamiento de pago), pero son dos cosas muy distintas.

Aquí podemos ver un cuadro resumen de las ventajas e inconvenientes de cada método:

	SEO	SEA
Ventajas	- Genera tráfico gratuito o con un coste menor. - Con el tiempo, un sitio bien optimizado siempre puede estar bien posicionado, incluso si se le hacen menos actualizaciones. - La optimización SEO también induce un sitio ergonómico, accesible y de confianza.	- Los resultados de esta estrategia son visibles desde que se activa la campaña publicitaria. - El Retorno de la inversión se mide con facilidad mediante las herramientas estadísticas dedicadas. - El SEA contribuye al posicionamiento con palabras clave genéricas o para las que hay mucha competencia.
Inconvenientes	- Los resultados pueden constatarse a medio/largo plazo. - Es complicado posicionarse de manera natural en palabras clave genéricas o con mucha competencia. - Redactar contenido optimizado para el SEO requiere tiempo.	- El tráfico obtenido durante una campaña activa se detiene cuando la campaña ha terminado. - El presupuesto dedicado puede ser bastante considerable en función de las palabras clave elegidas para posicionarse.

Conclusión: aunque el SEO requiere tiempo y no da lugar a resultados inmediatos, sigue siendo accesible para todos en cuanto a la «creación de contenido». También es una estrategia eficaz a largo plazo, con un retorno de la inversión real a partir del momento en que se cumplen los criterios SEO.

E. Propósito del libro

Este libro está dirigido a cualquier persona, particular o profesional, que por las razones que sean deba ocuparse de la indexación y posicionamiento de un sitio web o un blog en Google y en otras herramientas de búsqueda.

Si es usted *webmaster*, diseñador gráfico, desarrollador, diseñador web, administrador de sitios web en una empresa, jefe de proyectos, etc., sin duda deberá pasar por la «etapa de SEO», etapa que se ocupa de la configuración del sitio en línea (pero que comienza mucho antes) y que tiene como objetivo lograr que su sitio sea visible para el mayor número de internautas posible.

Un sitio web o un blog es sobre todo una herramienta de comunicación: usted crea un sitio web o un blog y lo pone en línea para darse a conocer, dar a conocer su empresa o su asociación, vender sus productos o servicios, o simplemente crear un espacio de intercambio. Sean cuales sean sus necesidades o su deseo de comunicación, quiere atraer a sus páginas web a muchos usuarios de Internet interesados en el contenido que ofrece. De hecho, un sitio web sin visitas no sirve para nada ni para nadie.

Para lograr este objetivo de visibilidad y notoriedad, es importante que sus páginas aparezcan en un lugar destacado en los resultados de búsqueda; y, en primer lugar, en el más importante de todos ellos: Google. Por lo tanto, va a indexar y trabajar el posicionamiento de su sitio para conseguir que aparezca en las primeras páginas de resultados de los motores, o incluso en la posición 0 para las expresiones clave que habrá determinado previamente. ¡Está iadentrándose en el mundo del SEO, un sector en constante evolución, lleno de desafíos y rumores!

La indexación de un sitio web sirve, pues, para dar a conocer el contenido de sus páginas web a los usuarios de Internet a los que desea atraer.

El proceso de SEO comienza en la etapa de diseño de su sitio y requiere conocer bien las herramientas de búsqueda de información en Internet y cómo funcionan.

Este libro detalla todas las etapas relacionadas con la indexación y el posicionamiento: desde la fase de optimización de sus páginas hasta la fase de auditoría de su sitio, incluidas las acciones de promoción necesarias.

En la primera parte, comprenderá cómo funciona la herramienta de búsqueda de Google y verá en detalle la composición de las páginas de resultados de Google (SERP): este conocimiento es esencial si desea dominar las etapas del SEO. La primera parte también presentará las herramientas de búsqueda de información.

La segunda parte explicará con detalle la etapa de preparación para el SEO: abordaremos el enfoque de marketing, la selección de palabras clave, el AEO (*Answer Engine Optimization*), así como la nueva orientación de Google.

La tercera parte explica el proceso del SEO: cómo optimizar la indexación natural y su estrategia de *netlinking*.

En la cuarta parte abordaremos la indexación de sitios específicos: comercio electrónico, sitio de Wordpress y sitios móviles.

A continuación, todos estos enfoques de SEO/AEO tendrán que ser evaluados y cuantificados para considerar posibles acciones correctivas.

Concluiremos con una sección dedicada a la prospección: ¿qué pasará en el mundo de los motores y del SEO a corto y medio plazo?

Este manual se presenta como una guía práctica para el SEO; práctica, pero no exhaustiva, ¡el SEO no es una ciencia exacta!

Considérelo una especie de memorando sobre el tema. No se trata de un libro para especialistas: está dirigido a usted, que un día tendrá que ocuparse del posicionamiento de una o más páginas, ya sea a título particular o profesional.

En este libro no encontrará las técnicas de indexación de spam. Sí hallará, en cambio, información y asesoramiento técnico asequible para todos aquellos interesados en el SEO que no sean especialistas en la materia. Esperamos que le resulte útil.

Por otra parte, este libro se centra en Google, pero, para que se vaya haciendo a la idea ya desde el preámbulo, también deberá ocuparse de la indexación de su sitio en otras herramientas de búsqueda: ¡Google es el más importante, pero no el único!

F. Antes de empezar

1. El enfoque

Este libro puede ayudarle a aumentar la notoriedad de su sitio, posicionarlo mejor en Google y atraer muchos visitantes interesados en el contenido que ofrece.

En primer lugar, debe saber que no es suficiente que con el usuario encuentre su sitio y lo visite una vez.

Lo más importante es que encuentre la información que está buscando en sus páginas y que vuelva regularmente para visitarlas.

El contenido del sitio es lo más importante de todo; normalmente, el SEO se pone al servicio del contenido. Un buen SEO no será suficiente para retener a los internautas si el contenido ofrecido no los satisface: el contenido es esencial.

Como recordatorio, esta es la misión de Google según el propio Google:

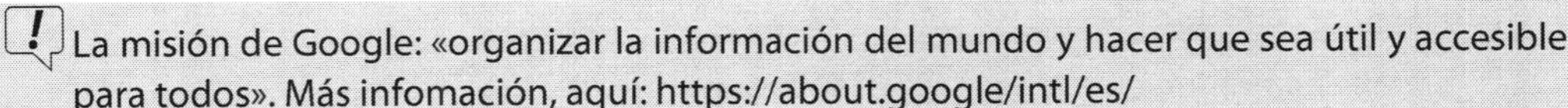
La misión de Google: «organizar la información del mundo y hacer que sea útil y accesible para todos». Más infomación, aquí: https://about.google/intl/es/

Desde la redacción de este libro, no hay duda de que el mundo del posicionamiento natural habrá evolucionado. Sin embargo, eso no les quita importancia a los conceptos explicados en los distintos capítulos. De hecho, se trata de principios básicos que es recomendable adaptar a las novedades del sector.

2. Terminología básica

Empezaremos por el principio, aclarando las nociones básicas.

- **Indexación**: sus páginas web están indexadas por los motores de búsqueda cuando se hallan en la base de datos (colección) de páginas web del motor. Pero preste atención: que estén indexadas no significa necesariamente que estén bien posicionadas.
- **Posicionamiento** de sus páginas en las páginas de resultados: posición en la que aparece su página dentro de las páginas de resultados naturales de las herramientas de búsqueda (por oposición al posicionamiento de pago).
- **SEO** (*Search Engine Optimization*): esta expresión representa al conjunto de técnicas que consisten en optimizar la presencia y el posicionamiento de las páginas web en los resultados de los motores de búsqueda: el SEO incluye, por lo tanto, la optimización de las páginas, la indexación del sitio, el trabajo que se efectúa en relación con su popularidad, el seguimiento...
- **AEO** (*Answer Engine Optimization*): estrategia que consiste en optimizar el contenido de algunas páginas para que respondan a preguntas directas lanzadas por los internautas, de modo que dichas páginas aparezcan en posición 0.
- **SEA** (*Search Engine Advertising*): estrategia de posicionamiento de pago. Consiste en colocar anuncios (o enlaces patrocinados) en los resultados –no naturales– de los motores de búsqueda a través de un sistema de subastas de palabras o expresiones clave. Estos enlaces patrocinados se muestran en la parte derecha o superior de las páginas de resultados, con un color de fondo más o menos destacado, que permite diferenciarlos de los resultados naturales.
- **SMO** (*Social Media Optimization*) u optimización en las redes sociales: consiste en optimizar la presencia de su sitio en las redes sociales. La actividad de SMO complementa la actividad de SEO y hace que sus páginas resulten más visibles en Internet a través de su aparición o actividad en las redes sociales más usadas: Facebook, Twitter, LinkedIn, etc.
- **SEM** (*Search Engine Marketing*): marketing especializado en las herramientas de búsqueda cuyo objetivo es el de optimizar la visibilidad de un sitio web en los motores mediante un conjunto de técnicas de marketing específicas para ello.
- **SERP** (*Search Engine Results Pages*): son las páginas de resultados de los motores de búsqueda. En una página de resultados, podemos encontrar **enlaces orgánicos** como resultado de una **indexación natural**, y **enlaces comerciales** o **enlaces patrocinados** como resultado de un proceso de posicionamiento publicitario o **posicionamiento de pago (SEA)**.
- Un **backlink** es un enlace hacia sus páginas que proviene de otra página de su sitio o bien de un sitio exterior; en este segundo caso, contribuye a incrementar potencialmente la popularidad de sus páginas.
- **Netlinking**: consiste en establecer una estrategia de intercambio de enlaces que haga que sus páginas sean más visibles y estén más presentes en Internet; es decir, que sean más populares. El criterio de popularidad se tiene en cuenta en el algoritmo de relevancia de Google (y en otros motores).
- **AMP** (*Accelerated Mobile Pages*): es un sistema de código abierto cuyo objetivo es el de acelerar la visualización de las páginas en el Internet móvil.

- **Long tail SEO**: técnica que consiste en posicionarse en los motores de búsqueda con varios términos de búsqueda muy específicos compuestos de 3 palabras o más, estos últimos son más fáciles de posicionar en búsquedas con menos competencia y se convierten mejor.
- **PAA**: *People Also Ask* o «Las personas también preguntan» son preguntas que aparecen en los resultados de búsqueda de Google. Están diseñadas para ayudar a los usuarios a explorar temas relacionados con su consulta inicial.

> Existen multitud de léxicos en línea que explican este tipo de terminología. Uno que resulta bastante didáctico es el del bloguero Dean Romero:
> https://blogger3cero.com/diccionario-seo/

> Una observación sobre el uso de las siglas SEO y SEM en castellano: aunque el SEM abarca, tal y como explicamos en la definición anterior, todas las acciones relacionadas con el marketing en buscadores (y, por lo tanto, todas las acciones de SEO formarían parte del SEM), en realidad en España se usa SEM en el sentido de SEA, de modo que se establece una dicotomía entre SEO (técnicas para posicionar una página en los resultados orgánicos) y SEM (estrategia basada en anuncios de pago).

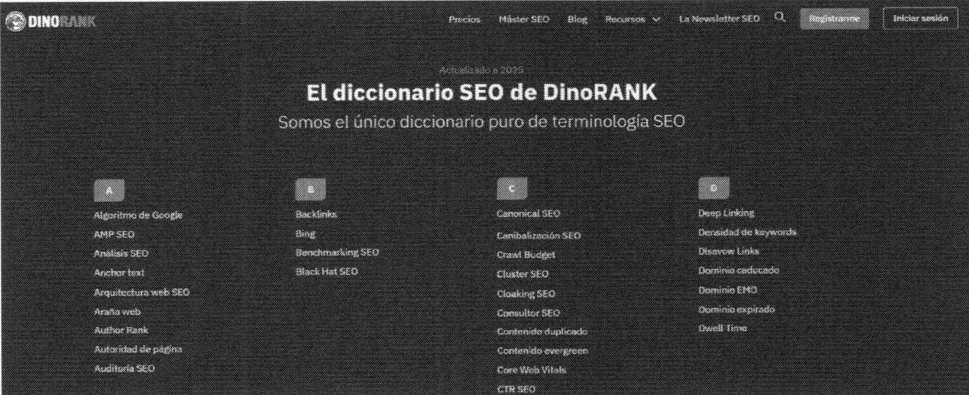

G. Nuestro ejemplo ilustrativo

A lo largo de este libro, y con objeto de que los temas abordados sean más concretos, tomaremos un ejemplo que iremos siguiendo a lo largo de todos los capítulos.

En este libro, retomamos un ejemplo similar al que usamos en la última edición.

Después de muchos años de trabajo confinado en una oficina, ha decidido cambiar de vida y se ha reconvertido al turismo verde. Ha abandonado la metrópoli y se ha establecido en el campo, cerca del mar, en Cantabria, desde donde ha lanzado su nueva actividad profesional.

Ha invertido sus ahorros en una casa grande y antigua que ha remodelado para construir un albergue rural con objeto de alojar a turistas nacionales y extranjeros, principalmente europeos.

En su momento creó un blog de WordPress, que actualiza regularmente. Ya optimizó el SEO hace algún tiempo, y hoy se enfrenta a nuevos desafíos:

- Sabe que la mayoría de las búsquedas se realizan desde dispositivos móviles, por lo que debe actualizar su sitio teniendo en cuenta este uso.
- Desea vender en línea productos típicos de la región y quiere indexar esta parte dedicada al *e-commerce*.

Dedica varias horas cada semana a alimentar el blog con noticias de actualidad, artículos (posts) relacionados con la región, su actividad, eventos, etc.

Además, acaba de invertir en la compra de este libro...

O sea: que ha decidido volver a empezar.

Capítulo 2

Búsqueda de información y motor de respuesta

A. Introducción

Un sitio web o un blog solo existe para los internautas si pueden encontrarlo; Después de todo, ¿cómo llegar a una dirección que se desconoce?

Las prestaciones de las herramientas de búsqueda han alentado enormemente el uso de Internet. Entre el océano de páginas web en línea, resulta inimaginable encontrar un sitio o página específicos sin usar herramientas de búsqueda.

Recuerde que cada día se realizan 8500 millones de consultas desde más de 2000 millones de sitios web en línea.

Todo esto es más que suficiente para justificar el interés suscitado por el SEO.

Las funciones de búsqueda ofrecidas por los motores han evolucionado y se han multiplicado notablemente. Las SERP han cambiado su apariencia y ahora muestran respuestas directas a las preguntas formuladas por los internautas, además de enlaces a las webs situadas en la primera página.

La filosofía de Google está cambiando de forma profunda lo que produce un impacto (y más que lo hará) en la forma de diseñar tanto el contenido web como las estrategias de SEO.

Pero antes de entrar en detalles, recordemos el enfoque general de una estrategia de SEO.

B. La estrategia de SEM (Search Engine Marketing)

Para colocar sus páginas en la mejor posición posible de las SERP, dispone de diversos métodos complementarios que, en conjunto, pueden resumirse con la expresión SEM (*Search Engine Marketing*):

- Optimizar el contenido para proporcionar respuestas directas en las páginas de resultados de Google: **AEO**, un concepto nuevo vinculado a la orientación de Google hacia un motor de respuesta.
- Optimizar el contenido de sus páginas trabajando las expresiones clave, su ubicación y su valor: **SEO**.
- Optimizar la notoriedad y la popularidad de sus páginas adoptando una estrategia efectiva de intercambio de enlaces: **NetLinking**.
- Optimizar su presencia en las principales redes sociales para mejorarla, y para mejorar también su reputación: **SMO**.
- Comprar espacios publicitarios en los motores, es decir, anuncios de pago, más conocidos como «Google Adwords», proceso que queda comprendido en el término **SEA** (*Search Engine Advertising*). Esta técnica no se abordará en este libro.

Todas estas técnicas en conjunto reciben el nombre de **SEM** (*Search Engine Marketing*).

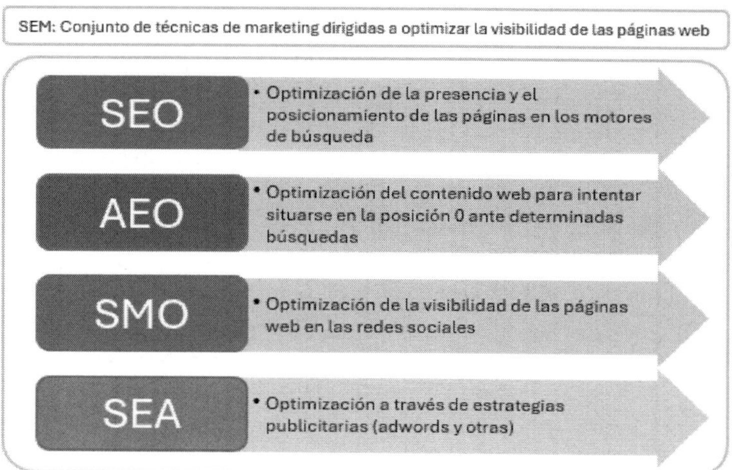

Para definir e implementar una estrategia SEO/AEO eficaz, es importante conocer bien las herramientas de búsqueda y sus funcionalidades, y en particular Google.

C. La búsqueda de información

Las herramientas de búsqueda son, por lo tanto, muy útiles para que todos los internautas encuentren páginas web que contengan la información deseada.

Recuerde, además, que una gran parte del tráfico de Internet pasa por Google.

Para comprender el interés del SEO, es importante conocer estas herramientas en general, y Google en particular; de este modo podrá trabajar el SEO con conocimiento de causa. Este es el objetivo de esta primera parte.

1. Búsqueda simple y búsqueda avanzada

Disponemos de varios tipos de búsqueda que vamos a explicar a continuación:

a. Búsqueda simple

El primer tipo de búsqueda que se ofrece, y el más utilizado, es la búsqueda simple a través de una interfaz presentada por Google de una forma muy sobria, sin información innecesaria ni publicidad.

Estas características también han contribuido a su éxito: simplicidad, velocidad, relevancia.

El principio de búsqueda de información es muy simple: usted escribe, en el área destinada a ello, términos, llamados palabras o frases clave, sobre los que desea encontrar información.

El trabajo del motor consiste en mostrar la información solicitada de la manera más rápida y precisa posible.

Téngalo en cuenta: sintaxis de búsqueda

- Cuando escribe dos palabras en la consulta, el motor busca las páginas que contienen esas dos palabras: entre las dos palabras escritas se incluye automáticamente el operador booleano «And».
- Google no aplica la lematización: busca el término tal como usted lo escribió, sin considerar variables en plural, en femenino, en infinitivo...; de ahí la importancia, como veremos, de prever en sus páginas las diferentes ortografías de las palabras clave.
- Google no tiene en cuenta si las letras están en mayúscula o en minúscula; para uno u otro caso, el resultado será el mismo.
- El motor no tiene en cuenta los acentos, de modo que «habitación rústica» será equivalente a «habitacion rustica», por ejemplo.
- Para buscar todos los números incluidos en un rango específico, utilice «..». Por ejemplo: «Tabletas 600..800 €» busca tabletas cuyo precio esté comprendido entre 600 y 800 € .
- Para excluir una palabra de sus búsquedas, simplemente coloque un guion («-») delante de la palabra que desea excluir.
- Cuando desee buscar una expresión exacta, colóquela entre comillas: si escribe, por ejemplo, «habitaciones de hotel en Cantabria», todo entre comillas, el motor buscará las páginas en las que se encuentra esa expresión exacta.

b. Google Suggest (sugerencias de búsqueda)

Al introducir una consulta, Google sugiere (Google suggest) una lista de propuestas, extraídas de las consultas similares más frecuentes.

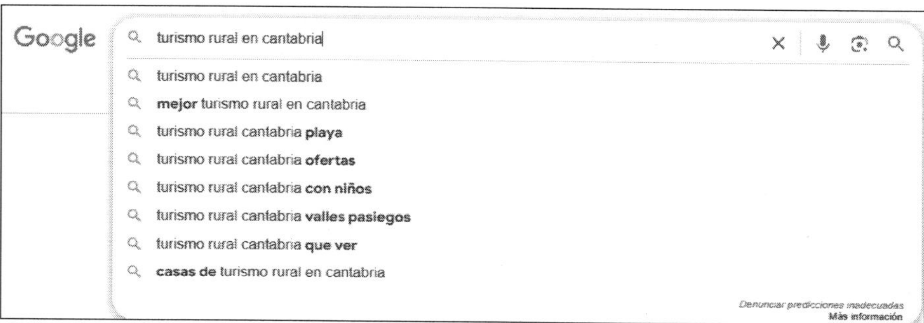

En algunos casos, aparecerá el botón **Voy a tener suerte**. Google selecciona la página que considera más relevante para su consulta y usted debe decidir si realmente es así.

c. Búsqueda específica

Google y los demás motores de búsqueda también permiten realizar búsquedas utilizando operadores específicos que deben escribirse en la barra correspondiente.

A continuación, presentamos una tabla-resumen con una lista no exhaustiva de estos operadores.

Operador	Descripción	Sintaxis
site:	Lista de las páginas del sitio indexadas.	site:www.misitio.com
link:	Páginas externas vinculadas a su sitio (*backlinks*).	link:www.misitio.com
cache:	La versión que está en memoria caché.	cache:www.misitio.com
info:	Información acerca del sitio.	info:www.misitio.com
related:	Páginas con contenido similar al de su sitio.	related:www.misitio.com
allintitle:	Búsqueda de palabras clave solo en el título de las páginas (etiqueta title).	allintitle:vacaciones cantabria
allinurl	Búsqueda de palabras clave en las URL.	allinurl:vacaciones cantabria
domain	Búsqueda de palabras clave en el dominio.	domain:vacaciones cantabria
filetype	Búsqueda de los formatos de archivo especificados	filetype:PDF

Esto son solo algunos ejemplos de uso de operadores de búsqueda.

Puede acceder a una lista más completa de operadores en: https://www.brandwatch.com/es/blog/operadores-de-busqueda-en-google/

Las distintas funcionalidades de búsqueda que ofrecen Google y los demás motores hacen que, cada vez más, las SERP muestren resultados extraídos de índices múltiples. En función de las consultas, podemos encontrar, por ejemplo:

- imágenes o de vídeos,
- resultados extraídos de Google Noticias,
- resultados extraídos de Google Maps (especialmente si se solicita información turística),
- una zona específica (denominada Onebox) con una respuesta directa: esto sucede, por ejemplo, con las consultas meteorológicas.

d. Filtrar las búsquedas

Si lo desea, también puede filtrar las búsquedas por idioma, por país, por fecha, etc., haciendo clic en el último botón, **Herramientas**.

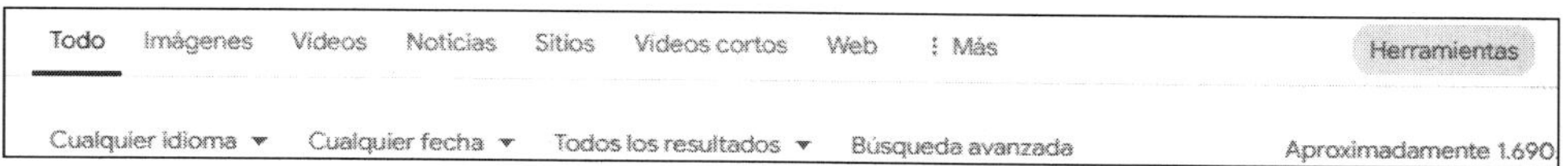

Esta funcionalidad permite reducir el número de resultados o mostrar los resultados más recientes, por ejemplo.

2. Búsqueda avanzada

Si los resultados de la búsqueda simple no le satisfacen, Google ofrece una ventana de búsqueda avanzada, aunque esta funcionalidad es poco utilizada por los internautas. Puede acceder a ella haciendo clic en el botón **Herramientas** y luego en el enlace **Búsqueda avanzada**.

Todo Imágenes Noticias Videos Videos cortos Libros Web ⋮ Más Herramientas

Cualquier idioma ▾ Cualquier fecha ▾ Todos los resultados ▾ Búsqueda avanzada Aproximadamente 16

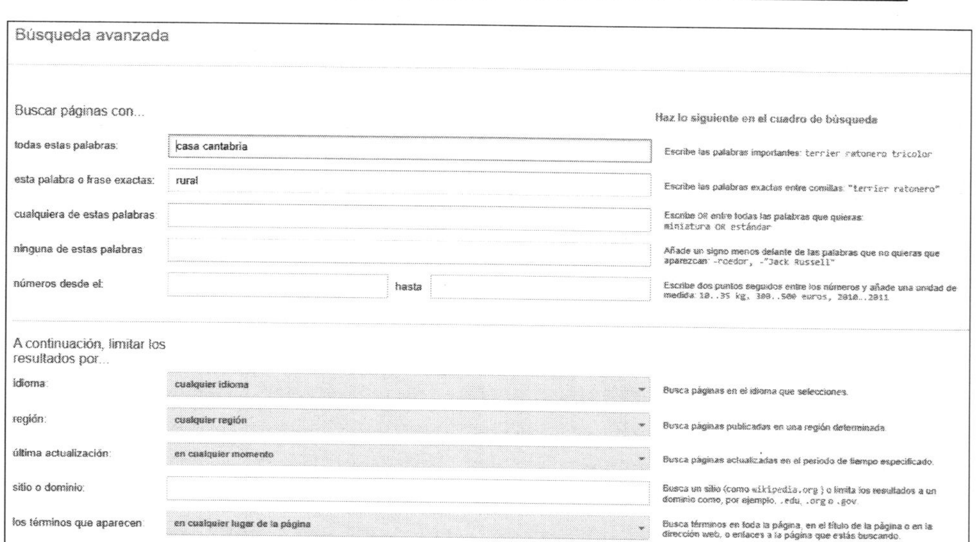
Búsqueda avanzada

Buscar páginas con...

Haz lo siguiente en el cuadro de búsqueda

todas estas palabras:	casa cantabria	Escribe las palabras importantes: terrier ratonero tricolor
esta palabra o frase exactas:	rural	Escribe las palabras exactas entre comillas: "terrier ratonero"
cualquiera de estas palabras:		Escribe OR entre todas las palabras que quieras: miniatura OR estándar
ninguna de estas palabras:		Añade un signo menos delante de las palabras que no quieras que aparezcan: -roedor, -"Jack Russell"
números desde el:	hasta	Escribe dos puntos seguidos entre los números y añade una unidad de medida: 10..35 kg, 300..500 euros, 2010..2011

A continuación, limitar los resultados por...

idioma:	cualquier idioma	Busca páginas en el idioma que selecciones.
región:	cualquier región	Busca páginas publicadas en una región determinada.
última actualización:	en cualquier momento	Busca páginas actualizadas en el periodo de tiempo especificado.
sitio o dominio:		Busca un sitio (como wikipedia.org) o limita los resultados a un dominio como, por ejemplo, .edu, .org o .gov
los términos que aparecen:	en cualquier lugar de la página	Busca términos en toda la página, en el título de la página o en la dirección web, o enlaces a la página que estás buscando.
tipo de archivo:	cualquier formato	Busca páginas en el formato que prefieras.
derechos de uso:	sin filtrar por licencia	Busca páginas que puedas utilizar libremente.

Especificando los criterios de búsqueda en esta ventana, puede, por ejemplo:

- concretar su petición en relación con las palabras clave buscadas (inclusión, exclusión...),
- limitar la búsqueda a páginas escritas en un idioma dado, seleccionándolo en la lista desplegable,
- filtrar por fechas de actualización,
- seleccionar el formato de los archivos que desea obtener; por ejemplo, archivos PDF o de Excel,
- especificar una fecha: puede elegir las páginas actualizadas recientemente o bien las actualizadas durante la semana anterior, etc.
- limitar la búsqueda a las páginas de un dominio determinado.

Por lo tanto, dispone de dos métodos para concretar su petición: escribiendo los operadores booleanos directamente en la barra de búsqueda o usando la interfaz de búsqueda avanzada.

En la parte inferior de esta ventana, también encontrará enlaces, que le permitirán:

- buscar páginas similares a una URL o que contengan un enlace a esta URL,
- buscar páginas que ya ha consultado (historial de búsqueda),
- utilizar operadores en el campo de búsqueda,
- personalizar la configuración de búsqueda.

Si el menú **Herramientas - Búsqueda avanzada** no es visible, puede acceder a la interfaz de búsqueda avanzada de Google visitando la siguiente dirección URL:
https://www.google.com/advanced_search

3. Búsqueda universal

Hablamos de búsqueda universal cuando el motor busca resultados a la consulta realizada no solo en su índice de páginas, sino también en otras fuentes (imágenes, noticias, vídeos, etc.).

Siguiendo la evolución del contenido web (vídeos, imágenes, noticias, etc.), las posibilidades de búsqueda son cada vez más variadas. Actualmente, la mayoría de los motores, pueden buscar en un banco de imágenes y vídeos, en una base de datos de noticias, en fuentes de información local, etc.

La idea de la búsqueda universal es presentar en una página de resultados los recursos encontrados en bases de datos específicas: páginas web, imágenes, videos, etc.

La búsqueda universal ocupa una parte muy importante de las consultas. Y será fundamental que usted, que va a indexar su sitio, tenga en cuenta también esta evolución prestando especial atención a la optimización del contenido multimedia de su sitio, por ejemplo.

Tanto en Google como en otros motores, las funcionalidades de búsqueda son múltiples; la búsqueda de páginas web, aun cuando sigue siendo esencial, se acompaña o a veces se reemplaza por la búsqueda de imágenes, vídeos, noticias, búsquedas locales...

Los motores de búsqueda y Google en particular ofrecen funcionalidades de búsqueda cada vez más sofisticadas.

Observe en esta imagen la lista de posibles búsquedas en Google:

Estas búsquedas que van más allá de la web son cada vez más utilizadas por los internautas; cada vez muestran un mayor número de resultados y ponen de relieve la importancia de adaptar su estrategia de SEO, especialmente optimizando la indexación de sus imágenes y de otros componentes multimedia, inscribiéndose en Google Maps, Mylocalbusiness, cuidando al detalle de sus productos en línea, etc.

4. Búsqueda por voz

La búsqueda por voz, que ya representa el 32 % de todas las búsquedas según los últimos estudios, es una técnica basada en el reconocimiento de voz. El usuario habla con el asistente de voz (en el teléfono inteligente o con un asistente digital), formula su pregunta y recibe una respuesta única del motor de búsqueda.

Las preguntas, que se plantean principalmente como si se tratase de una conversación, se lanzan a numerosos asistentes de voz, como Siri, Cortana, Alexa, Google Assistant y otros chatbot.

La búsqueda por voz es muy sencilla y rápida, y se utilizará cada vez más. Los analistas predicen que, a lo largo de este 2020, la mitad de las búsquedas se realizarán por voz.

Esta importante evolución impactará inevitablemente en el SEO. Su contenido web deberá optimizarse para responder a las preguntas que puedan plantear los usuarios; preguntas que usted deberá prever.

Las consultas por voz son, cada vez más largas, más «conversacionales» y también más informales. Por lo tanto, deberá proporcionar en su sitio o su blog una o más páginas de respuestas a estas supuestas preguntas de los usuarios. Otra característica de las búsquedas por voz es que son más locales.

Los internautas plantean preguntas más específicas y contextualizadas: son muy frecuentes conceptos como «cerca de mi casa», «cuáles son los horarios de apertura» o preguntas sobre resultados deportivos.

Google destacará a las empresas locales en relación con la ubicación del usuario.

Téngalo en cuenta

El 30 % de las búsquedas en Google están relacionadas con un lugar.

5. Búsqueda visual

La búsqueda visual es una tecnología que permite a los usuarios buscar información usando imágenes en lugar de palabras clave. Se basa el algoritmos sofisticados de procesamiento de imagen y aprendizaje automático para analizar e interpretar los contenidos de manera visual.

a. Funcionamiento de la búsqueda visual

- **Análisis de la imagen**: cuando se envía una imagen a un motor de búsqueda visual, el sistema comienza analizando sus características visuales como formas, colores, texturas y patrones. Este análisis se realiza mediante redes neuronales artificiales entrenadas para reconocer y extraer informaciones de las imágenes.
- **Extracción de características**: los algoritmos emplean técnicas de extracción de específicas para identificar puntos clave en la imagen, como esquinas o contornos, y luego las comparan con una base de datos de imágenes existentes para encontrar similitudes.
- **Comparación y correspondencia**: una vez extraídas las características de la imagen, el sistema las compara con una base de datos extensa para encontrar coincidencias. Utiliza métodos de comparación como la similitud de los colores, formas o motivos para identificar las imágenes semejantes o las más parecidas.
- **Resultados y relevancia**: los resultados de la búsqueda visual suelen mostrarse en forma de galerías de imágenes o sugerencias visuales. La precisión de los resultados depende tanto de la precisión del algoritmo como de la calidad de la base de datos utilizada para la comparación.

b. Aplicaciones de la búsqueda visual

La búsqueda visual se utiliza en contextos prácticos diferentes relacionados con el mundo digital.

- **Comercio electrónico**: la búsqueda visual es ampliamente utilizada para encontrar productos similares a partir de una imagen. Por ejemplo, un usuario puede tomar una foto de una prenda de ropa que le gusta y encontrar artículos similares en línea.
- **Reconocimiento de objetos**: los sistemas de búsqueda visual pueden identificar y etiquetar los objetos en una imagen, de esta forma facilitan la búsqueda y la organización de grandes bibliotecas de imágenes.
- **Turismo y viaje**: los usuarios pueden buscar información sobre lugares turísticos cargando imágenes de destinos y obteniendo detalles como los sitios para visitar, los hoteles cercanos, etc.

La búsqueda visual evoluciona continuamente gracias a los avances en inteligencia artificial y aprendizaje automático, lo que permite descubrir información basada en imágenes de forma cada vez más precisa.

Google Lens es un ejemplo destacado de esta tecnología. Lanzado en 2017, este sistema de búsqueda visual basado en inteligencia artificial también emplea aprendizaje automático para detectar objetos y sugerir acciones según lo que identifica. Por ejemplo, si la imagen muestra un producto, el motor puede mostrar una lista de tiendas en línea donde se vende ese artículo o uno similar.

D. La información que se muestra en las SERP (Search Engine Result Pages)

1. Introducción

Una vez introducidas las palabras clave en la zona prevista para ello, se inicia la búsqueda y la herramienta de búsqueda, servidor fiel, muestra las páginas de resultados (SERP) que responden a la solicitud.

Google modifica periódicamente la configuración de estas páginas; actualmente estamos bastante lejos de aquellas páginas que solo mostraban enlaces azules extraídos del posicionamiento orgánico y algunos enlaces patrocinados.

¿Qué información encuentra en estas páginas?

Las páginas de resultados, especialmente la primera, proporcionan cada vez más información y, sobre todo, más respuestas directas; de hecho, se muestran varios tipos de contenidos extraídos de diferentes procesos de indexación.

Veámoslo en detalle.

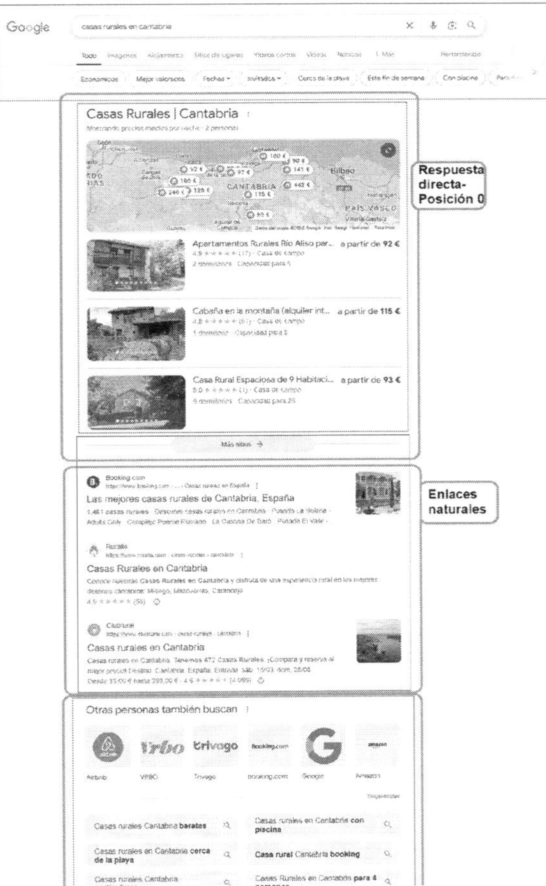

- Una respuesta directa a la consulta realizada en la posición 0 (es decir, en la parte superior de la ventana), cuyo contenido, contextualizado, depende en parte del comportamiento del usuario de Internet, como veremos en el próximo capítulo.
- Enlaces naturales u orgánicos que, de hecho, aparecen mucho más abajo en la página. Cuando hay contenido en la posición 0 es relativamente raro ver 10 resultados; lo habitual es que haya menos.
- Enlaces comerciales (o enlaces patrocinados) en algunas ocasiones (no aparecen en la captura anterior). Los enlaces patrocinados (AdWords para Google) son enlaces publicitarios basados en un sistema de subastas de palabras clave. Los anunciantes compran palabras clave y luego se les factura por clic. La estrategia de optimización vinculada a enlaces patrocinados se llama SEA (*Search Engine Advertizing*) y generalmente complementa una estrategia de SEO (vinculada solo a resultados naturales).

Dado que los resultados que se muestran se contextualizan según lo que Google sabe sobre el internauta, es posible que, si usted realiza la misma consulta del ejemplo no obtenga la misma página de resultados.

En definitiva, la página se divide en cuatro áreas con geometría variable:

- Contenido en la posición 0 correspondiente a una respuesta directa (arriba o a la derecha de la ventana, según el caso).
- Enlaces obtenidos por posicionamiento natural.
- Enlaces patrocinados.
- Búsquedas asociadas.

2. La posición 0

Cada vez más es más frecuente que en la parte superior de la página aparezca una respuesta directa a la solicitud del usuario. Esta respuesta puede tomar muchas formas, como veremos más adelante. Google muestra contenido que considera de una fuente autorizada en relación con la pregunta formulada.

3. Los enlaces de posicionamiento natural

En el caso de los famosos « enlaces azules », resultados del posicionamiento natural, ¿qué información se proporciona? Veamos, a título de ejemplo, un enlace azul de la primera página de resultados. ¿Qué información muestra?

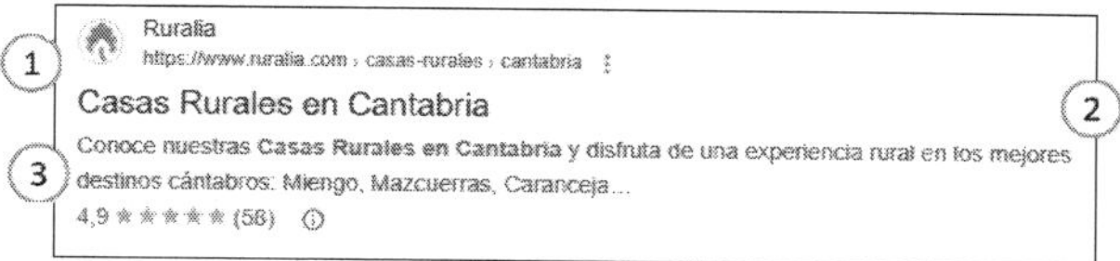

1. La URL (dirección web) o hilo de Ariadna (miga de pan) de la página: Google puede truncarla si considera que la cadena de caracteres es demasiado larga en comparación con la resolución de la pantalla.
2. El título de la página en formato enlace: lo que se muestra aquí es el contenido de la etiqueta **Title**, pero Google también puede modificarlo. Se recomienda que el título no supere los 60 caracteres.
3. Snippet/descripción de la página. De forma predeterminada, este es el contenido de la etiqueta **Description**, que se muestra aquí en 2 líneas (puede alcanzar hasta 4 líneas). El contenido que aparece puede ser diferente; hablamos entonces de Snippet, contenido compuesto por fragmentos de frases extraídas de las páginas del sitio. Parece que 150 caracteres son suficientes para esta etiqueta, que ya no se usa para calcular el rango de las páginas. Sin embargo, es la primera información que el internauta ve sobre su página, por lo que debe cuidarse su redacción.

También puede mostrarse otra información:

- Formato del documento (antes del título): Google no indexa solo las páginas HTML; también puede encontrar PDF, docx, etc. Google muestra el formato si es diferente de HTML.
- Traducir esta página: este enlace aparece en los casos en que el resultado no está en el mismo idioma que el de la consulta.
- Site links: a veces (en el caso de sitios oficiales o que el motor considera de referencia), se muestra el acceso directo a ciertas secciones del sitio.
- En ocasiones aparece una fecha a la izquierda del *snippet*/descripción: es la fecha de la última actualización o de la última indexación de la página en cuestión.

E. Las SERP móviles (Search Engine Result Pages)

En los dispositivos móviles, las páginas de resultados difieren de lo que hemos visto hasta ahora. De hecho, el propio motor es diferente.

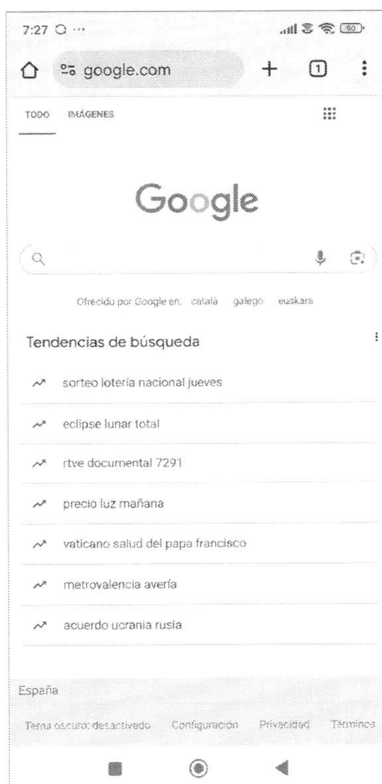

1. Mostrar resultados SERP en móvil

Cuando la página de resultados muestra una respuesta en posición 0, habitualmente ocupa toda la pantalla.

En la siguiente imagen, por ejemplo, el motor ha elegido mostrar como resultado una central de reservas.

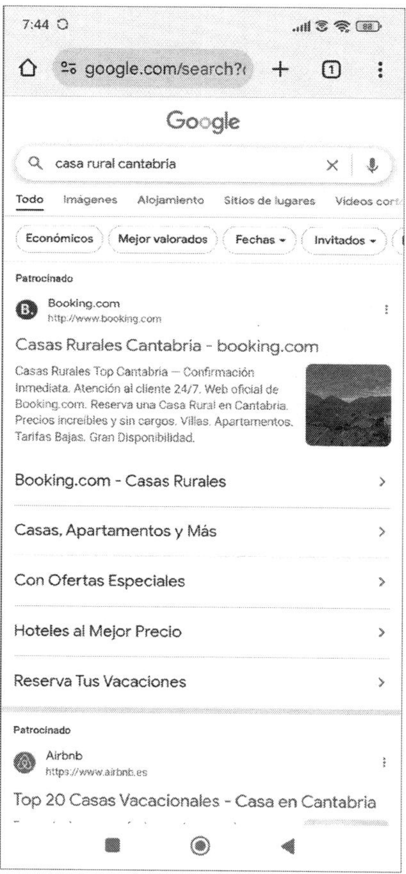

También cabe la posibilidad de que aparezca en primer lugar un carrusel, o galería deslizante algo que puede suceder con relativa frecuencia en función de las búsquedas que se hayan efectuado.

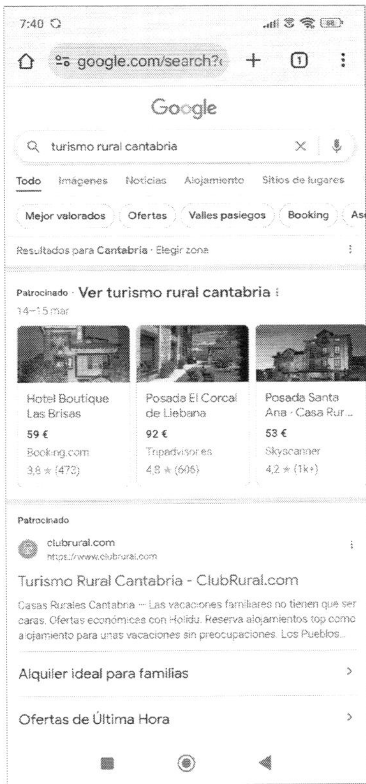

2. Accelerated Mobile Pages (AMP)

AMP es un formato derivado del HTML, muy simplificado, , cuyo objetivo es acelerar la carga de contenido en dispositivos móviles usando un conjunto de reglas y etiquetas especiales.

Google lanzó este formato en 2016, asociado a un icono: .

Antes, este pequeño logotipo que significa que la página está en formato AMP aparecía antes del título de la página en el enlace natural en el móvil, Actualmente, este icono ya no aparece.

Aunque el algoritmo de Google ya no reconoce oficialmente la tecnología AMP oficialmente como criterio de clasificación, su capacidad para acelerar la carga de las páginas aún puede tener cierta influencia en el posicionamiento.

Sin embargo, grandes actores como la red social X (antes Twitter) y el navegador Brave han dejado de ser compatibles con AMP, implementando alternativas para sustituir esta tecnología.

Al consultar la información oficial del proyecto en el sitio https://amp.dev/, se observar que las actualizaciones y las publicaciones se detuvieron en 2022; de forma similar, el *roadmap* (hoja de ruta) se detuvo en 2022.

Esta falta de dinamismo por parte de un actor tan relevante no augura un buen futuro para AMP, lo que recuerda los desafíos que enfrentaron otras tecnologías como Windows Phone en su momento.

En resumen, la situación actual sugiere un claro declive de la tecnología AMP. Además, la preocupación de la comunidad digital y el cese de actualizaciones oficiales refuerzan la incertidumbre sobre su continuidad en la web.

F. Google se convierte en un motor de respuestas

1. Nueva filosofía

La filosofía de Google ha cambiado significativamente en los últimos tiempos. El motor ahora ofrece respuestas directas al usuario sin tener que hacer clic en los enlaces de su página de resultados.

Esto significa que el motor de búsqueda se está transformando gradualmente en motor de respuestas, y esta revolución solo acaba de empezar. Las respuestas directas aparecen en diferentes formas en el área llamada posición 0.

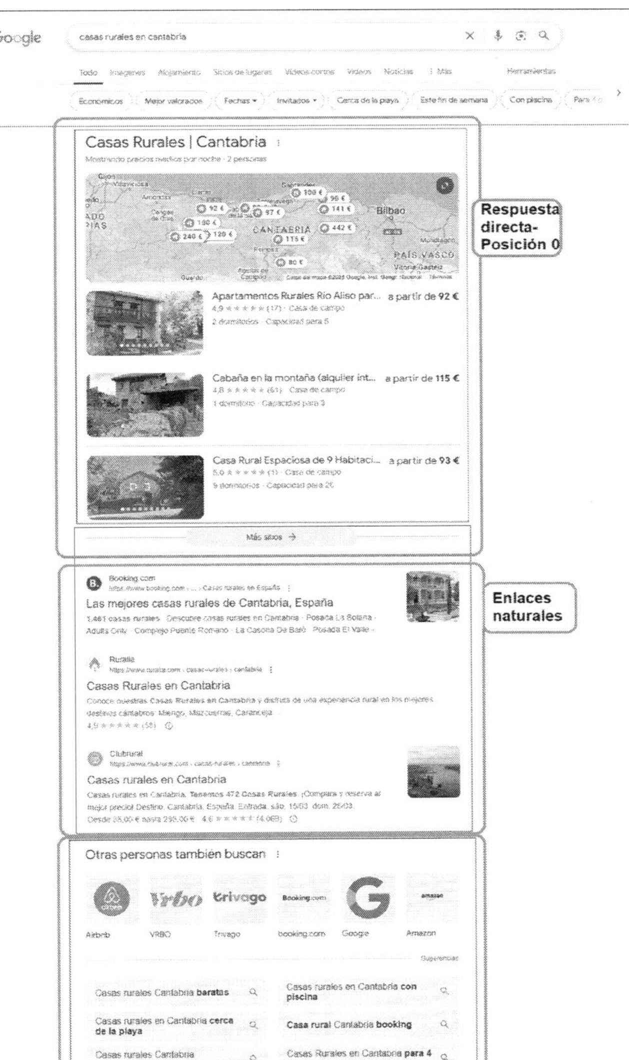

Las respuestas directas aparecen en la posición 0 en la página de resultados, por ejemplo, cuando se pregunta a Google sobre el tiempo, un resultado deportivo, una definición, un lugar, etc.

Para ofrecerle estas respuestas, Google usa cada vez más la inteligencia artificial en sus algoritmos; también utiliza lo que sabe sobre los internautas (geolocalización, historial de consultas, clics, etc.).

2. Impacto: ¿AEO en lugar de SEO?

Google quiere convertirse en un motor de respuestas para proporcionar una respuesta rápida y precisa al usuario; este es su nuevo enfoque, su nueva filosofía. Esto tendrá un fuerte impacto en el SEO.

El motor funciona cada vez menos con palabras clave y cada vez más con preguntas complejas y precisas que plantean los internautas.

Google extraerá sus respuestas del contenido web indexado en sus bases de datos; este contenido debe corresponder a las respuestas esperadas por el internauta.

El valor añadido y la calidad del contenido son más que nunca el centro de atención. Es posible que el tráfico descienda en su sitio web, pero será un tráfico cada vez más cualificado, ya que responde con precisión a las preguntas del internauta.

Hablaremos de esto en el capítulo sobre cómo preparar el AEO.

3. El impacto de la IA en la interfaz actual de Google

En mayo de 2024, tras un año de pruebas, Google presentó el futuro de su motor de búsqueda: una nueva interfaz denominada AI Overview.

Esta interfaz consiste en mostrar una vista de conjunto de los resultados de la búsqueda, recuperados de distintos sitios y liego sintetizados para la inteligencia artificial. Integra la nueva experiencia de búsqueda titulada Google SGE (*Search Generative Experience*) basada en IA.

Por lo tanto, la lista habitual de enlaces web aparece debajo de este nuevo tipo de resultado generado por inteligencia artificial.

Por ahora, esta nueva interfaz solo se ha desplegado para el gran público estadounidense. Se espera que esté disponible para más de mil millones de usuarios antes de que finalice 2024.

> Puede encontrar una presentación en inglés de la nueva interfaz disponible en YouTube: https://www.youtube.com/watch?v=s4lnWsd-J6g

G. Conclusión

Es preciso que tenga en cuenta esta nueva orientación de Google hacia las respuestas directas.

Comience a preguntarse sobre las respuestas que podría proporcionar a los internautas en relación con temas específicos o relacionados con su actividad principal. Por ejemplo, sobre el lugar de su actividad o los productos regionales que venderá.

Capítulo 3

Primera posición

A. Funcionamiento de las herramientas de búsqueda

¿Cómo funcionan las herramientas de búsqueda? Operan a partir de la «palabra clave», que es a la vez clave de la búsqueda de información y clave del SEO.

Las palabras clave son palabras o expresiones utilizadas por el internauta para encontrar la información que le interesa entre la multitud de páginas web presentes en la base de datos de las herramientas de búsqueda.

Los motores de búsqueda «entienden» cada vez más y mejor las consultas que escribe o las preguntas que formula, por complejas que sean.

Las herramientas de búsqueda desempeñan tres tareas principales:

- Recopilan información en páginas web y otros medios en línea.
- Almacenan la información recopilada en bases de datos.
- Muestran información pertinente en relación con la petición del internauta y de acuerdo con la funcionalidad de búsqueda utilizada.

1. Los robots

Los robots, también conocidos como *crawlers* («rastreadores») o *spiders* («arañas»), son programas de software que navegan continuamente por la Web, visitan las páginas y siguen todos los enlaces. Los resultados de estas visitas alimentan las bases de datos de páginas y de palabras clave de los motores.

Si bien todas las herramientas de búsqueda funcionan siguiendo el mismo principio, algunas de ellas usan, además, las mismas tecnologías, proporcionadas principalmente por Google y Microsoft. Por ejemplo, Yahoo! y Qwant usan el robot de Bing (Microsoft).

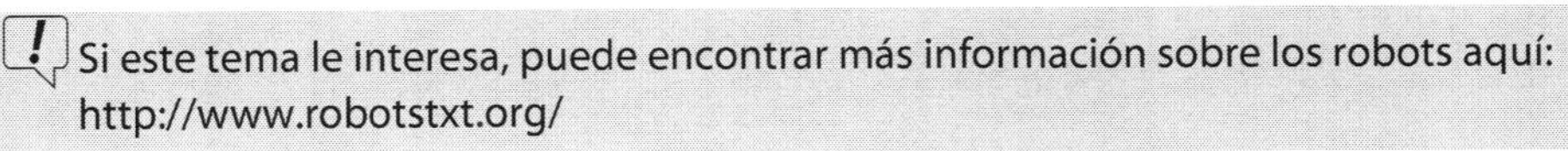

Si este tema le interesa, puede encontrar más información sobre los robots aquí: http://www.robotstxt.org/

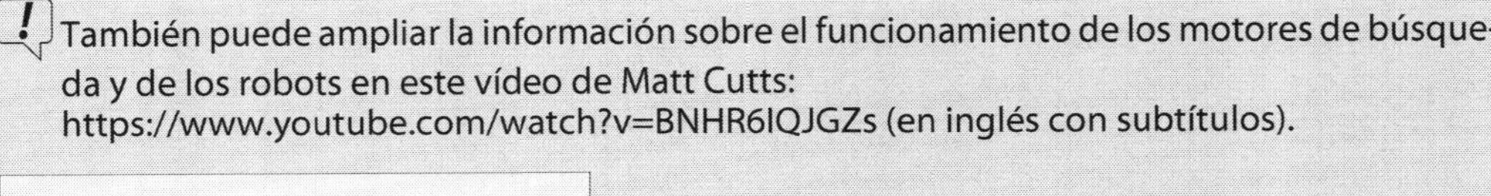

También puede ampliar la información sobre el funcionamiento de los motores de búsqueda y de los robots en este vídeo de Matt Cutts: https://www.youtube.com/watch?v=BNHR6IQJGZs (en inglés con subtítulos).

How Search Works
by Matt Cutts

Las bases de datos de los motores se actualizan con mucha frecuencia, ya que las arañas recorren la Web 24 horas al día, los 7 días de la semana.

2. Los algoritmos: aspectos esenciales

El algoritmo de Google se actualiza con mucha regularidad; por ejemplo, durante el año pasado se realizaron cerca de 500 actualizaciones. Pero si bien estas actualizaciones son frecuentes, algunas de ellas marcan la metodología de indexación y afectan a los SERP más que otras.

> Aquí podrá consultar una infografía muy útil, publicada por SEOBook, sobre el funcionamiento de Google:
> http://www.seobook.com/learn-seo/infographics/how-search-works.php (en inglés)

Esto es lo que desde ahora mismo debe recordar para su estrategia de SEO:

- El índice de Google ahora es **Mobile First**: por lo tanto, su sitio debe ser perfectamente compatible con dispositivos móviles; por ejemplo, debe evitar ventanas emergentes y banners intrusivos.
- El tiempo de carga de las páginas debe reducirse al máximo.
- **La calidad del sitio** y del contenido sigue siendo esencial; varias actualizaciones se han centrado en la calidad de los contenidos.
- Preste atención asimismo a la calidad tanto de los enlaces que usted ofrece o que conducen a sus páginas (*backlinks*).

La nueva versión de su blog decididamente debe tener un diseño adaptable (responsive design). Revisará en detalle el contenido de sus páginas y de sus entradas agregando, si es necesario, contenido «de fondo», informativo.

También revisará su estrategia de enlaces si no ha realizado un seguimiento de este aspecto.

Su estrategia de SEO, por lo tanto, implica:

- *Trabajo en profundidad sobre el contenido propuesto.*
- *Trabajo significativo en el entorno técnico del sitio.*
- *Optimización del contenido y de los backlinks.*

El secreto del algoritmo de Google ha sido objeto de debate durante años, dada la situación predominante (o incluso de monopolio) del motor que capta la gran mayoría de las búsquedas. Regularmente, se pide que se haga público su algoritmo.

Lea lo que dice Google sobre los algoritmos:
https://www.google.es/intl/es/search/howsearchworks/algorithms/

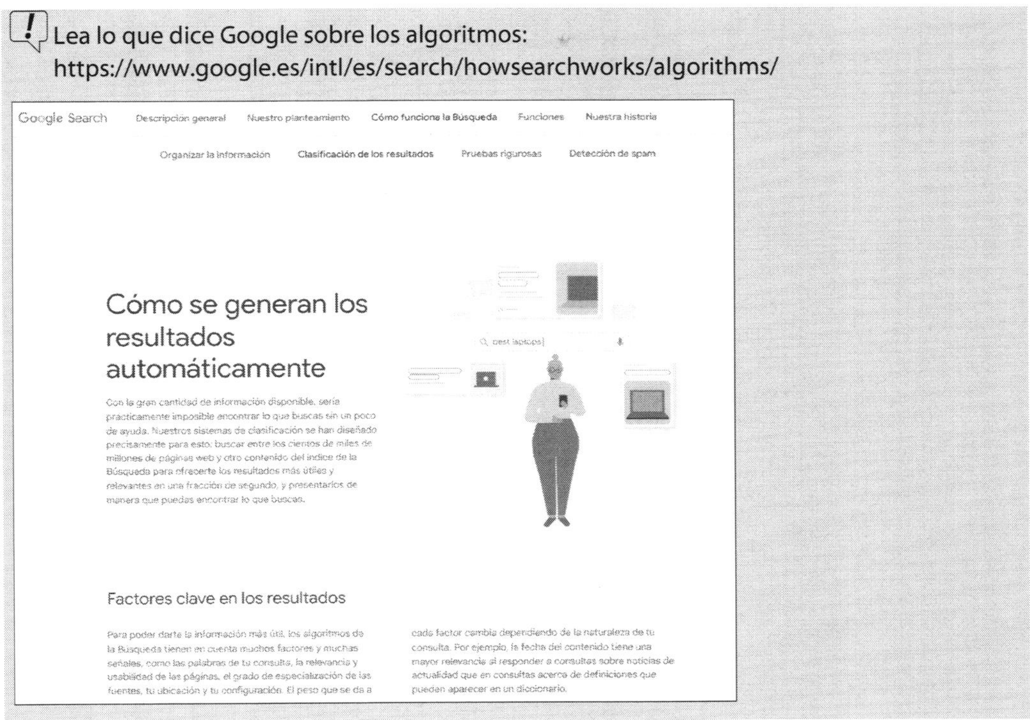

3. White hat SEO versus Black hat SEO

El **white hat SEO** sigue escrupulosamente los consejos de Google sobre optimización de contenidos y posicionamiento, mientras que el **black hat SEO** usa en exceso las técnicas de optimización para SEO.

Cabe preguntarse cuáles son las posibilidades reales de que un sitio pequeño alcance una buena posición en las SERP entre los trillones de páginas presentes en la Web, y esto es aún más cierto con la noción de «motor de respuesta», donde se ofrece una única respuesta a la consulta del internauta (SERP Mobile y búsqueda por voz).

Ciertamente, se puede encontrar un equilibrio (*grey hat SEO*), una línea roja que es mejor no cruzar, entre el uso y el abuso de las técnicas de optimización.

Llegados a este punto, no podemos sino sugerirle que lea los consejos del experto que encontrará aquí: https://support.google.com/webmasters/answer/7451184?hl=es

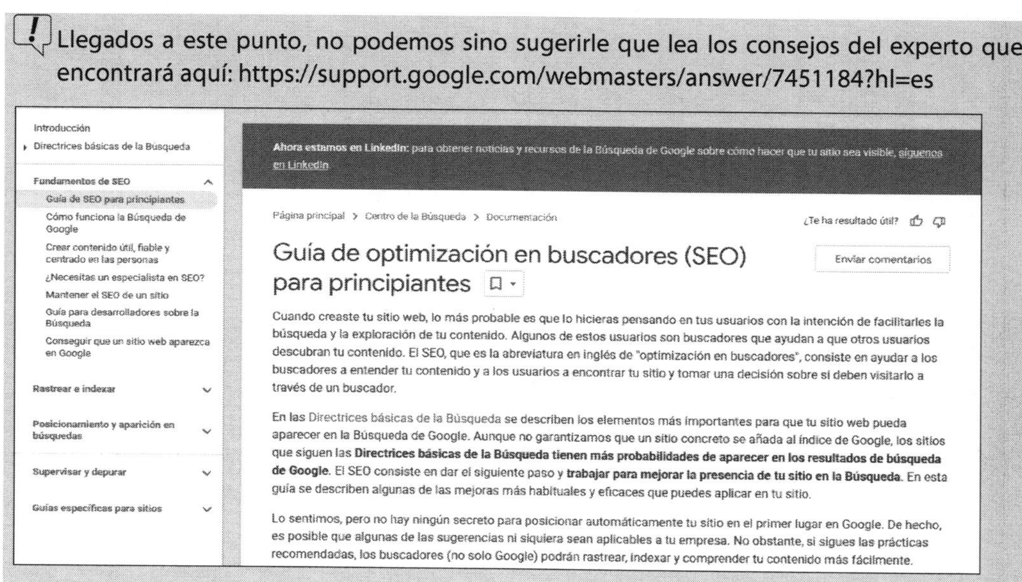

B. Posición 0

Actualmente, todo el mundo se centro en la famosa posición 0, el área en la parte superior de la página donde Google (y los demás) ofrece respuestas directas a las preguntas escritas o enunciadas.

Los motores se han vuelto «inteligentes», entienden cada vez mejor qué quiere el usuario y ofrecen respuestas cada vez más pertinentes.

En este sentido, la inteligencia del motor se va a medir de acuerdo con su grado de comprensión del lenguaje natural: debe comprender a la vez las palabras y su significado contextual.

La inteligencia artificial integrada en los diferentes algoritmos de Google le permite ofrecer más y más respuestas directas: estas se presentan de diferentes formas y se ubican en la posición 0, es decir, en la parte superior de la lista de enlaces de indexación natural. Solo estamos al comienzo de esta evolución de motores a motores de respuesta. El crecimiento de las búsquedas por voz o a través de un teléfono inteligente acentúa esta evolución.

En la posición 0, podemos encontrar principalmente tres formas de respuesta:

- Knowledge Graph
- Onebox
- Featured snippets

Como se muestra en el diagrama siguiente.

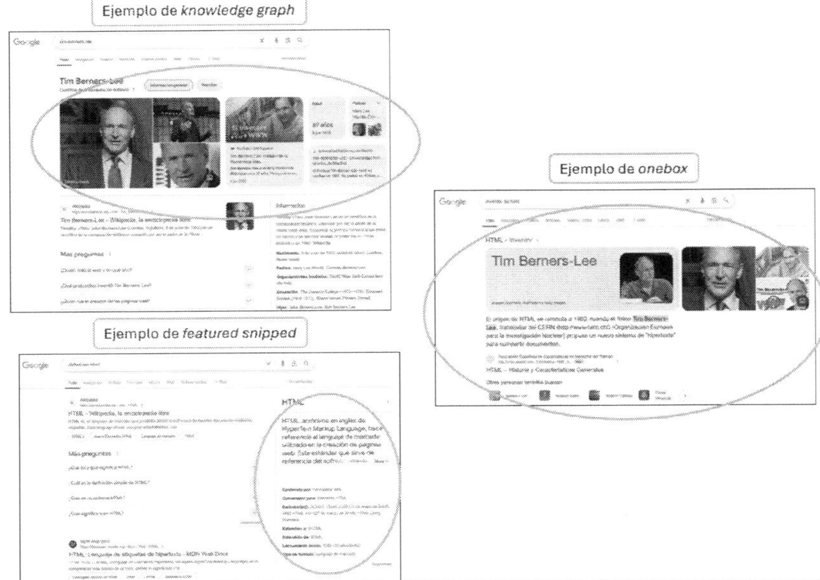

1. Knowledge Graph

a. ¿Qué es?

El lanzamiento por parte de Google del *Knowledge Graph* (gráfico de conocimiento) es la primera materialización de un cambio de fondo en el motor, que consiste en proponer al internauta más información en el mismo instante en que este exprese su consulta, es decir, en la página de resultados, y antes de que haga clic para irse a otra parte.

El *Knowledge Graph* muestra principalmente los resultados de Wikipedia y Google Images. Estos resultados aparecen a la derecha de la página de resultados.

El interés del *Knowledge Graph* radica en que asocia un término con su campo semántico tal y como lo percibe Google.

Verá que aparece información adicional a la derecha o arriba de la página, parte de la cual proviene de fuentes externas a Google (principalmente Wikipedia).

Según Google, es un «modelo inteligente que comprende las entidades del mundo real, así como las relaciones que las vinculan entre sí».

Este servicio se basa en la inteligencia colectiva de la Web, cuya comprensión del mundo está un poco más cerca de la de los individuos.

El internauta puede sentirse satisfecho con obtener tanta información con un solo clic, pero ¿qué pasa con los editores de contenidos cuya información muestra Google sin dirigir al usuario a su página?

b. Funcionamiento

Google compró MetaWeb en 2010; su proyecto colaborativo Freebase consistía en reunir y conectar el conocimiento de la Web en forma semántica. En el momento de la adquisición por Google, Freebase contenía 20 millones de entidades (o datos estructurados). Hoy, los datos provienen de www.wikidata.org.

Para el internauta, ¿cómo funciona la búsqueda con *Knowledge Graph?*

1. El internauta introduce su petición: puede tratarse de un lugar, una obra, una persona famosa o una marca.
2. Si existe una posible ambigüedad en el término introducido, Google solicita más detalles.
3. El internauta selecciona la búsqueda correcta entre las ofrecidas por Google.
4. Google muestra el resultado con el *Knowledge Graph*.

El *Knowledge Graph* de Google sigue evolucionando. Actualmente, en algunos casos, es posible modificar la información que se muestra y añadir perfiles de redes sociales. Los datos del Knowledge Graph también se basan la información introducida en la ficha de empresa de Google. Esta ficha proporciona datos concretos sobre la empresa (dirección, teléfono, horario de apertura, etc.) que pueden integrarse en el panel de resultados.

2. Onebox

a. ¿Qué es?

Onebox es un área de visualización en la que aparecen compactados los resultados de una búsqueda universal. Esta área generalmente se encuentra en la parte superior de la página de resultados.

Proporciona una respuesta precisa a una pregunta específica. Pero no hay necesariamente un Onebox para todas las preguntas.

Google considera que la información que se muestra en esta área es la más relevante para la pregunta formulada.

b. ¿Qué tipo de contenido muestra?

Onebox aparece en general como respuesta para:

- las búsquedas locales asociadas a un mapa de Google,
- las preguntas sobre el pronóstico meteorológico de un lugar,
- las búsquedas de tipo *shopping*: obtendrá un carrusel de productos extraídos de Google Shopping,
- los resultados de encuentros deportivos,
- resultados en cifras: fórmulas de cálculo, ratio de conversión,
- la cotización de la bolsa,
- etc.

3. Featured snippet

a. ¿Qué es?

Recibe el nombre de *Featured snippet* una respuesta directa que aparece en posición 0 y además:

- se muestra como un extracto de contenido web que puede adoptar diferentes formas,
- Google la considera relevante: puede tratarse de una definición, una receta...

Las *Feature snippets* pueden mostrarse en forma de listas, tablas o párrafos.

b. ¿Qué criterios siguen las Featured snippet?

Para que alguno de sus contenidos tenga la posibilidad de aparecer en este formato, debe cumplir ciertos criterios:

- Este contenido debe responder específicamente a una pregunta que hace el internauta, que se la plantea a Google en forma conversacional: ¿Cómo...? ¿Cuántos...? ¿Qué es...?
- El texto propuesto debe incluir suficientes caracteres: parece que 300 se consideran una buena longitud.
- Preferentemente, debería preparar una página por pregunta y, por lo tanto, por respuesta.

4. Datos estructurados

Las entidades nombradas (personajes, lugares, monumentos, organizaciones, etc.) enriquecidas con cifras (fechas, importes, porcentajes, etc.) constituyen los datos estructurados.

Google y todos los motores de búsqueda utilizarán estos datos estructurados para ofrecer contenido situado en la posición 0, entre otros.

Se trata de microdatos incluidos en el código HTML, pero no visibles para los internautas, que ayudan a los robots a comprender la información.

> Aquí puede consultar un fantástico vídeo divulgativo sobre este tema (en inglés con subtítulos): https://www.youtube.com/watch?v=mmQl6VGvX-c

El sitio schema.org le guía en la elaboración de datos estructurados.

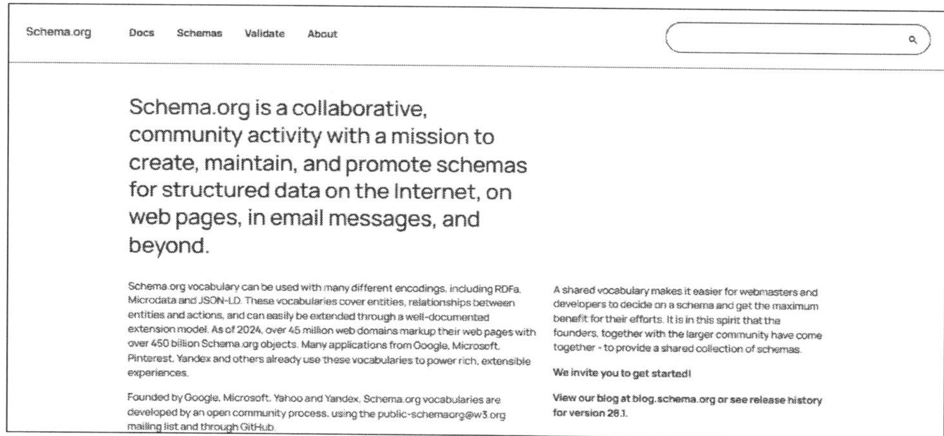

Realizar entidades nombradas no es sencillo: veremos cómo hacerlas más adelante.

C. Posicionamiento natural - clasificación de las páginas

1. Misión

El internauta busca información relevante y precisa en los motores de búsqueda. Y toda la complejidad del trabajo de los motores reside en esta expectativa.

¿Cómo mostrar primero las páginas que mejor coinciden con las frases clave introducidas en la barra de búsqueda de los motores?

Para lograr estos objetivos, los motores diseñan y optimizan algoritmos, integrando múltiples factores y parámetros, con objeto de calcular la posición de las páginas en relación con una solicitud del usuario.

Los motores y Google, en particular, guardan celosamente el secreto de estos algoritmos. ¿Qué criterios de relevancia debe seguir una página para ubicarse lo más alto posible en los resultados?

Cuando el internauta realiza una consulta introduciendo un término en la barra de búsqueda, el motor ofrece un conjunto de páginas web (entre tres y diez en la primera página) que parecen relevantes en relación con la petición del usuario.

¿Cómo selecciona el motor estas páginas?

Los algoritmos de los motores utilizan un conjunto de criterios (cuyas influencias relativas son difíciles de conocer).

Su misión, en lo que respecta al SEO, consiste primero en conocer estos criterios y luego aplicarlos lo mejor posible a las páginas de su soporte web.

Estos criterios cubren en general tres indicadores:

- La relevancia: evaluada de acuerdo con la presencia, la importancia y la ubicación de las palabras clave en sus páginas.
- La popularidad de las páginas: evaluada de acuerdo con el número y la calidad de los enlaces que dirigen a sus páginas (*backlinks*).
- La audiencia de sus páginas, evaluado de acuerdo con el número y la calidad de las visitas recibidas por sus páginas.

Las técnicas de SEO que detallaremos en el resto de este libro consisten en optimizar las páginas para cumplir mejor con estos criterios dictados por Google y los otros motores.

2. Los criterios que se tienen en cuenta

Para comprender plenamente los desafíos que plantea el SEO, debe entender cómo funciona el posicionamiento de las páginas en las SERP.

¿Qué hace que una página sea la primera?

Las herramientas de búsqueda utilizan una hábil mezcla de varios criterios agrupados en un algoritmo:

- Algunos criterios están relacionados con el contenido de la página web: los llamaremos criterios *on page*.
- Otros criterios no tienen nada que ver con el contenido, sino que se basan en la «popularidad» y la audiencia de la página: los llamaremos criterios *off page*.

a. Criterios on page

Los criterios que están vinculados al contenido de la página en sí se denominan criterios *on page*. Estos criterios están relacionados principalmente con la presencia y posición de las palabras clave en la página web.

Dicho de otro modo, cuantas más palabras clave aparezcan, se hayan colocado de manera sensata y destacado, mejor se posicionará la página en las SERP en relación con la palabra clave considerada.

Composición de una página HTML

Una página HTML se compone de dos partes diferenciadas:

- El área de encabezado (o HEAD), donde se almacena la información que el internauta no puede ver.
- El área del cuerpo de la página (o BODY), donde se encuentra el contenido visible.

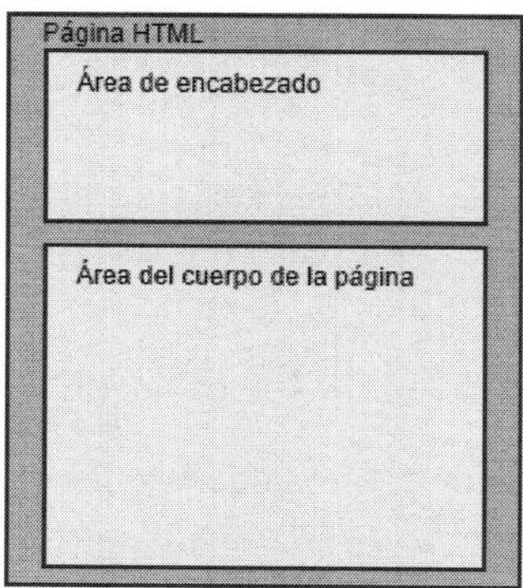

¿Dónde insertar las palabras clave?

Las palabras clave pueden aparecer en:

- **Los nombres de archivos o de dominio**: si las palabras clave aparecen en la URL de sus páginas o incluso en su nombre de dominio, tendrá más posibilidades de estar bien posicionado.
- **El área de encabezado de la página HTML**, y más específicamente en:

  El título de la página: es decir, la etiqueta Title. El contenido de esta etiqueta (que puede verse en la parte superior de la ventana del navegador) informa al visitante sobre el contenido de la página.

  Las etiquetas Meta: estas etiquetas agregan información a la página. Las palabras clave deben estar presentes en la etiqueta Description. Veremos con detalle estas etiquetas más adelante, pero, por el momento, quédese con la idea de que, después de haber abusado de estas etiquetas para el SEO, los motores ya no tienen en cuenta el contenido de la etiqueta Description para calcular el posicionamiento de las páginas.

  Trataremos largo y tendido estas etiquetas más adelante; por ahora, para conocer las etiquetas Meta aceptadas por Google, consulte la información disponible en este enlace:
  https://support.google.com/webmasters/answer/79812?hl=es

- **El área visible de la página HTML**, y más específicamente en:

  El texto visible y legible de la página: cuanto más «arriba» de la página se ubiquen las palabras clave, mayores serán sus posibilidades.

  Los títulos y subtítulos de párrafo: las palabras clave en los títulos o subtítulos de párrafo (estilo Hn) aumentan las posibilidades de sus páginas. Las páginas web estructuradas presentan su texto «jerárquicamente» usando títulos y subtítulos cuyos estilos están configurados en lenguaje HTML. Los motores utilizan el contenido de estas etiquetas para el posicionamiento de la página.

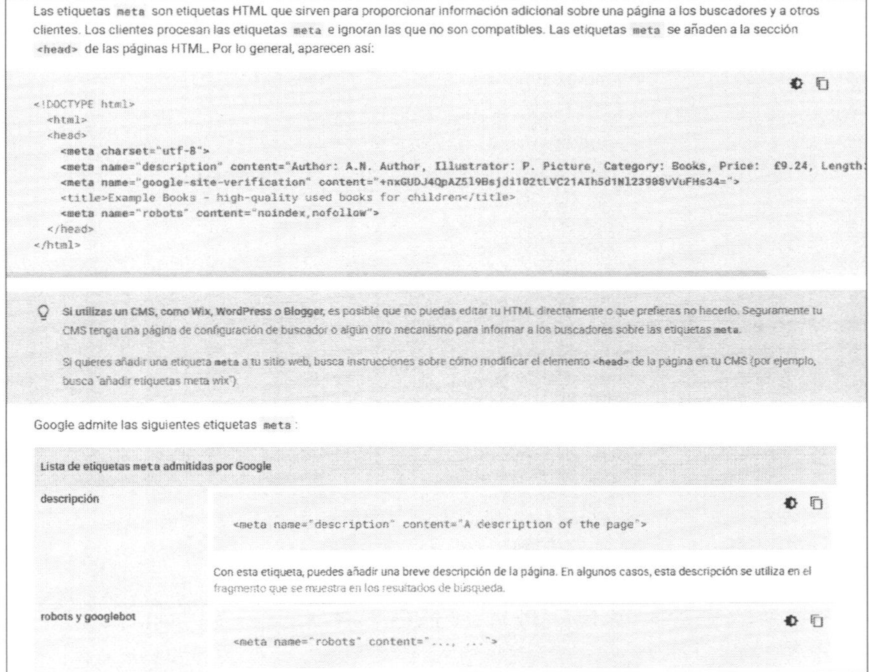

Las etiquetas `meta` son etiquetas HTML que sirven para proporcionar información adicional sobre una página a los buscadores y a otros clientes. Los clientes procesan las etiquetas `meta` e ignoran las que no son compatibles. Las etiquetas `meta` se añaden a la sección `<head>` de las páginas HTML. Por lo general, aparecen así:

```
<!DOCTYPE html>
  <html>
  <head>
    <meta charset="utf-8">
    <meta name="description" content="Author: A.N. Author, Illustrator: P. Picture, Category: Books, Price:  £9.24, Length:
    <meta name="google-site-verification" content="+nxGUDJ4QpAZ5l9Bsjdi102tLVC21AIh5d1Nl23908vVuFHs34=">
    <title>Example Books - high-quality used books for children</title>
    <meta name="robots" content="noindex,nofollow">
  </head>
</html>
```

Si utilizas un CMS, como Wix, WordPress o Blogger, es posible que no puedas editar tu HTML directamente o que prefieras no hacerlo. Seguramente tu CMS tenga una página de configuración de buscador o algún otro mecanismo para informar a los buscadores sobre las etiquetas `meta`.

Si quieres añadir una etiqueta `meta` a tu sitio web, busca instrucciones sobre cómo modificar el elemento `<head>` de la página en tu CMS (por ejemplo, busca "añadir etiquetas meta wix").

Google admite las siguientes etiquetas `meta`:

Lista de etiquetas meta admitidas por Google	
descripción	`<meta name="description" content="A description of the page">` Con esta etiqueta, puedes añadir una breve descripción de la página. En algunos casos, esta descripción se utiliza en el fragmento que se muestra en los resultados de búsqueda.
robots y googlebot	`<meta name="robots" content="..., ...">`

  La información asociada con imágenes y vídeos: las imágenes pueden acompañarse de etiquetas con comentarios; los motores de búsqueda las tienen en cuenta para el posicionamiento de las páginas.

  Los textos de los enlaces: la inclusión de palabras clave en los textos de los enlaces es un criterio importante para los motores de búsqueda en lo que respecta al posicionamiento.

¿Cómo resaltar las palabras clave?

El sutil juego de optimizar las páginas consiste en saber usar las diferentes posibilidades para resaltar las palabras clave, pero sin abusar.

- **Dar formato a los caracteres**: las palabras clave tendrán mayor importancia para los motores si, por ejemplo, están resaltadas en negrita (<strong>) o mediante la aplicación de un estilo de encabezado (de H1 a Hn).
- **Datos estructurados**: la aparición de la búsqueda semántica implica la necesidad de mejorar la estructuración de los datos en las páginas web.

Puede llevar a cabo esta tarea con los formatos de etiquetado disponibles y, especialmente, usando el más conocido y empleado: el que propone schema.org.

Si usted es quien diseña sus propias páginas, la optimización de estos criterios está bajo su control. Sin embargo, debido al uso abusivo que algunos han hecho de ellos, se ha tendido a reducir la importancia de los criterios *on page* en favor de los *off page*. Estos últimos ya no dependen del contenido interno de la página, sino del interés o utilidad que los motores de búsqueda atribuyen a dicha página en función de su percepción por parte de los usuarios.

Si bien los criterios *on page* se tienen en cuenta para el cálculo del posicionamiento de las páginas web, lo cierto es que únicamente alcanzan una importancia relativa. En este sentido, los criterios *off page* son cada vez más importantes para este cálculo de posicionamiento.

b. Criterios off page

Llamamos criterios *off page* a aquellos que no tienen relación con el contenido propiamente dicho de la página.

Estos criterios están esencialmente vinculados a la «popularidad» de las páginas. Este concepto de popularidad mide la cantidad y la calidad de los enlaces (internos, pero especialmente externos) que apuntan a las páginas.

Cuantos más enlaces apunten a su página (backlink) y más procedan dichos enlaces de páginas populares, más popular será considerada su página por Google y los demás motores de búsqueda.

Los diversos motores utilizan cada vez más estos criterios para luchar contra el spamdexing (indexación de spam) entre otros, es decir, las técnicas fraudulentas de SEO que consisten en optimizar artificialmente los criterios *on page*.

Los criterios *off page* se basan en el principio de que, cuanto más frecuentadas y actualizadas son las páginas, más relevantes resultan para los usuarios de Internet.

El criterio de audiencia también se tiene en cuenta. Este criterio está vinculado al número y la calidad de las visitas realizadas a sus páginas.

Pero ya hemos hablado mucho sobre Google; echemos un vistazo ahora a lo que está sucediendo en otros lugares.

Capítulo 4

Las otras herramientas de búsqueda

A. Las otras herramientas de búsqueda

Existen dos tipos de herramientas, muy diferentes entre sí por su origen, especializadas en la búsqueda de información en Internet: los motores y los directorios.

1. Motores y directorios

a. Los motores

Un motor de búsqueda funciona con base en las palabras clave; agrupa un conjunto de páginas web clasificadas en su «colección» (base de datos) según, entre otros, criterios que emplean esas mismas palabras clave.

Una palabra clave es un término que usa:

- el internauta para buscar información,
- el motor para indexar páginas web.

Resumiendo, cuando el usuario de Internet inicia la búsqueda (consulta) de una expresión clave que introduce en la barra de búsqueda del motor, un programa de software especializado, llamado «araña», rastrea en su base de datos, que contiene las páginas indexadas, y luego presenta las páginas web que incluyen la frase clave buscada.

> Un motor lista en su base de datos páginas web, no sitios.

La indexación se lleva a cabo en los motores a través de software, usando unos pequeños programas o robots, responsables de visitar las páginas web y de seguir los enlaces.

Los motores disponen de una gran cantidad de URL (direcciones de páginas web) almacenadas en su base de datos (varios trillones para Google, por ejemplo); es imposible conocer esta cantidad con exactitud.

b. Los directorios

Un directorio agrupa y muestra sitios web por categorías y subcategorías, como en una gran biblioteca de medios. Los sitios web se clasifican por tema, según su contenido, y pueden aparecer en una o más subcategorías.

> Un directorio lista sitios web, no páginas.

Las peticiones de indexación son gestionadas por un equipo de redacción.

Las bases de datos de los directorios contienen menos registros que las de los motores.

La búsqueda de información en los directorios se puede realizar de dos maneras:

- El primer método consiste en buscar en la estructura de directorios, es decir, en la lista de temas propuestos: el internauta comienza seleccionando el tema, la categoría que le interesa; a continuación, elige la subcategoría y así sucesivamente hasta encontrar sitios que puedan responder a su consulta. Luego solo tiene que visitarlos para determinar cuáles le interesan más.
- El segundo método consiste en introducir palabras clave en la zona de búsqueda, sin pasar por las categorías.

Existen una multitud de herramientas de búsqueda en Internet: directorios o motores, en castellano o en otros idiomas, generalistas o especializados. La mayoría de estas herramientas son discretas en términos de tráfico, aunque algunas son más complejas y ampliamente utilizadas.

Puede obtener una lista de herramientas de búsqueda en:
https://es.wikipedia.org/wiki/Anexo:Motores_de_b%C3%BAsqueda

Pero ¿qué distingue realmente a un motor de un directorio? Veamos a continuación las diferencias fundamentales.

c. Diferencias fundamentales

Los motores y los directorios funcionan de forma diferente en lo que respecta a la búsqueda de información y a su indexación.

Aun cuando este libro se centra básicamente en estudiar la indexación y el posicionamiento en Google, es importante comprender las diferencias de funcionamiento entre unos y otros.

MOTORES	DIRECTORIOS
Búsqueda de información	
Páginas web indexadas Un número mayor de páginas en el índice Tiende a la exhaustividad Búsqueda por palabras clave Clasificación por orden de relevancia Actualización más rápida de la información	Sitios web indexados Menos sitios indexados Criterios de calidad Búsqueda por categorías y por palabras clave Clasificación por orden alfabético Actualización más lenta de la información
Indexación y posicionamiento	
Indexación por software Una gran mayoría de páginas indexadas	Indexación humana Criterios de «calidad» aplicados al posicionamiento

Si le interesan los motores de búsqueda, en este blog puede consultar una lista bastante completa de los más relevantes:
https://rockcontent.com/es/blog/motores-de-busqueda/

2. El mercado de las herramientas de búsqueda

¿Qué parte representa Google dentro del mercado de las herramientas de búsqueda? Seguro que ya tiene su propia opinión sobre este tema, pero veamos igualmente algunos detalles.

a. El mercado

Existe una multitud de herramientas de búsqueda en Internet, ya sean generalistas o especializadas, más o menos conocidas; sin embargo, la gran mayoría de los internautas solo utiliza algunas: las más «grandes».

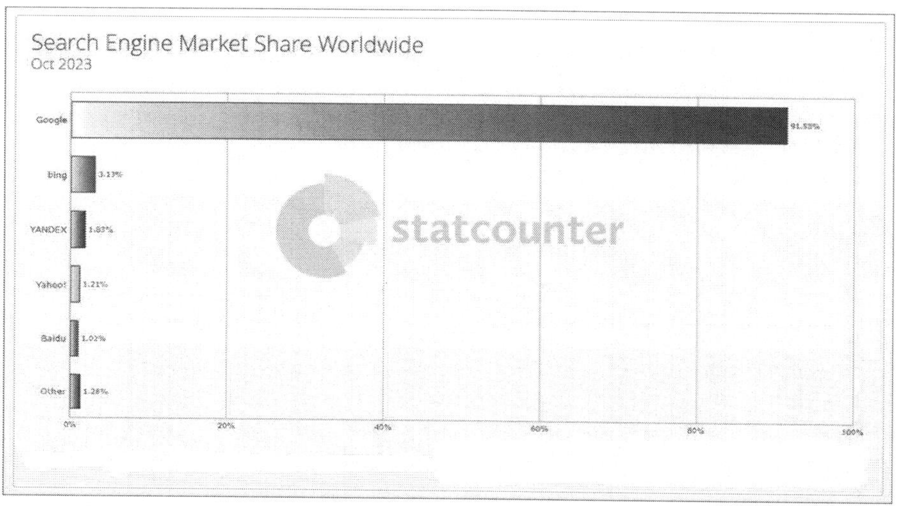

Ojo a este dato: hoy en día, en España, los cinco prinicipales motores concentran el 99,95 % del tráfico de búsqueda de información. A la cabeza de todos ellos está Google, a mucha distancia de los demás. Bing, el motor de Microsoft, ocupa la segunda posición.

b. Evolución de unos y otros

El mundo de las herramientas de búsqueda está evolucionando hacia:

- **El predominio de los motores frente a los directorios**

  En comparación con los motores, los directorios generalistas se enfrentan a muchas dificultades para mantener su lugar. En la actualidad, quedan ya muy pocos directorios; muchos han desaparecido o ya no se actualizan. Pero cuidado: esto no significa que los directorios deban desestimarse automáticamente. Tanto en lo que respecta a la búsqueda como a la indexación, estas herramientas cuentan con especificidades interesantes cuando se comparan con los motores.

- **La especialización de los directorios**

  Esta especialización se orienta según dos ejes: uno temático y otro geográfico. De hecho, encontrará cada vez menos directorios generalistas y más directorios especializados en un tema, una profesión o un sector de actividad, o bien un país, una región, una ciudad.

- **El enriquecimiento de las posibilidades de búsqueda**

  Tanto en Google como en los otros motores, las funciones de búsqueda son múltiples; la búsqueda de páginas web, aun cuando sigue siendo esencial, se completa o incluso se reemplaza por la búsqueda de imágenes, vídeos, noticias, contenidos locales, etc.

B. Los motores alternativos

Aunque nadie lo diría, porque realmente se ha «merendado» a sus competidores desde hace más de 20 años, lo cierto es que Google no es el único motor. Existen otras alternativas, o intentan existir, aprovechando los puntos débiles de Google.

También podemos encontrar en línea metabuscadores, motores de búsqueda solidarios y otros «pequeños gigantes». No debería pasarlos por alto en su estrategia de SEO.

1. Bing

Es el motor de la compañía Microsoft. Su robot también alimenta otros motores, como Qwant, por ejemplo, incluso si la dependencia de Qwant frente a Bing se ha reducido desde 2016. Se trata del segundo motor más utilizado, aunque esté a mucha distancia de Google. Como información, en enero de 2023 el 8,85 % de los usuarios de internet en el mundo hicieron búsquedas desde el motor de búsqueda Bing. Porque ofrece las mismas funcionalidades y los mismos principios de búsqueda que Google, incluida la orientación hacia un motor de respuesta y la ubicación de respuestas en posición 0.

Exactamente como Google, ofrece un servicio de gestión y seguimiento para webmasters.

2. Yandex

Yandex es un motor de búsqueda muy popular en Rusia y con frecuencia se compara con motores de búsqueda como Google. Este motor se lanzó en 1997, se ha convertido en uno de los principales actores del mercado ruso y también se utiliza en otros países, aunque en menor medida.

Yandex ofrece varios servicios similares a los de Google, incluida la búsqueda web, la búsqueda de imágenes, los mapas, el correo electrónico, el vídeo en línea y muchos otros.

Además, la principal característica que diferencia a Yandex es su adaptación a las particularidades lingüísticas y culturales de Rusia y de la CEI (Comunidad de Estados Independientes).

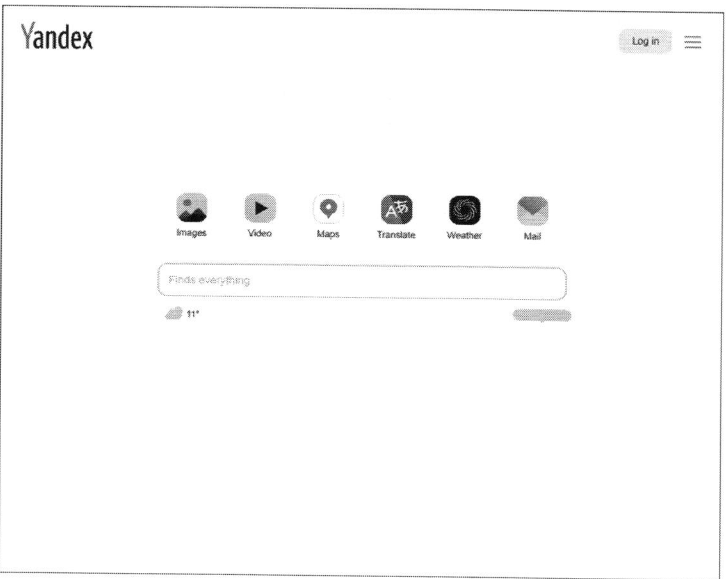

3. Yahoo

Yahoo! Search, con frecuencia llamado Yahoo!, es una de las primeras plataformas de búsqueda en línea. Actualmente está en cuarta posición entre los motores más utilizados a escala mundial. Su planteamiento se basa en la interacción de la comunidad y da a los usuarios la capacidad de elegir y enriquecer las páginas web que consideren adecuadas para compartirlas con otros usuarios.

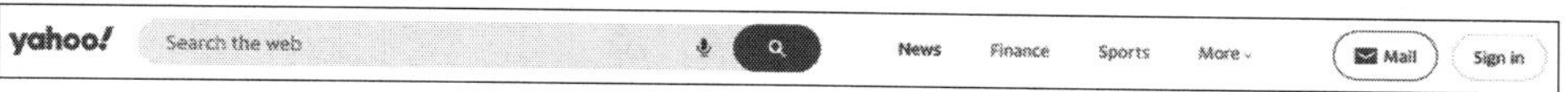

4. Baidu

Baidu es el principal motor de búsqueda en China y a menudo se le compara con Google por su dominio del mercado de búsqueda en línea en el país. Este motor se lanzó en el año 200 y ofrece una gama de servicios parecida a la de Google.

Este motor de búsqueda se adapta a las características específicas del idioma chino y proporciona resultados adecuados para los usuarios chinos.

5. DuckDuckGo

Es un metamotor que agrega resultados de más de 400 fuentes y no recopila ningún dato de sus usuarios.

6. Qwant, el motor francés

En 2023 Qwant concentraba el 0,53 % de las búsquedas mensuales. Su principal valor diferencial es la protección de datos: este motor no instala cookies, no utiliza geolocalización ni rastrea los clics.

Además, dispone de una versión infantil (de 6 a 13 años), muy utilizada en centros escolares franceses (https://www.qwantjunior.com/). Esta versión filtra contenidos para adultos y sitios comerciales de su índice.

Qwant también ofrece un servicio de mapas que no rastrea a los usuarios.

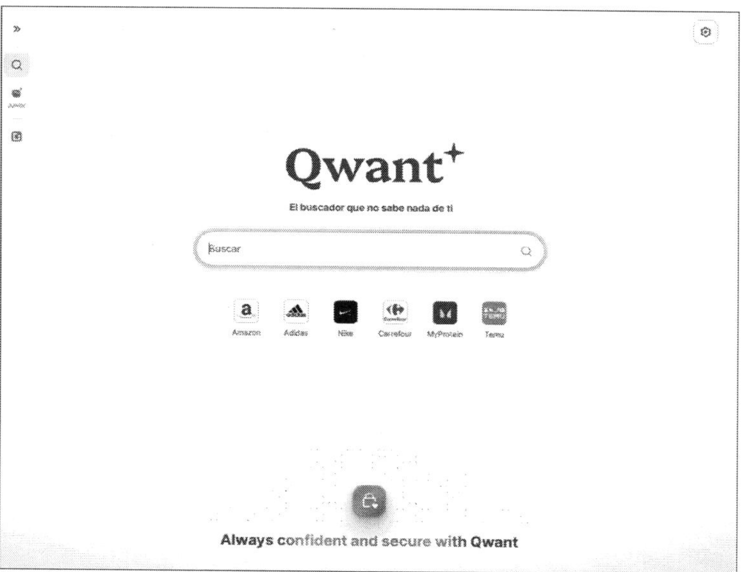

La interfaz de este buscador es diferente a la de Google y Bing, especialmente por el menú lateral izquierdo.

Cuanto más se utilizan los motores, mayor capacidad tienen estos para mejorar su tecnología.

Recuerde: como usuario, tiene la liberdad de elegir. ¡No está obligadoa usar Google!

7. StartPage

StartPage es un motor de búsqueda centrado en la privacidad, por lo que prioriza la protección de los datos de sus usuarios. Se lanzó en 2006 y es una alternativa a los motores tradicionales, ya que protege los datos personales y garantiza que no se rastrean las búsquedas ni se generan perfiles de usuario.

Otra ventaja: StartPage utiliza los resultados de búsqueda de Google.

De esta manera, StartPage actúa como un intermediario realiza consultas anónimas a Google y muestra los resultados sin recoger ni almacenar datos personales como direcciones IP o historiales de búsqueda.

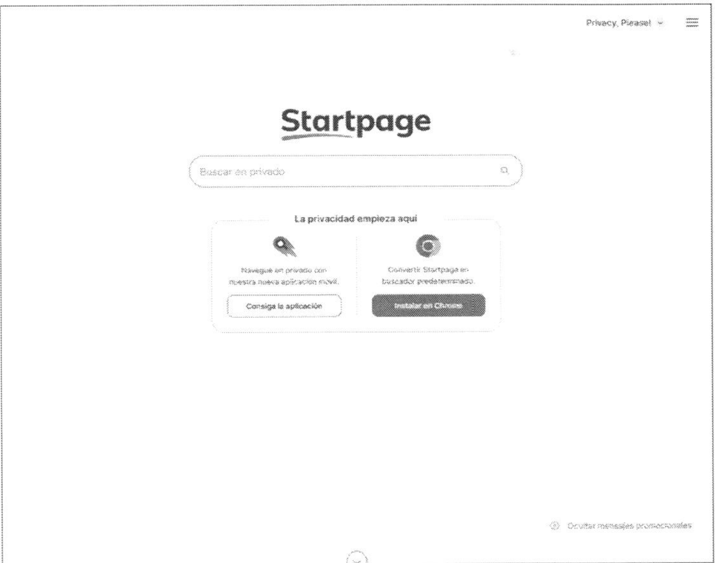

8. Ecosia, el motor de búsqueda que planta árboles

Ecosia es un motor de búsqueda que se distingue por su compromiso con el medioambiente. Se lanzó en 2009 y utiliza los ingresos publicitarios generados por las búsquedas en línea para plantar árboles en todo el mundo.

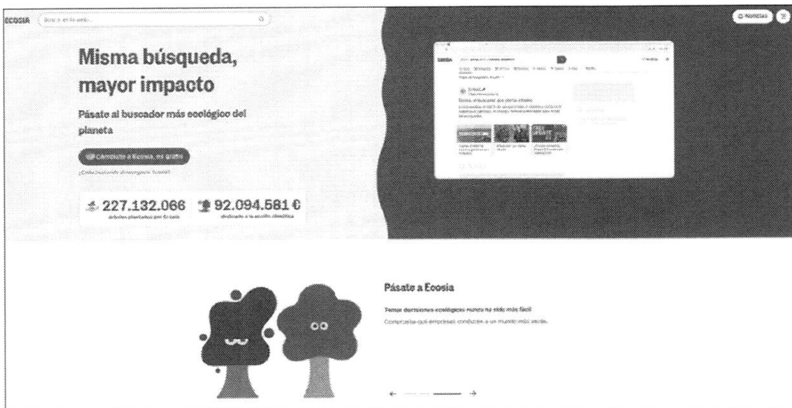

9. Lilo, el motor solidario

Lilo es un motor de búsqueda solidario y ético que se lanzó en 2015. Con cada búsqueda que realiza el usuario, gana una gota de agua; las gotas se traducen en dinero, generado gracias a la visualización de los enlaces publicitarios, que Lilo dona cada trimestre a los proyectos sociales o medioambientales elegidos por el usuario.

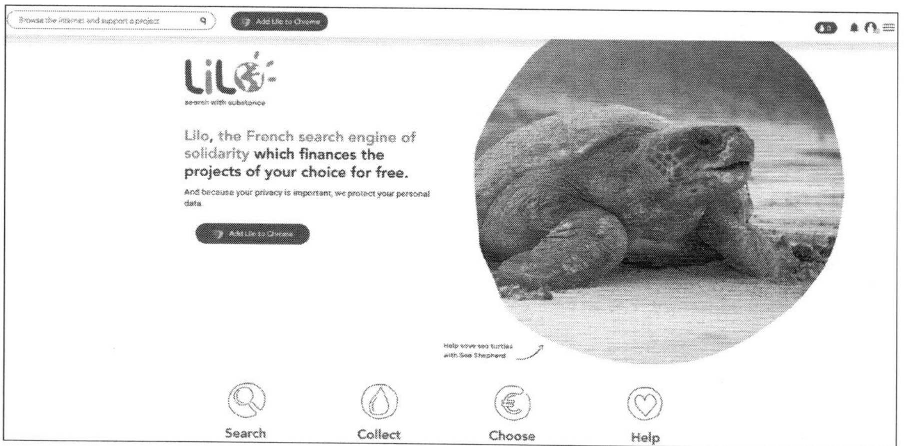

10. Recapitulación

Estas son las URL de las herramientas de búsqueda más utilizadas hoy en España y que acabamos de presentar. ¡Tiene mucho donde elegir!

Bing	www.bing.es	Motor de Microsoft
Yandex	https://yandex.com/	Motor de búsqueda polivalente y popular en Rusia
Yahoo	https://www.yahoo.com/	Motor con interacción de la comunidad
Baidu	https://www.baidu.com/	Motor de búsqueda polivalente y popular en China
DuckDuckGo	https://duckduckgo.com	Metamotor que protege sus datos
Qwant	www.qwant.com	Motor francés que protege sus datos
StartPage	https://www.startpage.com/	Motor de búsqueda privado
Ecosia	https://www.ecosia.org	Motor ecológico: con cada búsqueda se plantan árboles
Lilo	www.lilo.org	Motor solidario

La mayoría de las herramientas ofrecen la posibilidad de instalar el motor directamente en su navegador favorito.

También existen herramientas para webmasters cuyo objetivo es hacer que desaparezcan URL del perímetro de búsqueda y del índice.

C. Los directorios

Los directorios pueden ser generalistas, especializados (por temática) o geográficos.

Puede encontrar una lista no exhaustiva de directorios aquí: http://undirectorio.com/

Esta lista puede ayudarle a identificar los directorios en los que puede resultarle provechoso indexar su sitio. El interés de indexar una página en los directorios radica en la obtención de *backlinks*, pero tenga cuidado: Google tiende a depreciar los enlaces entrantes provenientes de páginas que contienen una gran cantidad de enlaces, que, por supuesto, es el caso de todos los directorios.

D. El comportamiento del internauta

¿Cómo se comportan los internautas cuando buscan información?

Los siguientes datos le ayudarán a configurar una estrategia de SEO *ad hoc*.

- Las herramientas de búsqueda son las que aportan la mayor parte del tráfico a un sitio web, incluso en comparación con las redes sociales: ¡el SEO todavía tiene mucho futuro por delante!
- Más del 90 % de los propietarios de teléfonos inteligentes realizan búsquedas a diario: ha llegado la hora de orientar su sitio hacia lo móvil.
- La mitad de las búsquedas incluyen al menos 4 palabras.
- Más del 60 % de los clics van a los tres primeros enlaces azules.
- Las tres cuartas partes de los internautas no van más allá de la primera página de las SERP.
- Casi un tercio (27 %) de los usuarios en línea en todo el mundo utilizan la búsqueda por voz móvil: es hora de prestar atención a este asunto.
- Las búsquedas en Google «de proximidad» están aumentando exponencialmente: también hay que empezar a centrarse en el posicionamiento local.
- Un vídeo tiene 50 veces más posibilidades que un texto de aparecer en la primera página.

E. Google Search Generative Experience (SGE), la búsqueda del futuro

1. ¿Qué es Google SGE?

Search Generative Experience (Experiencia Generativa de búsqueda o SGE) es una nueva función de la página de resultados de Google, la SERP, que utiliza inteligencia artificial. En vez de simplemente dirigir a los usuarios hacia sitios web mediante los enlaces clásicos, esta función da una respuesta directa a la pregunta planteada por el internauta. Google presenta la SGE como una experiencia inicial, de esta manera marca el comienzo del desarrollo de un motor de búsqueda basado completamente en inteligencia artificial. Por ahora no está disponible directamente en Google, aunque sí puede probarse una versión beta.

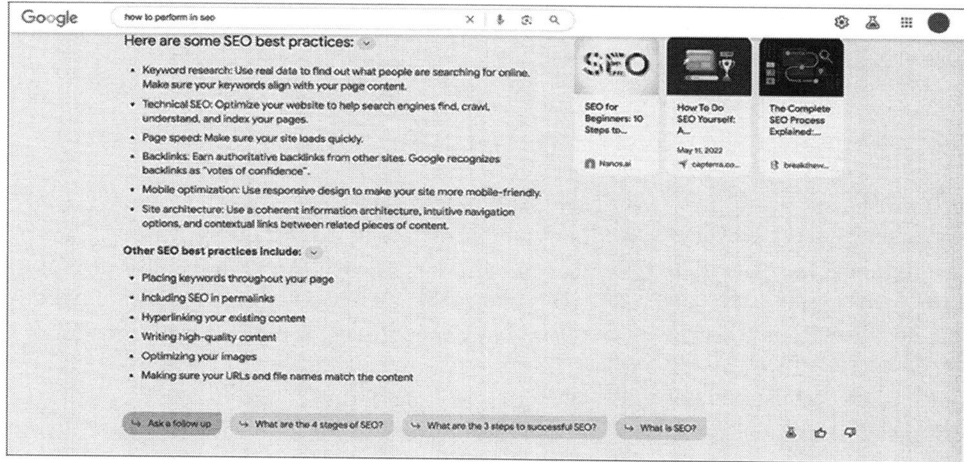

Fuente: https://invox.fr/ressources/seo/google-sge/

a. Cómo funciona

Hasta ahora, el usuario solía hacer clic en los tres primeros resultados orgánicos tras introducir su búsqueda en Google. En la actualidad, gracias a la SGE, puede recibir una respuesta completa generada directamente por la inteligencia artificial, mostrada en un recuadro en la parte superior de la SERP. Así, los resultados naturales quedan relegados aún más abajo en la página (mientras que los resultados patrocinados permanecen en la parte superior).

Por el momento, esta función solo está disponible en Estados Unidos, India y Japón. Además, aún se está probando y ofrece dos modos adicionales directamente relacionados con la IA:

- **Modo conversacional**: como complemento de la respuesta presentada en el banner, puede interactuar con la IA mediante el modo conversacional. Solo tiene que hacer clic en el botón **Hacer una pregunta de seguimiento** o explorar otras preguntas sugeridas al final de la respuesta para ampliar el intercambio. En el futuro, esta funcionalidad podría llegar a suplantar a las PAA (*People Also Ask*).
- **Modo Experiencia Vertical**: si está realizando SEA junto con SEO, esta función le permitirá mostrar sus productos directamente en el recuadro de SGE. Se presentarán con una descripción breve y filtros (como «en oferta»), para ayudar al usuario a elegir el que mejor se adapte a sus necesidades.

Está previsto que esta solución se despliegue en Francia durante 2024.

b. Cuáles son los límites

En esta fase, Google reconoce varias limitaciones de la herramienta. En su guía explicativa, la empresa explica que el SGE puede, por ejemplo, generar «alucinaciones», es decir, presentar información falsa o engañosa con mucha convicción. También explica que la respuesta proporcionada por la IA en el recuadro, a veces, puede diferir de la información mostrada en los resultados de la búsqueda porque es un resumen extraído de varias fuentes diferentes.

Sin embargo, debe ser consciente de que la herramienta evolucionará rápidamente para superar estos problemas.

c. Cómo influye en el SEO

La implantación de SGE podría implicar una reducción importante del tráfico natural de los sitios web, a pesar de las palabras iniciales del CEO de Google, Sundar Pichai, en mayo de 2023: «A medida que integramos la IA generativa en Google Search, nos comprometemos a seguir enviando tráfico valioso a los sitios web».

No obstante, los fundamentos del SEO, tratados en este libro, siempre serán una apuesta segura:

- accesibilidad técnica (código legible, rendimiento del sitio web, etc.);
- contenido bien estructurado (H1, H2, H3, listas con viñetas, etc.);
- estrategia de palabras clave;
- contenidos de calidad con información precisa;
- uso de datos estructurados;
- popularidad del sitio web (autoridad, enlaces entrantes, etc.).

d. Cómo probar Google SGE

Mientras espera que la SGE llegue a su país, deberá simular una conexión desde Estados Unidos para acceder a dicha herramienta:

- cambiando la dirección IP;
- creando una cuenta Google.

> Encontrará más información en este tutorial en línea:
> https://www.tirsomaldonado.es/sge-de-google-revoluciona-la-busqueda-con-ia-generativa/

e. Los competidores de Google SGE

Microsoft Bing ha desarrollado una herramienta conversacional basada en inteligencia artificial: Copilot.

Esta herramienta está disponible aquí: https://www.microsoft.com/es-es/bing?form=MA13FV

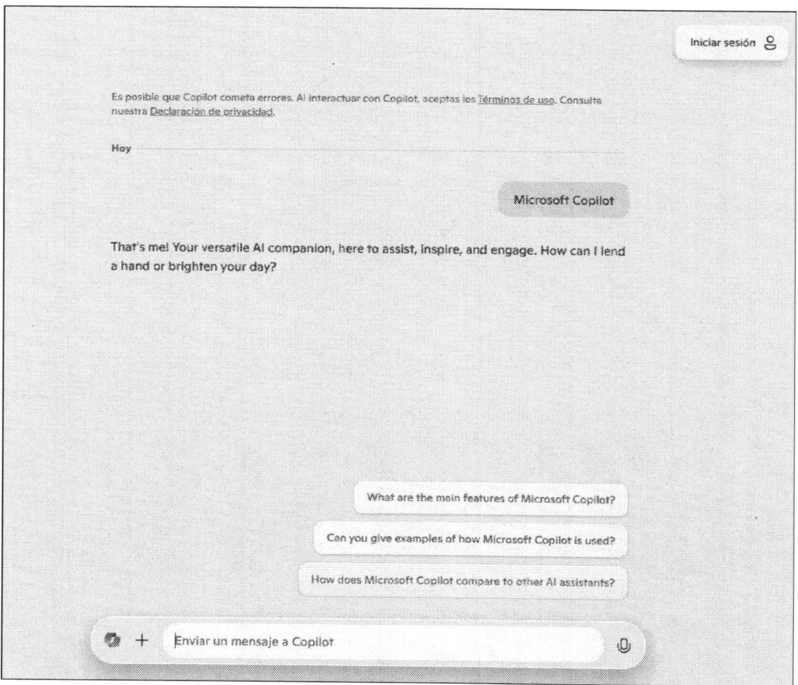

F. Resumen de la primera parte

Los internautas utilizan las herramientas de búsqueda para encontrar información entre trillones de páginas y miles de millones de imágenes y vídeos presentes en la Web.

Dos tipos de herramientas de búsqueda se reparten este mercado: los motores y los directorios. Los motores se utilizan mucho más que los directorios, sobre todo el más grande de todos ellos: Google.

Una palabra clave sirve para buscar información; el motor la utiliza para clasificar las páginas en los índices y facilita al responsable de la indexación la optimización del sitio para obtener un buen posicionamiento.

Su objetivo es atraer internautas a su sitio, lo que implica figurar en las primeras páginas de resultados de las herramientas de búsqueda para las palabras clave que ha elegido (idealmente, entre los tres primeros enlaces de la primera página).

La búsqueda semántica ha cambiado el juego: ahora los motores muestran más información relevante en las SERP. El advenimiento de la Web semántica también está cambiando las técnicas de SEO.

No cabe duda de que SGE cambiará la forma en que buscamos en Internet, aunque al fin y al cabo se trata solo de una evolución dentro de este campo.

En este momento, usted ya sabe cómo funcionan los motores, cómo buscan información los internautas y cuáles son los sitios mejor posicionados. Ahora le toca entrar en el meollo del asunto.

Pero no pierda de vista esta idea: es el contenido lo que hace que el usuario quiera permanecer en sus páginas y lo que le incitará a volver a visitarlas. No obstante, y a pesar de lo anterior, si nadie le encuentra en Internet, nadie sabrá lo bueno que es su contenido ¡porque nadie lo leerá!

En otras palabras: la estrategia de SEO debe centrarse en lograr que el mayor número posible de personas encuentre su sitio web a través de los motores de búsqueda. Y aunque la inteligencia artificial esté transformando estos motores en sistemas de respuesta, sigue siendo fundamental aplicar los principios básicos del SEO para sacar el máximo partido al contenido.

Ahora que ya conoce el interés y la importancia del posicionamiento web, veamos cómo preparar su sitio o su blog para el SEO.

Capítulo 5
Entorno del sitio web

A. Introducción

Su objetivo como diseñador/responsable de SEO del sitio web o del blog es atraer al visitante gracias, en primer lugar, al contenido que ofrece, servido por su estrategia de SEO.

El objetivo a largo plazo es el de fidelizar a sus internautas para asegurarse de que regresen regularmente a su sitio, porque en él encuentran contenido relevante y actualizado que responde a sus preguntas o necesidades.

Para alcanzar estos objetivos, incluso dejando a un lado el tema SEO:

- Su sitio debe estar muy bien pensado.
- Debe atraer al internauta al que se dirige.
- El contenido que ofrezca debe cumplir con sus expectativas en lo que respecta a información.
- Su sitio debe actualizarse periódicamente para que sus visitantes lo encuentren útil.

Es exactamente lo que está pensando: ¡el contenido de las páginas que va a publicar en la red es fundamental!

El contenido es fundamental para que el internauta se sienta atraído por su sitio antes que por el de sus competidores; la indexación en las herramientas de búsqueda, así como el rango que ocupen sus páginas en los resultados, van ayudarle a darse a conocer e incitarán a muchos visitantes a consultar el contenido que ofrece y a adquirir los productos o servicios que vende en línea.

Resulta, pues, primordial que el SEO tenga éxito, y para ello es preciso prepararlo bien.

Esta preparación debe tenerse en cuenta en las fases de diseño/realización del sitio web o del blog, que se llevan a cabo mucho antes de la fase de indexación.

Un sitio web es, ante todo, una herramienta de comunicación, y como tal:

- Se dirige a un *target* (público objetivo) definido.
- Persigue unos objetivos.
- Se sitúa en un entorno muy competitivo.

En las siguientes páginas verá cómo definir el *target*, los objetivos de su proyecto web, y cómo conocer la posición de sus competidores en línea.

¿Cómo definir y precisar el entorno de marketing de un sitio web?

Para tener las mejores opciones de llegar al público objetivo correcto, comience por conocer a sus futuros visitantes, así como a su competencia.

Esta fase de estudio es uno de los factores clave del éxito para cualquier medio web.

B. El público objetivo

1. ¿Por qué definir el público objetivo?

Al diseñar una herramienta de comunicación, es fundamental saber a quién se dirige.

En efecto: un sitio web que quiere dirigirse a todo el mundo en realidad no se dirige concretamente a nadie; dicho de otro modo, tendrá muy pocas posibilidades de cumplir con las expectativas de todos.

El contenido de su comunicación variará según el público al que se dirija, como también lo hará la forma de comunicar este contenido.

Solo puede responder a las expectativas de sus visitantes si previamente los ha identificado con la mayor precisión posible.

Así pues, debe pensar en satisfacer al público:

- al que desea dirigirse,
- en cuyo entorno quiere darse a conocer,
- al que desea ofrecer sus servicios.

Todo empieza, pues, por tratar de conocer a su público objetivo.

2. ¿Cómo definir el público objetivo?

Hágase las preguntas correctas: ¿a qué internautas desea atraer y satisfacer?

Sea lo más preciso posible cuando responda a las siguientes preguntas:

- ¿Quiénes son estos futuros visitantes?
- ¿Particulares o empresas?
- Empresas: ¿pequeñas o grandes?
- Empresas: ¿de qué sectores de actividad?
- Particulares: ¿familias, solteros, estilo de vida?
- ¿Qué grupos de edad?
- ¿Qué tipos de interlocutores en las empresas? ¿A qué departamento pertenecen?
- ¿Español o extranjero?
- ¿Europeos o del resto del mundo? ¿País, regiones, ciudades?
- ¿De campo, de ciudad?
- Particulares: ¿de qué categoría socioprofesional, de qué profesión?

Hágase todas estas preguntas e intente proporcionar tantas respuestas precisas como sea posible en función de lo que sabe sobre su actividad, su mercado y sus actores, sus competidores, sus clientes potenciales, etc.

Su clientela es europea y busca un alojamiento de calidad y auténtico, según el estudio que usted mismo realizó al comienzo del proyecto. Por otra parte, observa después de cierto tiempo que sus clientes han expresado el deseo de comprar productos regionales. Ha consultado las cifras y la evolución de las ventas en línea y ha decidido añadir un módulo de comercio electrónico a su blog.

Una vez que el *target* está bien definido, debe establecer el objetivo o los objetivos de su sitio web.

- ¿Cuál es el rol de su sitio web?
- ¿Qué información debe proporcionar? ¿Qué servicios debe ofrecer?
- ¿Qué quiere conseguir con su sitio?

C. Objetivos del sitio web

1. ¿Para qué sirven los objetivos?

Su sitio web debe cumplir objetivos muy específicos para alcanzar el *target* previsto y proporcionar contenido pertinente en un entorno gráfico, ergonómico, estético y eficaz.

Según esto, el hecho de definir los objetivos le ayudará a establecer el contenido, las funcionalidades que ofrece, las palabras clave y también las opciones para elegir en términos de SEO.

2. ¿Cómo establecer los objetivos?

¿Para qué va a servir su sitio?:

- ¿Para intercambiar? ¿Debería ser un espacio de intercambio entre usuarios de Internet, ofrecer foros, chats, testimonios de los usuarios, un wiki, un blog?
- ¿Para informar a los visitantes sobre su actividad y los servicios que ofrece?
- ¿Para vender servicios o productos? En ese caso, el contenido debería ser diferente y permitir, por ejemplo, la realización de pedidos en línea o diversas opciones de pago.
- ¿Para anunciar un evento? El lanzamiento de un sitio web puede asociarse a un evento de la «vida real»: creación de una empresa, presencia en una feria, etc.

De nuevo, hágase las preguntas correctas:

- ¿Por qué el internauta entra en su sitio?
- ¿Qué está buscando?
- ¿Qué información, qué servicios desea encontrar allí?
- ¿Por qué preferirá su sitio al de sus competidores?
- ¿Qué encontrará que sea mejor, diferente y original?

El contenido desarrollado debe perseguir el objetivo establecido (por ejemplo, informar) y la supuesta demanda del *target* definido: la información proporcionada debe ser relevante, completa, precisa y responder a todas las posibles preguntas que se plantee su visitante; esto es aún más cierto hoy en día, con la orientación del «motor de respuesta».

Por ahora, dispone de un sitio web que puede utilizar para informar a sus visitantes sobre su actividad y que le permite administrar las reservas en línea, así como ofrecer información sobre su territorio.

Hace tiempo que ha puesto en marcha un proyecto de publicación de información regular que está dando sus frutos. Las estadísticas de audiencia van bien, aunque han disminuido ligeramente en los últimos meses. Usted sabe que debe revisar el entorno técnico del sitio para que sea compatible con dispositivos móviles, ya que en la actualidad la mayoría de los internautas consultan la web a través de su teléfono inteligente.

Los sitios turísticos tienen presencia en la Web desde hace mucho tiempo y los internautas los usan con mucha frecuencia. O sea, que tiene muchos competidores. Deberá hacer todo lo posible para destacar entre la multitud, sobre todo en términos del contenido que ofrece, pero no solo en eso.

Para determinar los objetivos de su sitio, póngase siempre en el lugar de su visitante. Si usted fuera él (o ella) y llegara a un sitio como el suyo, ¿qué buscaría, qué información? ¿Cómo le gustaría que se presentara la información?

También está comenzando a apuntar a una posición 0 para algunas preguntas muy específicas. Empieza a preparar una lista de preguntas: las que sus visitantes le plantean cuando llegan a su alojamiento, y redacta una página de respuestas para cada pregunta.

He aquí un ejemplo de información en posición 0, en forma de una Onebox de Google.

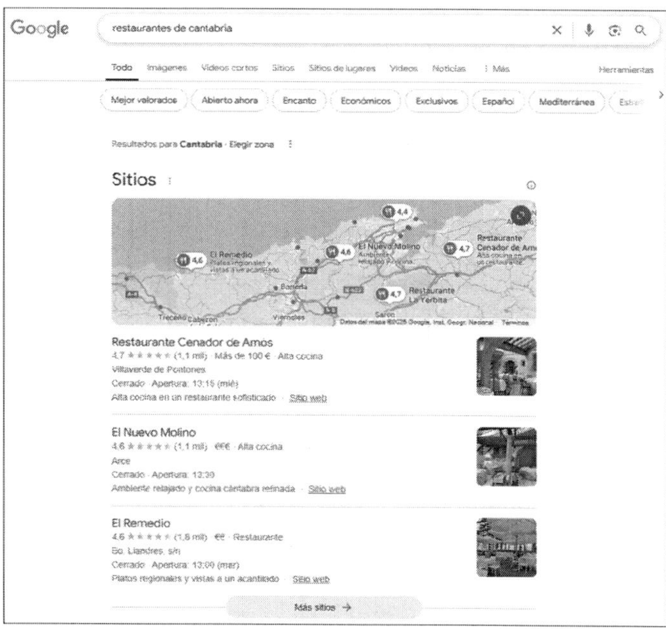

Bueno; ya ha concretado su *target* y determinado sus objetivos.

Pero usted no está solo. ¿En qué invierte su energía la competencia?

Es posible que esté explotando algunas buenas ideas que a usted aún no se le han ocurrido. También es posible que haya cometido errores que usted detectará en calidad de visitante crítico y que sería mejor que evitase reproducir a toda costa en sus propias páginas.

La industria del turismo es un buen ejemplo de la evolución de Google hacia el motor de respuesta, y de la subsiguiente evolución del SEO.

D. Realizar una auditoría SEO

1. Los desafíos de la auditoría SEO

Antes de cometer cualquier proyecto de actualización o rediseño del sitio web, es muy recomendable llevar a cabo una **auditoría SEO**.

Esto implica analizar en profundidad los factores que afectan a la visibilidad del sitio web en los resultados de los motores de búsqueda. Se compone de tres fases: auditoría técnica, auditoría semántica y auditoría de enlaces (también conocida como *netlinking*.

2. Auditoría técnica

La auditoría técnica SEO analiza la estructura y el rendimiento técnico de un sitio web. El objetivo es identificar y resolver cualquier problema técnico que pueda afectar a la clasificación del sitio en los motores de búsqueda.

Algunos de los aspectos que se deben analizar son:

- encabezados HTTP,
- etiquetas HTML y calidad del código fuente,
- estructura de las URL,
- gestión de las redirecciones y errores 404,
- velocidad de carga de las páginas,
- compatibilidad móvil,
- archivo robots.txt,
- compresión de las imágenes,
- seguridad del sitio,
- etc.

3. Auditoría semántica

La auditoría semántica SEO se enfoca en analizar y optimizar todos los aspectos del contenido del sitio web. Su objetivo es comprender el significado de las palabras clave y actualizar el contenido para alinearlo con la intención de búsqueda de los usuarios. Se compone de cuatro elementos: estructura del contenido, coherencia temática, calidad de redacción y adecuación a las consultas populares.

Analiza los siguientes elementos:

- relevancia de las etiquetas HTML
- identificación de las palabras clave pertinentes
- creación de contenidos informativos de calidad,
- estructura interna de enlaces,
- estructura semántica,
- etc.

4. Auditoría de netlinking

La auditoría de enlaces (*netlinking*) analiza los vínculos entrantes (*backlinks*) que apuntan al sitio web. El objetivo es evaluar la calidad, diversidad y pertinencia de estos enlaces para reforzar la autoridad de un sitio en los motores de búsqueda.

Entre los elementos a analizar se incluyen:

- origen de los enlaces,
- variedad y autoridad de las fuentes,
- calidad de las anclas,
- coherencia semántica,
- etc.

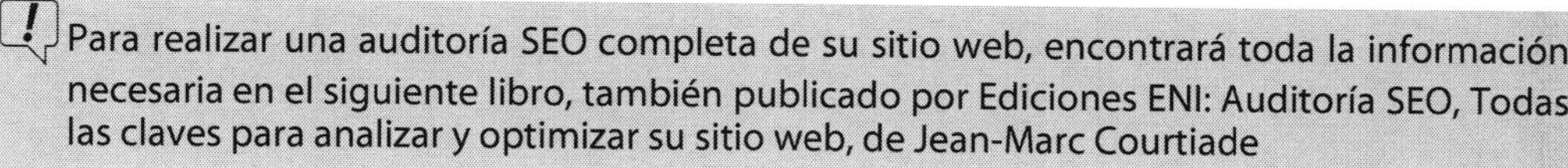

Para realizar una auditoría SEO completa de su sitio web, encontrará toda la información necesaria en el siguiente libro, también publicado por Ediciones ENI: Auditoría SEO, Todas las claves para analizar y optimizar su sitio web, de Jean-Marc Courtiade

E. Estudio de la competencia/benchmark

1. ¿Por qué estudiar a la competencia?

La fase de estudio de la competencia es esencial en cualquier proceso de marketing, a menos que su actividad sea completamente nueva y no tenga ningún competidor, ¡lo cual resulta bastante raro!

El objetivo de este miniestudio de la competencia es, por lo tanto, ver cómo hacerlo mejor que sus adversarios comerciales.

Esto es quizás aún más importante en el caso del diseño de su sitio web: de hecho, ¡su competidor está a solo un clic de distancia de su propio sitio!

La transición digital de las Pymes está avanzando en España, pero aún queda trabajo por hacer: aproximadamente el 35 % de las empresas aún no dispone de página web, por ejemplo.

2. ¿Cómo hacerlo?

Encuentre a sus competidores en la red. Vaya a directorios temáticos, por ejemplo, y recorra la jerarquía de las categorías hasta que los encuentre. En los motores de búsqueda, ejecute consultas con las palabras clave que es probable que introduzcan sus clientes potenciales. Guarde los sitios de la competencia en sus favoritos; tendrá que reutilizarlos más adelante, en el proceso de SEO, para el estudio detallado del sitio y el análisis de las palabras clave.

Dedique tiempo a consultar los sitios de sus competidores; utilice las funcionalidades que ofrecen y adopte un punto de vista crítico. Compórtese como el internauta que busca información y servicios, analice cuáles son los puntos fuertes en estos sitios y cuáles los flojos, como se ha explicado anteriormente.

A continuación, resuma estas fortalezas y debilidades y obtendrá una lista de buenas ideas y otra de errores que no debe cometer.

	PUNTOS DÉBILES	**PUNTOS FUERTES**
	Contenido	
Competidor 1		
Competidor 2		
Competidor 3		

	PUNTOS DÉBILES	PUNTOS FUERTES
	Funcionalidades	
Competidor 1		
Competidor 2		
Competidor 3		
	Ergonomía	
Competidor 1		
Competidor 2		
Competidor 3		

Está planeando llevar a cabo nuevamente un estudio de la competencia para ver si sus competidores están presentes en Internet móvil, si han agregado funcionalidades interesantes en su sitio, si incluyen comercio electrónico...

Se da cuenta de que la mayoría están presentes en Internet móvil y tienen múltiples vídeos disponibles. Tiene que profundizar en esta idea, ya que los números muestran que los usuarios visitan mucho más los sitios que incluyen vídeos.

Algunos ofrecen productos en línea, y usted decide acelerar la actualización de su sitio: ¡es un buen momento!

Pero antes decide echar un vistazo más de cerca a lo que están haciendo sus competidores en términos de SEO.

3. La competencia desde el punto de vista SEO

Los tres puntos esenciales que es preciso estudiar en este proceso son:

- el contenido,
- los enlaces,
- los aspectos técnicos del sitio.

a. El contenido

Consistirá en:

- Examinar las palabras clave y las frases clave utilizadas en los sitios de la competencia. Si salen a veces en la posición 0, ¿en qué búsquedas? ¿Cómo se posicionan las páginas en consultas similares a las que conducen a sus páginas?
- Estudiar cuidadosamente las secciones de los sitios, ver qué páginas están mejor posicionadas y dónde se ubican las palabras clave en esas páginas.

Examine todo esto en teléfonos inteligentes, ya que el índice de Google ahora es Mobile First.

Dispone de herramientas en línea que pueden ayudarle a realizar este análisis; por ejemplo, SEMRUSH: https://es.semrush.com/analytics/organic/competitors

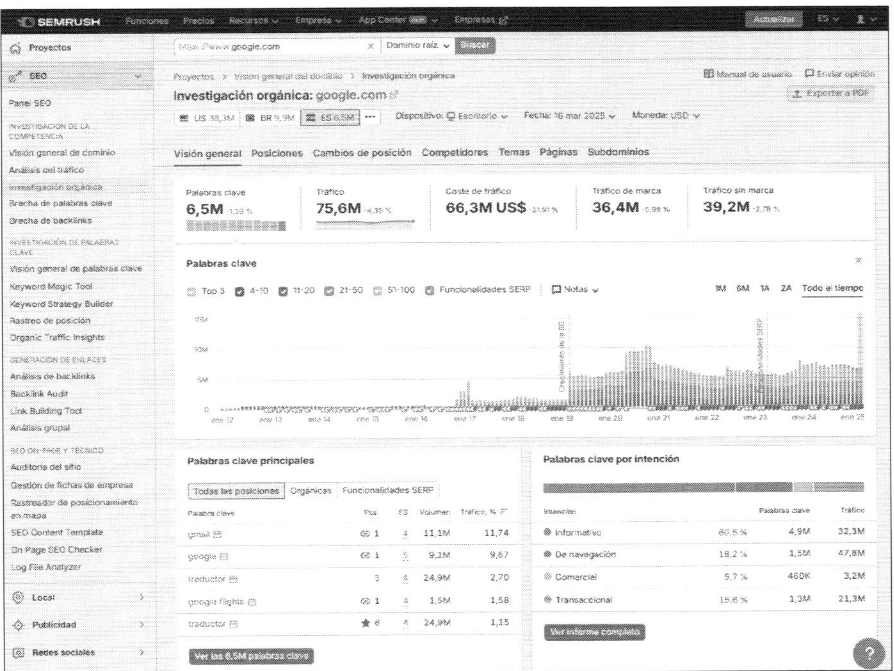

→ Haga clic en la opción de menú **Investigación orgánica**, en la parte izquierda.

→ Escriba el nombre de dominio que desea analizar.

→ Inicie la búsqueda haciendo clic en el botón **Buscar**.

Encontrará una gran cantidad de información en la zona **Análisis del tráfico**; especialmente, la lista de las palabras clave más utilizadas, las páginas mejor ubicadas, la posición de la competencia y muchos otros datos que le permitirán afinar su estrategia de SEO en función de lo que hacen sus competidores.

b. Los enlaces

El segundo punto que debe considerar en un estudio de la competencia desde el punto de vista SEO es el *netlinking*. ¿Cómo trabajan sus competidores en este apartado? ¿Tienen muchos enlaces? ¿Tienen backlinks de buena calidad? ¿Cómo se sitúa usted en relación con ellos?

Puede usar la misma herramienta que acabamos de ver haciendo clic en la opción del menú izquierdo **Análisis de backlinks** como se muestra en esta pantalla:

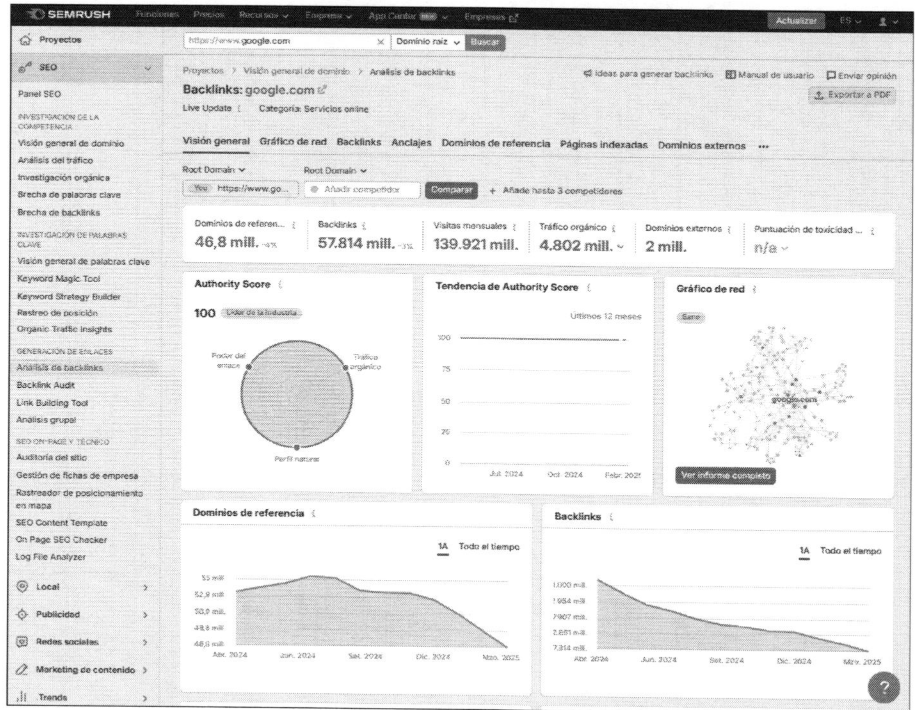

En esta pantalla puede observar mucha información para estudiar con detalle, como el número de enlaces, los dominios en cuestión, los textos de anclaje (es decir, el texto que sirve de base al enlace), los competidores, etc.

Una buena estrategia para compartir enlaces es esencial en el SEO. Necesita enlaces que vinculen a su sitio, pero enlaces de buena calidad. Como ya sabe, muchas de las actualizaciones del algoritmo de Google conciernen a la sobreoptimización de los enlaces. Por lo tanto, debemos estar muy atentos a la calidad de los *backlinks*.

Durante esta etapa, puede descubrir que sus competidores han perdido enlaces o que incluyen enlaces de socios con los que usted aún no ha contactado.

Puede completar este estudio de los enlaces analizando la presencia de sus competidores en las redes sociales: ¿qué redes sociales utilizan? ¿Cuáles son los contenidos más compartidos? Acuérdese de mirar también la cantidad de *likes* y de *retweets*.

c. El «envoltorio» técnico del sitio

El tercer punto se refiere al entorno técnico y ergonómico de los sitios de la competencia.

La calidad técnica de los sitios cada vez es más importante para que un SEO tenga éxito.

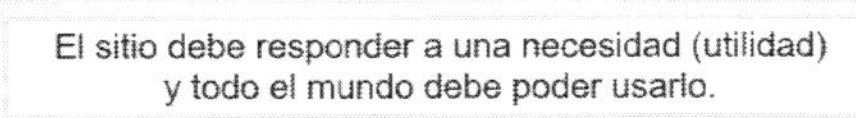

Los principios de calidad incluyen ergonomía, estándares web y normas de accesibilidad. Hablaremos de ello más adelante, pero en este punto del proceso se trata de comprobar si los sitios de sus competidores tienen un diseño adaptable, cuál es el tiempo de carga de las páginas, el nivel de accesibilidad y otros detalles de las páginas que aparecen en primer lugar ante consultas similares a las suyas.

Existen varias herramientas en línea para probar el rendimiento técnico de un sitio web. Google ha lanzado la suya propia, PageSpeed Insights, https://pagespeed.web.dev/.

- Escriba la URL que desea probar.
- Inicie la auditoría haciendo clic en el botón **Analizar**.

Obtendrá una puntuación global, puntuaciones por temas y el detalle de diversos indicadores de rendimiento clasificados por nivel (0-49, 50-89, 90-100).

También podemos encontrar información sobre buenas prácticas en el sitio web dev, al que se accede desde esta dirección: https://web.dev:

- temas del momento,
- diseño CSS y UI,
- rendimiento,
- aplicaciones web,
- pagos e identidad.

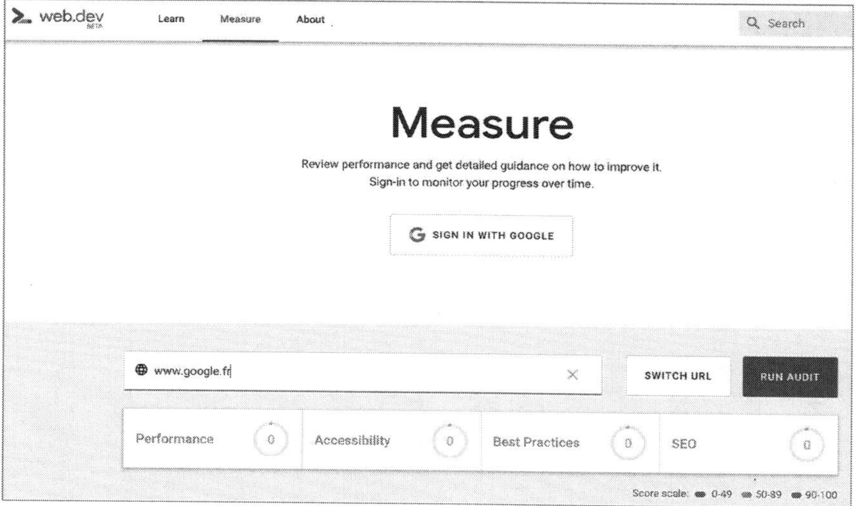

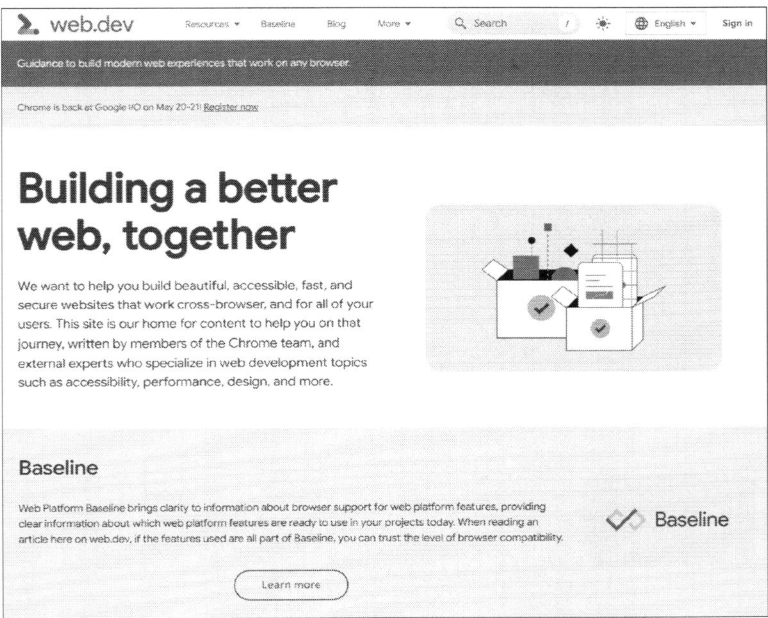

F. Tipología de los sitios web

Los sitios web, como muchas otras cosas, han sido objeto de diversas clasificaciones de acuerdo con sus objetivos, su *target*, el contenido y las funcionalidades ofrecidas.

A continuación presentamos un ejemplo de clasificación en el que se resumen:

- los objetivos principales de cada tipo de sitio.
- los indicadores cuantificables de éxito.
- los criterios de calidad esenciales para el tipo de sitio en cuestión.

Tipo de sitio web	Objetivos	Indicadores	Calidad/puntos clave
Sitio escaparate	Crear contactos de calidad Presentar la actividad, ofertas y servicios. Existir, aumentar la notoriedad Crear un archivo de prospección	Número de correos electrónicos recibidos Número de llamadas atendidas Estadísticas de visitas del sitio	Presentación clara, ergonomía Diseño Información actualizada
Sitio de e-commerce	Crear contactos de calidad Existir, aumentar la notoriedad Crear un archivo de prospección Completar la red de distribución Vender	Número de pedidos recibidos Número de contactos generados Estadísticas de visitas del sitio Volumen de negocio, volumen de ventas % del volumen de negocio en línea	Claridad del catálogo Ergonomía del canal de venta Gestión del stock, del carrito Seguridad Reglamento General de Protección de Datos
Web app	Mejorar el trabajo colaborativo Comunicar Ahorrar dinero Reclutar Aumentar la competitividad Aumentar la movilidad	Estadísticas de visitas Número de descargas Número de emails recibidos Número de CV recibidos Ahorro en recursos y tiempo Número de aplicaciones integradas	Usabilidad Portabilidad en dispositivos móviles Seguridad Integración en el sitio web
Sitio institucional	Informar Comunicar Reforzar la imagen de la empresa Gestionar las crisis	Estadísticas de visitas Número de emails Número de descargas Percepción de la crisis	Estándares de la web Diseño adaptable Ergonomía Fiabilidad de la información
Plataforma de intercambios (blogs incluidos)	Intercambiar Crear contenidos Ampliar la comunidad	Estadísticas de visitas Número de miembros Volumen de información intercambiada Número de artículos	Ergonomía Volumen de los intercambios

Por su parte, ha creado un sitio de tipo escaparate al que desea agregar un módulo de comercio electrónico.

Ahora que el entorno de marketing de su futuro sitio está bien definido, ya puede comenzar una reflexión efectiva sobre las palabras clave.

G. Resumen

Su sitio web debe diseñarse completamente como una herramienta de comunicación.

Tómese el tiempo necesario para:

- definir claramente los objetivos de su proyecto,
- definir con la mayor precisión posible el público objetivo de su sitio,
- estudiar a la competencia para no repetir los mismos errores y hacerlo mejor,
- realizar un estudio de la competencia desde el punto de vista SEO,
- cuidar el entorno técnico de su sitio.

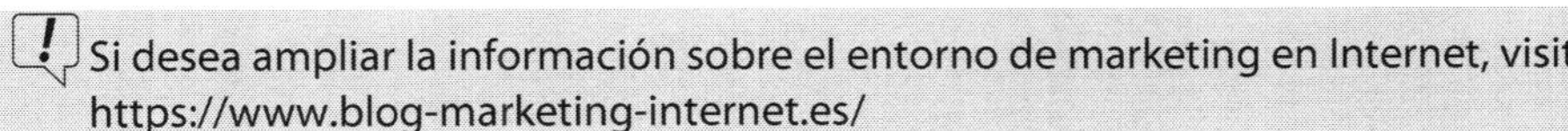

Si desea ampliar la información sobre el entorno de marketing en Internet, visite: https://www.blog-marketing-internet.es/

Capítulo 6

La base: las palabras clave

A. Introducción

Las palabras clave constituyen realmente la fuente de un buen SEO. Los internautas las usan para encontrar sus páginas web, y los motores de búsqueda, para indexar su sitio.

El uso de palabras clave y el rendimiento de los motores de búsqueda en este aspecto han mejorado enormemente en este aspecto. Si bien hace un tiempo bastaba con elegir las palabras clave cuidadosamente y colocarlas en la ubicación correcta en sus páginas para optimizarlas, en la actualidad ya no es suficiente con esto. El número de páginas indexadas y la continua evolución en el algoritmo de relevancia de Google han cambiado la situación.

Los fundamentos siguen siendo los mismos: debe comenzar seleccionando sus palabras clave básicas, pero luego tendrá que ampliar el área de visión, encontrar expresiones e incluso un campo de léxico alrededor de la palabra; se trata de construir un núcleo semántico para satisfacer la evolución de los motores de búsqueda y, por lo tanto, las técnicas de SEO.

También le conviene pensar en el AEO, dada la orientación cada vez más evidente de los motores de búsqueda hacia la función del motor de respuesta.

B. Evolución

1. Internautas informados

Hace unos años, cuando solo había unos pocos cientos de millones de páginas web indexadas en las bases de datos de los motores de búsqueda, la mayoría de las consultas (preguntas) se realizaban con una o quizás dos palabras clave. Pero actualmente ya no es así. Lejos de eso, las consultas son cada vez más largas; no es raro realizar búsquedas con 7 u 8 palabras clave.

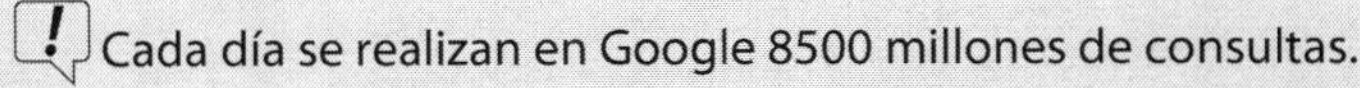

2. Nuevos comportamientos

Además, con el incremento de la búsqueda por voz, el internauta plantea preguntas cada vez más específicas a Google y los demás motores en forma interrogativa: ¿Qué es...? ¿Cómo...? ¿Cuánto...?

Hoy en día, el 32 % de las consultas son de voz, y esta cifra aumenta cada año: es mucho más simple y rápido hacer una pregunta oralmente que escribir palabras clave en la barra de búsquedas del motor.

3. IA e intención de búsqueda

Google cada vez incorpora más inteligencia artificial a sus algoritmos; lo que pretende es, entre otras cosas, adivinar la intención de búsqueda detrás de las palabras clave escritas o pronunciadas, con el fin de ofrecer al internauta respuestas cada vez más directas.

El concepto de intención de búsqueda (ver capítulo Preparar el AEO, Formulación de preguntas) se refiere al objetivo de la petición del internauta: ¿qué quiere hacer el usuario con los resultados de su investigación? A menudo, la búsqueda es el primer paso antes de realizar una acción (comprar algo, ir a alguna parte, etc.).

¿Qué hay tras el concepto de intención de búsqueda? En este artículo de la agencia USEO se dan algunas explicaciones al respecto claras y fáciles de entender: https://useo.es/intencion-de-busqueda/

C. Metodología

La etapa de elegir palabras clave sigue siendo fundamental en su estrategia de SEO. Ahora, que ya conoce a su *target*, ¿sabe qué buscan los visitantes en su sitio?

En este capítulo, presentamos un método para seleccionar palabras clave que podría organizarse en etapas.

D. Encontrar palabras clave

1. ¿Cómo se hace?

Para preparar adecuadamente su sitio para la indexación, primero debe elegir las palabras clave: se trata de escoger aquellas que le darán la oportunidad de posicionar adecuadamente su página en las SERP, así que debe meterse en la piel del internauta que buscará un sitio como el suyo.

a. Hágase las preguntas correctas

- ¿Qué busca?
- ¿Cómo lo está buscando?

Recuerde, póngase siempre en el lugar de su visitante:

- ¿Cómo va a proceder el internauta?
- ¿Qué palabras clave escribirá? ¿Una o más?
- ¿En qué expresiones va a pensar?
- ¿Qué está buscando? ¿Qué información?
- ¿Qué combinaciones de palabras usará?

- E incluso ¿qué errores ortográficos podría cometer al escribir las palabras clave?

b. Una primera lista

Siga los consejos de las personas de su entorno. Pregúnteles qué escribirían ellos para encontrar su sitio en la red.

Tienen que cumplir estos requisitos:

- Palabras o grupos de palabras clave que probablemente escribirá el internauta que busca un sitio como el suyo.
- Palabras o grupos de palabras que están en línea con el contenido que ofrece.
- Expresiones clave que puede utilizar para posicionar correctamente sus páginas en los resultados del motor de búsqueda.

Tómese su tiempo. Imagine todas las situaciones.

De esta manera obtendrá un conjunto de palabras clave generales. Escríbalas en una lista.

A continuación, busque las palabras clave o expresiones que «califican» su actividad con mayor precisión, que la contextualizan (agregando un lugar, una característica, por ejemplo). Obtendrá una segunda lista de palabras clave para combinar con las de la primera.

Para su sitio turístico, ha organizado una sesión de brainstorming con gente de su entorno y ha obtenido esta magnífica lista de palabras clave:

- *Casa rural*
- *Cantabria vacaciones*
- *Vacaciones en casa rural*
- *Alquiler de casa rural*
- *Albergue en los Picos de Europa*
- *Vacaciones en Cantabria*
- *Turismo rural*
- *Alojamiento de vacaciones*
- *Alojamientos rurales*
- *Turismo en Cantabria*
- *Turismo en Santander*

c. Un universo semántico

Para completar su estudio, imagine todas las posibilidades de escritura de una palabra clave: en plural, en singular, en mayúsculas, sin acentos o con errores comunes. El objetivo es que sus visitantes potenciales lo encuentren aunque se equivoquen al escribir las palabras clave. Por supuesto, no puede contemplarlo todo, pero trate de prever lo máximo posible.

Para realizar esta tarea, incluso puede contar con la ayuda de un generador de errores tipográficos.

- Vaya, por ejemplo, a https://ralfvanveen.com/es/tools/generador-de-palabras-clave/
- Introduzca la expresión que desee analizar.
- Haga clic en **Generate**.

La herramienta genera una lista de expresiones con los errores más frecuentes.

A partir de aquí, decida usted mismo cuáles de estas expresiones considera pertinente incluir en su lista de palabras clave con errores. A fin de cuentas, el SEO consiste, en gran parte, en sopesar técnicas y restricciones.

Una vez que disponga de la lista con el conjunto de palabras clave para su sitio, afine este estudio tratando de encontrar palabras clave adicionales, o más bien complementarias, para cada sección de su sitio.

Ya tiene su lista, pero aún no es suficiente. Deberá enriquecerla con un universo semántico o un contexto léxico; por ejemplo, con ideas de contenido relacionado, como información sobre la región, quizás opciones de *bed and breakfast*, opiniones de los turistas, detalles sobre los lugares, etc.

La personalización de las palabras clave por sección, o por temática de contenido, será importante para su futuro posicionamiento en los buscadores. Redacte una lista de frases clave para cada sección de su sitio.

Las palabras clave de la página en la que se describa su alojamiento serán diferentes de las de la página que presenta su actividad, por ejemplo.

Es muy difícil (y poco recomendable) optimizar una página para más de dos o tres palabras clave.

En definitiva: ¿qué debe hacer con estas famosas palabras clave?

- Elegirlas según el contenido de sus páginas.
- Imaginarlas poniéndose en el lugar de su público objetivo.
- Insertarlas en todas las ubicaciones útiles y pertinentes de sus páginas pensando en su posicionamiento en los buscadores.
- Incluirlas en datos estructurados.

¿Qué quiere decir el usuario?

Cuando el internauta escribe «casas rurales en Cantabria», ¿qué es lo que quiere realmente?

- ¿Ver fotos?
- ¿Iniciar una actividad?
- ¿Alquilar una casa rural?
- ¿Buscar vídeos?
- ¿Reservar una habitación?

Muchas veces, las cosas no son tan evidentes como parece...

d. Trabajar el campo léxico de la palabra

También deberá trabajar el campo léxico de la palabra teniendo en cuenta la evolución de las herramientas de búsqueda.

Para ello, puede, por ejemplo:

- utilizar el diccionario en línea de sinónimos de WordReference: https://www.wordreference.com/sinonimos/
- utilizar la funcionalidad **Búsquedas relacionadas** de Google.

➜ En el diccionario de sinónimos de WordReference, busque, por ejemplo, la palabra **Vacaciones**.

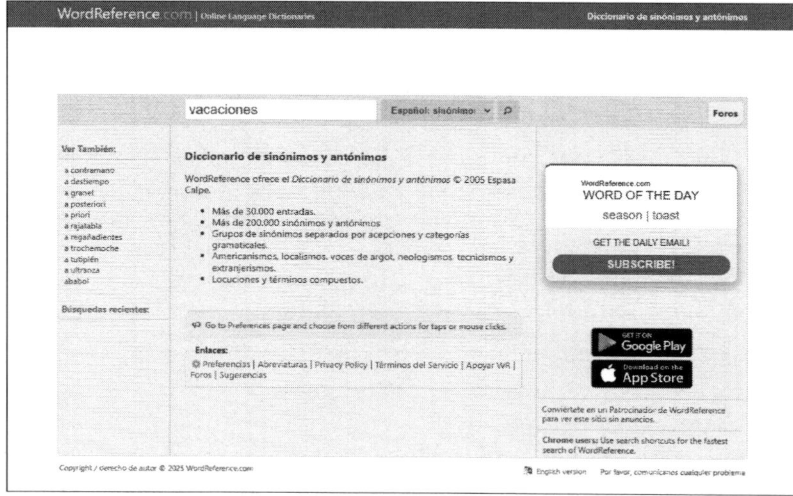

Obtendrá los siguientes resultados:

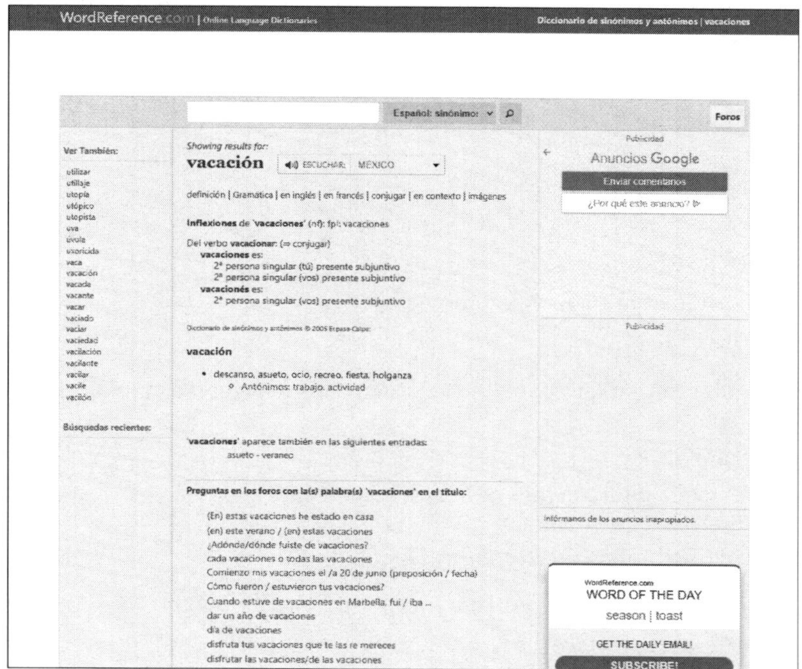

De este modo, puede enriquecer su lista con los sinónimos y antónimos que ofrece el diccionario electrónico.

- También puede utilizar la función de búsquedas relacionadas de Google. Haga una prueba: escriba **casas rurales en Cantabria** en la barra de búsqueda.

En la parte inferior de las SERP, el motor ofrece una lista de términos complementarios.

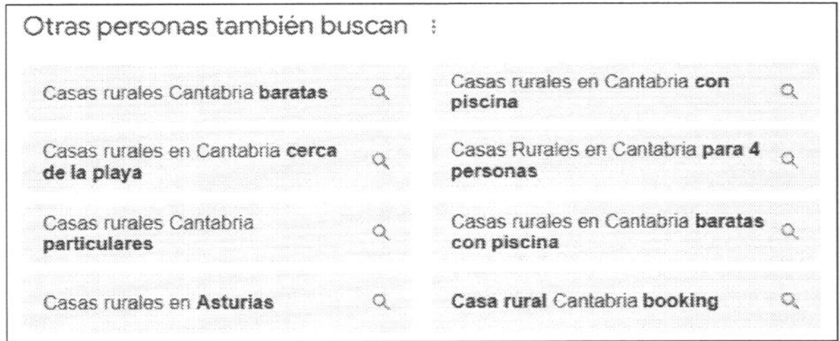

2. El concepto de long tail («cola larga»)

Cuando examinamos el tráfico en un blog o sitio web y las consultas realizadas por los internautas, vemos que hay solicitudes muy frecuentes (generalmente aquellas para las que se ha optimizado la página) y otras mucho menos frecuentes, pero que, sumadas a lo largo del año, pueden suponer un porcentaje significativo de las consultas totales.

- Las consultas más frecuentes representan alrededor de una quinta parte del tráfico.
- Las consultas menos frecuentes (denominadas «long tail») representan más de las tres cuartas partes del tráfico total.

Las consultas de *long tail* tomadas individualmente generan poco tráfico, pero la suma de todas ellas constituye en última instancia un tráfico significativo.

Vale la pena considerar palabras o frases clave de *long tail*, ya que representan la mayor parte del tráfico.

Tomemos un ejemplo relacionado con su actividad. Supongamos que desea vender productos regionales. Es probable que ofrezca una variedad de productos, de los que uno o dos se venderán mucho, y los demás, menos; pero, al final, el importe total de los productos que se venden representará una facturación nada desdeñable. Por lo tanto, le interesa trabajar en las palabras clave de los productos que vende con menos frecuencia.

> Para obtener más información, eche una ojeada a la infografía que encontrará aquí: https://www.postedin.com/blog/6-razones-para-usar-long-tail-keywords/

E. Enriquecer la lista de palabras

Basándose en sus deliberaciones, en algunas sesiones de brainstorming y en la reflexión acerca del campo léxico de las palabras, ha conseguido obtener una lista sustancial. Ahora tiene que mejorarla; para ello, puede utilizar algunas herramientas en línea muy valiosas... y gratuitas.

1. Utilizar las bases de datos de palabras clave

Internet ofrece algunos recursos muy interesantes, empezando por las bases de datos de palabras clave.

He aquí algunos de ellos para obtener expresiones clave, los dos primeros están en inglés:

- www.wordtracker.com
- www.keyworddiscovery.com
- https://neilpatel.com/es/ubersuggest/

Para obtener permutaciones de palabras clave, resulta muy interesante la herramienta Google Ads keyword generator:
https://www.internet-marketing-inside.de/Google-Ads-keyword-generator-tool.html

Su funcionamiento es muy simple, solo tiene que introducir las diversas palabras clave en los cuadros como en la siguiente imagen:

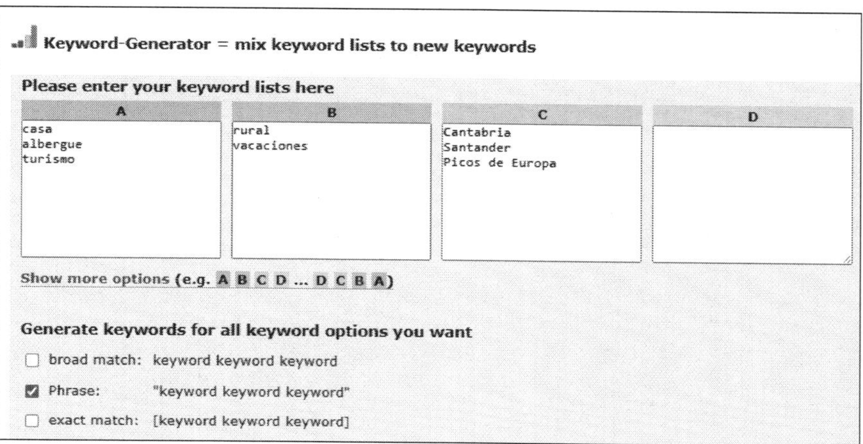

Obtendrá sugerencias de expresiones clave que potencialmente pueden ampliar y enriquecer su lista.

Pero hay más herramientas gratuitas para trabajar esta parte fundamental del SEO:

https://es.semrush.com/projects/, menú **Keywork Magic Tool**.

2. Utilizar los generadores de palabras clave

Estas herramientas proporcionan una lista de expresiones clave a partir de una palabra introducida previamente en un formulario.

Entre los resultados que se obtienen con los generadores de palabras clave, podemos encontrar:

- Una lista de palabras clave introducidas en las redes de los «socios» del motor de búsqueda (por ejemplo, la herramienta de Google proporciona únicamente palabras clave introducidas en el motor y en compañías asociadas, y lo mismo sucede con Bing, la herramienta de Microsoft).
- Indicaciones sobre la frecuencia de la consulta.
- Expresiones clave similares a su consulta inicial.

Estos generadores los proporcionan, entre otros, proveedores de posicionamiento de pago.

https://ads.google.com/aw/keywordplanner/home

➙ Una vez conectado a su cuenta de Google Ads, haga clic en **Descubre nuevas palabras clave**:

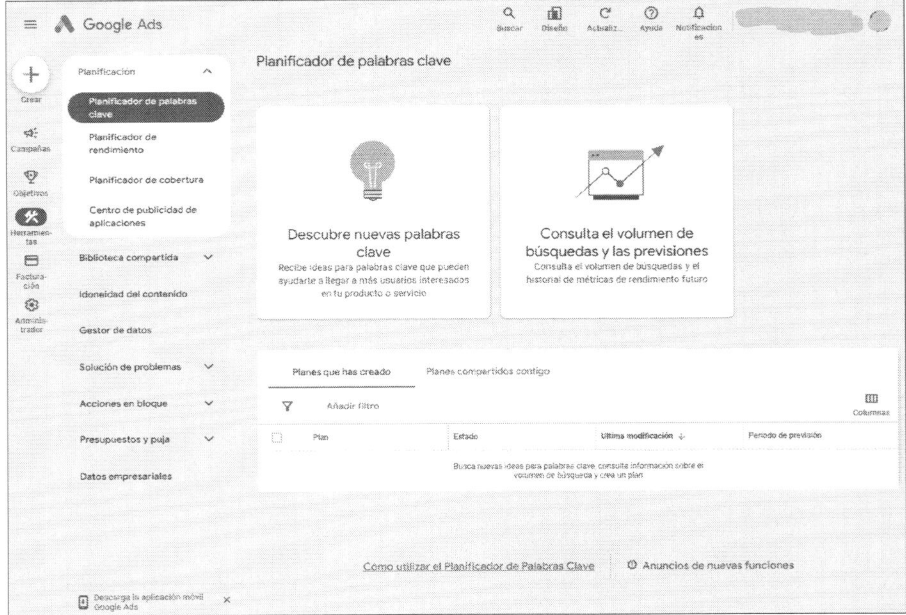

➙ Introduzca la expresión clave que desee.

➙ Haga clic en el botón **Ver resultados**.

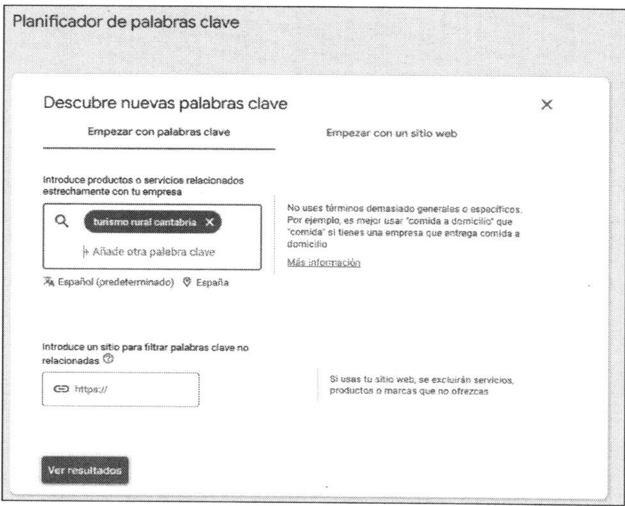

La herramienta, originariamente destinada a administrar los anuncios de pago de Google (AdWords), le ofrece una lista de palabras clave (aquí, 375), pero también información sobre el grado de competencia de las palabras clave sugeridas y el número de búsquedas mensuales (lo que le permitirá arbitrar con mayor conocimiento de causa entre el interés del posicionamiento y su viabilidad.

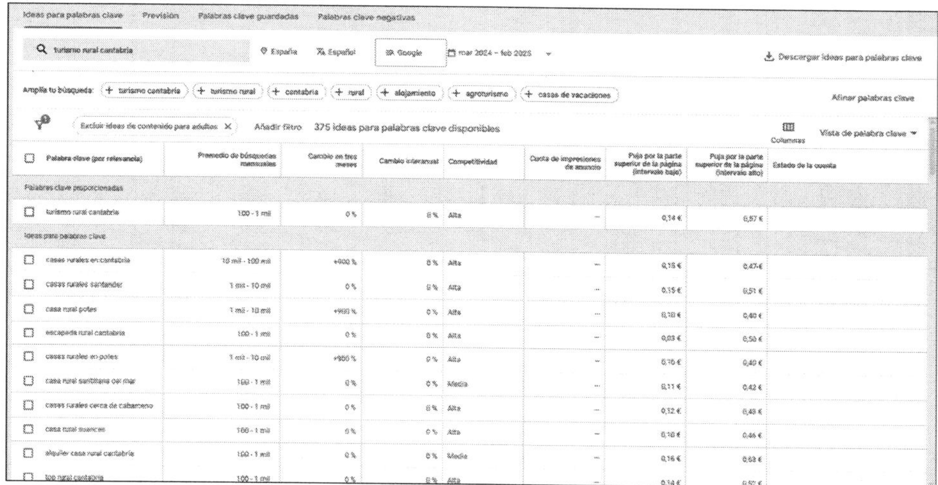

Palabra clave (por relevancia)	Promedio de búsquedas mensuales	Cambio en tres meses	Cambio interanual	Competitividad	Cuota de impresiones de anuncio	Puja por la parte superior de la página (intervalo bajo)	Puja por la parte superior de la página (intervalo alto)	Estado de la cuenta
Palabras clave proporcionadas								
turismo rural cantabria	100 - 1 mil	0 %	0 %	Alta	–	0,14 €	0,57 €	
Ideas para palabras clave								
casas rurales en cantabria	10 mil - 100 mil	+900 %	0 %	Alta	–	0,15 €	0,47 €	
casas rurales santander	1 mil - 10 mil	0 %	0 %	Alta	–	0,15 €	0,51 €	
casa rural potes	1 mil - 10 mil	+900 %	0 %	Alta	–	0,10 €	0,40 €	
escapada rural cantabria	100 - 1 mil	0 %	0 %	Alta	–	0,03 €	0,50 €	
casas rurales en potes	1 mil - 10 mil	+900 %	0 %	Alta	–	0,10 €	0,40 €	
casa rural santillana del mar	100 - 1 mil	0 %	0 %	Media	–	0,11 €	0,42 €	
casas rurales cerca de cabarceno	100 - 1 mil	0 %	0 %	Alta	–	0,12 €	0,48 €	
casa rural suances	100 - 1 mil	0 %	0 %	Alta	–	0,10 €	0,46 €	
alquiler casa rural cantabria	100 - 1 mil	0 %	0 %	Media	–	0,16 €	0,63 €	
top rural cantabria	100 - 1 mil	0 %	0 %	Alta	–	0,14 €	0,52 €	

De este modo, puede ampliar su lista de palabras clave con las expresiones propuestas por la herramienta de Google. Tenga en cuenta, sin embargo, este consejo: para aumentar su tráfico incluya expresiones que generen suficientes búsquedas mensuales (más de 1000, por ejemplo).

3. Google Trends

Google dispone de una herramienta muy interesante para observar las tendencias del momento: https://trends.google.es/trends

Tiene la posibilidad de filtrar por país, por temas, etc.

4. Google Suggest

Como habrá podido constatar, cuando introduce una consulta en Google (o Bing), el motor sugiere otras posibles consultas en una lista desplegable. Estas sugerencias se nutren de las búsquedas que el motor ha detectado como más frecuentes y puede usarlas para enriquecer su lista de palabras clave.

Existen algunas herramientas en línea que proporcionan estas listas.

- Vaya, por ejemplo, a https://neilpatel.com/es/ubersuggest/

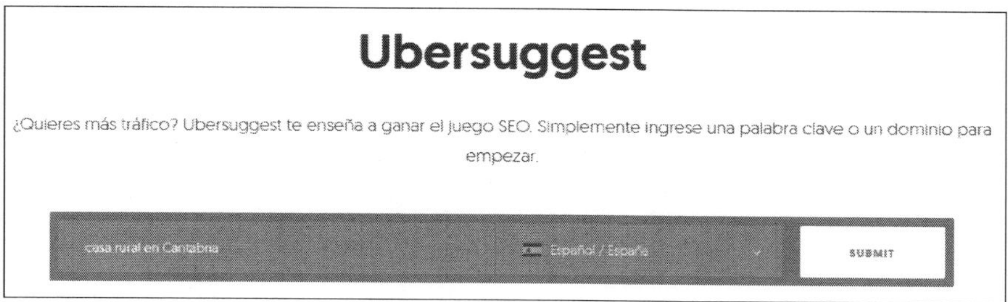

- Escriba la expresión clave.
- Haga clic en **SUBMIT**.

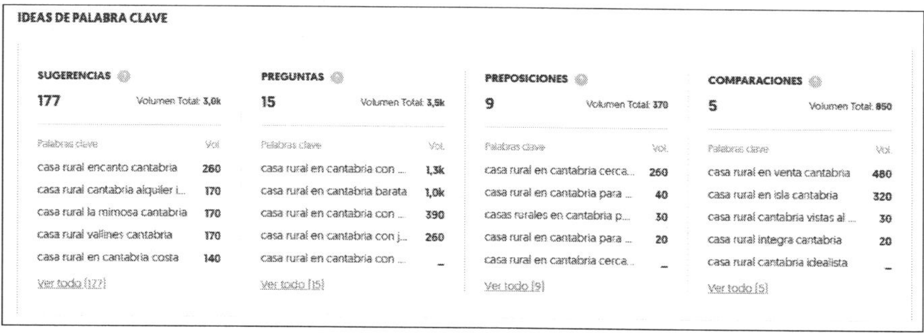

Esta herramienta también le permite encontrar las palabras clave usadas por sus competidores; para ello debe escribir su dominio en la barra de búsqueda.

Llegados a este punto, ya dispone de una nutrida lista de palabras clave.

F. Probar sus palabras clave

Para afinar la lista de palabras clave que ha encontrado, pruébelas en los motores y analice los resultados que obtenga.

Observe si las páginas que obtiene ofrecen contenido similar al suyo; en caso de que no sea así, pregúntese sobre la relevancia de sus palabras clave.

Esta fase de prueba le permite optimizar el trabajo que ha realizado hasta ahora y, posiblemente, completar o corregir su lista. Es posible que haya olvidado una o dos palabras clave importantes: nadie es infalible.

1. Estudie las palabras clave de la competencia

- Regrese a los motores de búsqueda, pruebe esas palabras clave y fíjese en sus competidores que aparecen en primer lugar.
- Observe las palabras clave que han utilizado.

Para llevar a cabo este estudio comparativo, su navegador le ofrece una funcionalidad muy interesante, que le permite ver estas palabras clave, así como todo el código fuente HTML de una página en línea.

De este modo, podrá mejorar o completar su lista.

Puede observar el código HTML de una página web ejecutando los siguientes comandos:

- Abra la página web cuyo código HTML desea ver.
- Si utiliza Opera, por ejemplo, haga clic con el botón derecho en la página y luego haga clic en **origen de página**.
- Si utiliza **Chrome**, **Firefox** o **Edge**, por ejemplo, haga clic con el botón derecho en la página y escoja la opción **Ver código fuente de la página**.

En todos los casos obtendrá la siguiente ventana:

```
<meta http-equiv="Content-Language" content="es" />
<meta http-equiv="Content-Type" content="text/html; charset=utf-8" />
<meta name="format-detection" content="telephone=no" />
<meta name="viewport" content="width=device-width, initial-scale=1.0">

    <meta name="description" content="Todas las casas rurales en Cantabria, 642 alojamientos organizados por precio, capacidad y características.
Encuentra la casa rural en Cantabria a tu medida."/>
            <meta name="robots" content="index, follow"/>

    <link rel="canonical" href="https://www.escapadarural.com/casas-rurales/cantabria"/>

    <link
    rel="preload"
    as="image"
    href="//webp.er2.co/es/cantabria/5d00fa83b1ca1/375/5d00faf792b88.webp"
/>
<link
    rel="preload"
    as="image"
    href="//webp.er2.co/es/cantabria/0000000006620/375/0000000032125.webp"
/>

    <meta property="og:title" content="Casas rurales en Cantabria
  | ✓ Reserva tu alojamiento"/>
            <meta property="og:image" content="https://webp.er2.co/es/cantabria/5d00fa83b1ca1/635/5d00faf792b88.webp"/>
        <meta property="og:site_name" content="EscapadaRural.com"/>
                        <meta property="og:description" content="Todas las casas rurales en Cantabria, 642 alojamientos organizados por precio,
capacidad y características. Encuentra la casa rural en Cantabria a tu medida."/>
                          <meta property="og:url" content="http://www.escapadarural.com/casas-rurales/cantabria"/>
        <meta property="og:type" content="website"/>
<meta property="og:locale" content="es_ES"/>
```

Si mira bien en puntos concretos del código HTML, encontrará las palabras clave elegidas por el editor. Nos detendremos en este punto más adelante.

2. Pruebe sus palabras clave en Google

- Pruebe sus palabras clave en Google; observe las páginas que aparecen en las primeras posiciones e intente comprender por qué lo consiguen.
- Pruebe sus grupos y combinaciones de palabras clave y observe si las páginas que aparecen en las primeras posiciones son su competencia: esto significaría, entre otras cosas, que las palabras clave elegidas son relevantes.

3. Pruebe sus palabras clave en los directorios

- Acceda a la categoría y subcategoría en la que se encuentran sus competidores.

  Esto también le resultará de utilidad en la próxima etapa, en la que solicitará la indexación de su sitio en los directorios.
- Pruebe también sus palabras clave en la página de inicio del directorio y busque en qué categorías están clasificadas las páginas que se obtienen.

Sus competidores pueden estar clasificados en varios lugares, lo que implica que puede accederse a ellos desde distintos sitios; en este ejemplo, pueden encontrarse en una categoría temática y en otra geográfica.

G. Arbitrar entre interés y viabilidad

1. Un arbitraje necesario

Su objetivo como indexador del sitio web debe ser posicionar su web en las primeras dos o tres páginas de resultados de las herramientas de búsqueda para una expresión clave dada, o idealmente situarla en la posición 0.

De hecho, ¿quién visita los sitios ubicados en la décima página de resultados?

Una buena palabra clave es aquella que utilizan con frecuencia los internautas; parece sencillo, pero no lo es.

Cuando reflexione sobre las palabras clave que va a utilizar, debe pensar tanto en su interés como en su viabilidad:

- Interés: al hacer una búsqueda, los internautas usarán las palabras clave seleccionadas.
- Viabilidad: quizás no sea posible lograr un buen posicionamiento ante consultas muy competitivas.

En definitiva: es necesario arbitrar entre estos dos objetivos.

La principal dificultad radica en el hecho de que las palabras clave que le permiten aumentar su tráfico no son necesariamente las que mejorarán su posicionamiento.

La idea es simple, pero su implementación resulta un poco más compleja: cuantos más resultados obtenga una palabra clave, más difícil será conseguir un buen posicionamiento. Si la palabra clave que ha elegido obtiene un millón de respuestas, le resultará más difícil obtener una buena posición para su página que si solo obtiene 10 000. Por lo tanto, será mucho más fácil colocarse en una expresión clave menos competitiva, pero, en contrapartida, las consultas centradas en esa palabra generarán menos tráfico.

Dicho de otro modo, la dificultad consiste en equilibrar el potencial de tráfico con el potencial de posicionamiento.

→ Eche un vistazo a las dos búsquedas en Google que mostramos a continuación.

Búsqueda efectuada con «vacaciones en Cantabria»

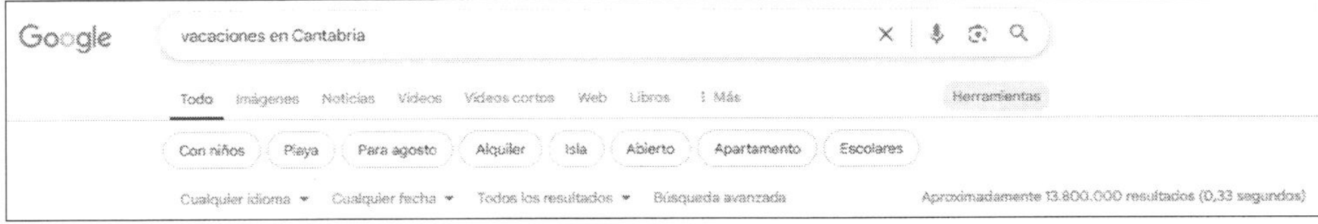

Búsqueda efectuada con «Turismo rural en Cantabria»

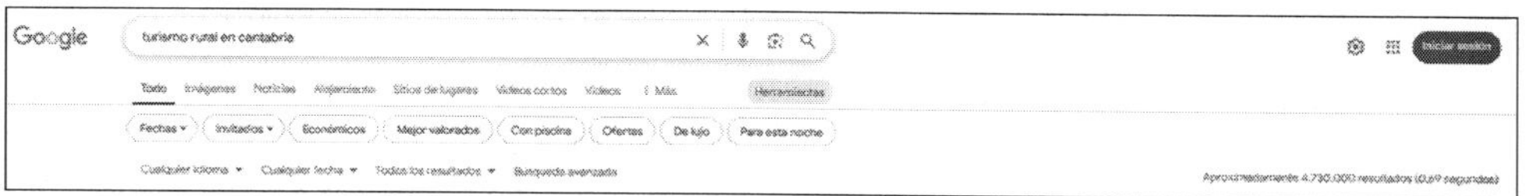

Más de 13 millones de resultados en el caso de la primera búsqueda y casi 5 millones en el caso de la segunda. Difícilmente podrá posicionar su página con semejante competencia: haga consultas más largas y contextualícelas.

En cualquier caso, el número de resultados es demasiado grande como para tener la esperanza de lograr un buen posicionamiento.

Por lo tanto, deberá contextualizar la consulta calificando el producto o especificando el lugar, por ejemplo, para acercarse a un posicionamiento digno de ese nombre.

Recuerde que la mayoría de las consultas se realizan con más de cuatro palabras. Cuando busque sus palabras clave, piense en combinaciones o grupos de palabras que el usuario pueda introducir; imagine todas las combinaciones posibles.

Escriba las palabras clave que quiera valorar en los motores principales y observe el número de resultados obtenidos.

- Si el número de resultados es demasiado grande (más de 100 000), tendrá dificultades para posicionarse bien. De hecho, cuantas más páginas haya, menos probabilidades estadísticas tendrá de conseguir un buen puesto.
- Si el número de resultados es demasiado bajo, es probable que la palabra clave que está considerando no genere mucho tráfico o, al menos, no el suficiente. Pero, por otro lado, le resultará mucho más fácil posicionar sus páginas con estas palabras clave.

2. Herramientas de ayuda a la toma de decisiones

Las herramientas que utiliza para seleccionar sus listas de palabras clave o enriquecerlas, también pueden ayudarle a arbitrar y elegir las expresiones para las que optimizar sus páginas con el objetivo de tener posibilidades reales de posicionamiento.

➜ Vaya, por ejemplo, a https://es.semrush.com/analytics/keywordmagic/start

→ En los cuadros de texto que aparecen en el centro de la pantalla, especifique la palabra clave de partida y un dominio:

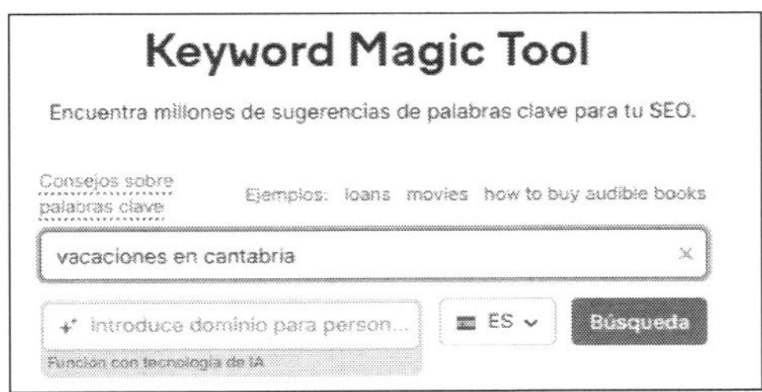

→ Haga clic en **Búsqueda**.

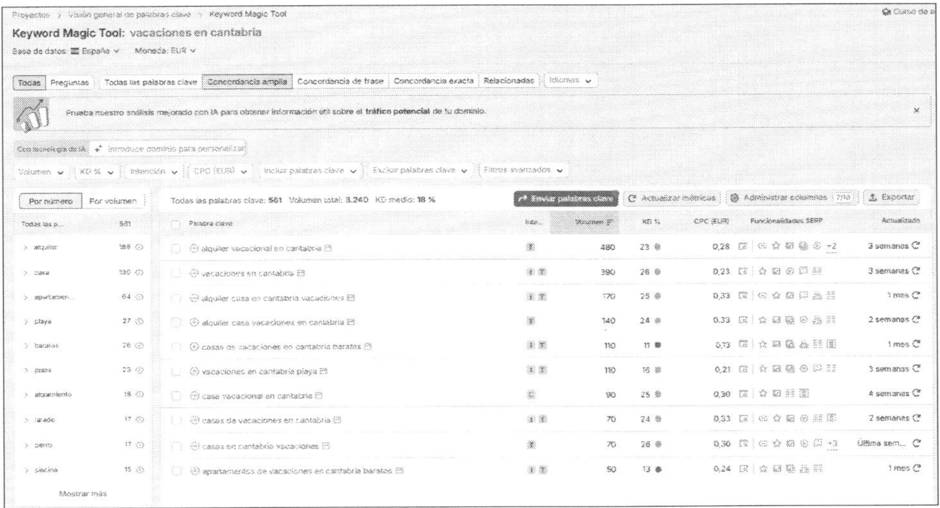

Debe crear una cuenta para utilizar esta herramienta.

Obtendrá una lista de consultas, así como información sobre la competencia, en relación con cada una de las expresiones propuestas.

H. Palabras clave: síntesis

El siguiente esquema recoge los aspectos fundamentales de este capítulo:

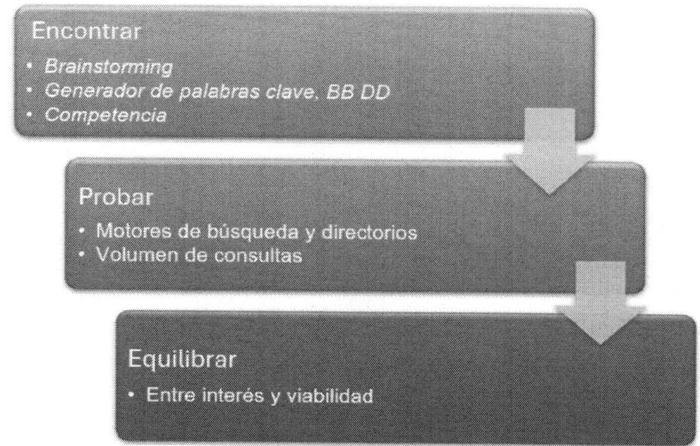

Ha elegido cuidadosamente sus palabras clave, las ha probado en las herramientas de búsqueda, ha afinado su estudio utilizando generadores y otras herramientas disponibles en línea.

Ha reelaborado sus palabras clave agregando consultas más largas; también ha creado una lista de palabras clave para los productos regionales que desea vender en línea.

En definitiva: ha conseguido obtener una lista fantástica, llena de promesas para su SEO.

Capítulo 7

Preparar el AEO

A. Introducción

Ya ha finalizado su reflexión acerca de las palabras clave. Pero, para apuntar a la posición 0 en ciertas búsquedas, debe completar esta reflexión optimizando el AEO.

Como hemos visto, Google (y también los demás) desean convertirse en motores de respuesta, en lugar de motores de búsqueda.

En lo que respecta a las páginas de resultados, esto significa:

- que habrá una respuesta, y solo una, en Onebox o en los *Featured Snippets* ubicados en la posición 0 de las páginas de resultados,
- que habrá una respuesta, y solo una, proporcionada por los diferentes asistentes de voz, pero, en ese caso, ¿qué pasa con las otras páginas que aparecen en la SERP?

¿Qué podemos hacer para tener opciones de que nuestro sitio, que es pequeño o mediano, alcance la posición 0?

He aquí el tema que abordaremos en este capítulo.

B. El AEO (Answer Engine Optimization)

En la posición 0 hallamos Featured Snippets, Knowledge Graphs y Onebox; todos ellos contienen, usando diferentes formatos, un tipo de información particular.

Se trata de información que responde directamente a preguntas formuladas en formato conversacional:

- ¿Qué?
- ¿Cómo?
- ¿Cuánto?

También es información que Google recopila en sitios colaboradores que considera fiables y de referencia.

En el caso de un sitio pequeño o mediano, es un gran reto. ¿Cómo imponerse para aparecer como el sitio de referencia para un tema determinado? He ahí la cuestión.

¿A partir de qué momento puede considerar Google que el contenido que usted ofrece en sus páginas es el más relevante y fiable?

C. Formulación de preguntas

1. Responder a la intención de búsqueda

¿Qué entendemos por intención de búsqueda? Simplificando, el motor intenta comprender lo que quiere hacer el internauta con la búsqueda que acaba de lanzar, y para ello utiliza, en concreto, inteligencia artificial. ¿Qué acción llevará a cabo el usuario después de su búsqueda?

Para usted, webmaster o responsable de indexación, esto no solo significa que su respuesta debe ser relevante y fiable, sino que además debe aparecer en el formato correcto.

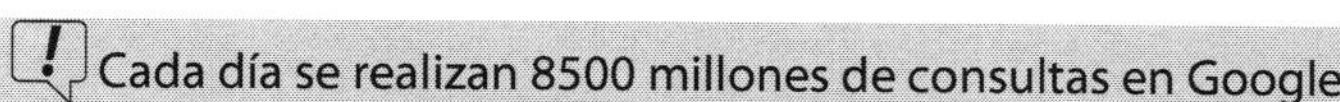

Póngase en el lugar del visitante que se hace preguntas concretas y que se las hace a Google. Inspírese en las preguntas que los turistas le plantean cuando van a su alojamiento.

Haga una lista con estas preguntas.

2. Formato de respuestas propuestas

Muy concretamente:

- Para responder a «cómo», proporcione un contenido explicativo en forma de lista con viñetas, o de vídeos, por ejemplo.
- Para responder a una comparación, ofrezca información en forma de tabla.
- Para responder a «qué» o un «cuál es», proponga un texto corto de presentación.
- Para responder a «cuánto», sugiera una fórmula de cálculo y/o una lista de precios.

3. Información concreta y fiable

Google y sus algoritmos inteligentes, en particular Rankbrain, buscarán mostrar información pormenorizada.

Pongamos, por ejemplo, que un internauta consulta: pollo frito barato cerca de aquí

Google debe entender que el usuario está buscando un restaurante; necesita geolocalización para atender la expresión «cerca de aquí». El motor necesita información estructurada sobre menús y precios para mostrar información precisa y fiable.

Antes, Google buscaba en su índice cadenas equivalentes a la palabra clave introducida; ahora busca entidades, los conceptos que identifica.

La tarea no resulta sencilla, pero algunas herramientas pueden serle útiles.

D. Herramientas/métodos

1. People Also Ask

En el caso de algunas consultas, Google sugiere preguntas, llamadas **People Also Ask (PAA)**, que vienen a ser preguntas específicas que Google considera similares a la que ha introducido el internauta en la barra de búsqueda. Estas PAA pueden servirle de inspiración.

Tenga en cuenta asimismo que, cuando hace clic en una de las propuestas, Google le ofrece otras nuevas, y así hasta el infinito.

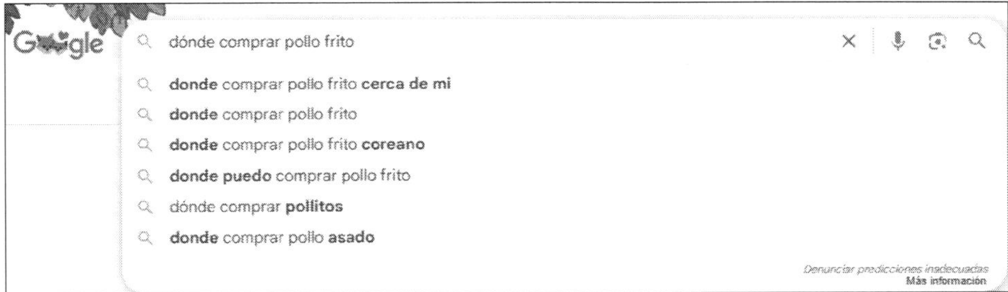

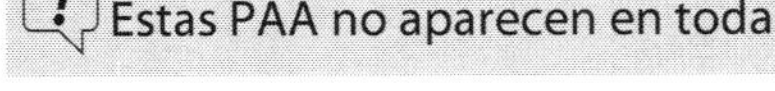
Estas PAA no aparecen en todas las consultas.

2. Answer The Public

Answer The Public (https://answerthepublic.com) es una herramienta en línea que reúne las preguntas formuladas por los usuarios de los motores de búsqueda sobre un tema concreto. Clasifica las consultas por categorías como «quién», «qué», «dónde», «por qué» y «cómo», lo que facilita encontrar rápidamente información relevante.

Esta herramienta le permite generar una lista de preguntas basadas en las intenciones de búsqueda de los usuarios. Solo tiene que crear contenido que responda a esas consultas.

La herramienta puede utilizarse ahora para recuperar datos de Google, YouTube y Bing.

El acceso es gratuito durante los primeros siete días, tras los cuales se ofrecen diferentes planes de suscripción.

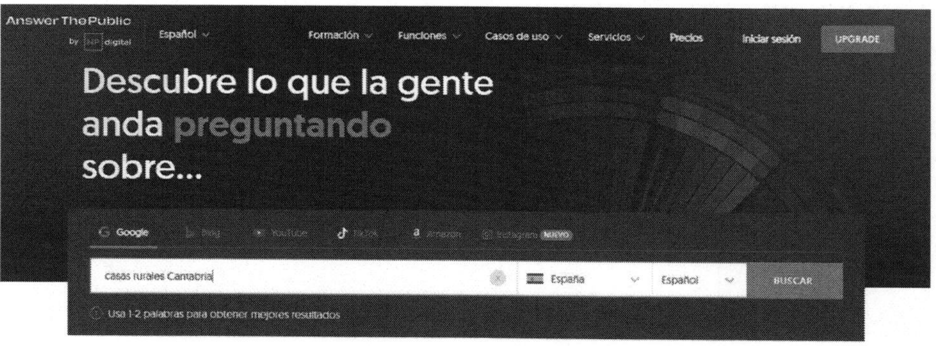
Answer The Public
by NP digital
Español
Formación
Funciones
Casos de uso
Servicios
Precios
Iniciar sesión
UPGRADE
Descubre lo que la gente
anda preguntando
sobre...
Google
casas rurales Cantabria
España
Español
BUSCAR
Usa 1-2 palabras para obtener mejores resultados

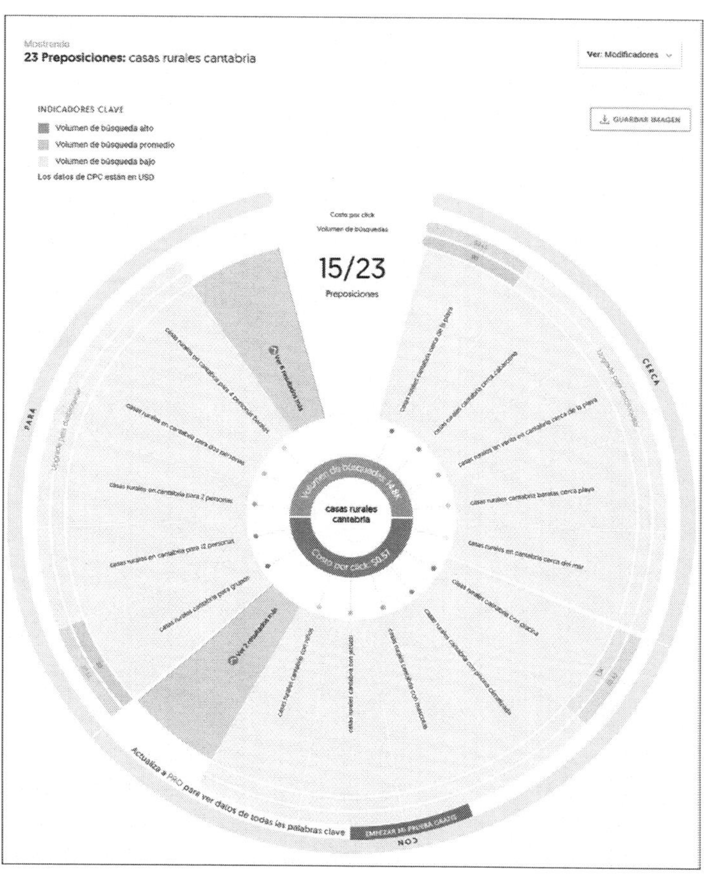
Mostrando
23 Preposiciones: casas rurales cantabria
Ver: Modificadores
INDICADORES CLAVE
Volumen de búsqueda alto
Volumen de búsqueda promedio
Volumen de búsqueda bajo
Los datos de CPC están en USD
GUARDAR IMAGEN
Costo por click
Volumen de búsquedas
15/23
Preposiciones
casas rurales cantabria
PARA
CERCA
CON
Actualiza a PRO para ver datos de todas las palabras clave

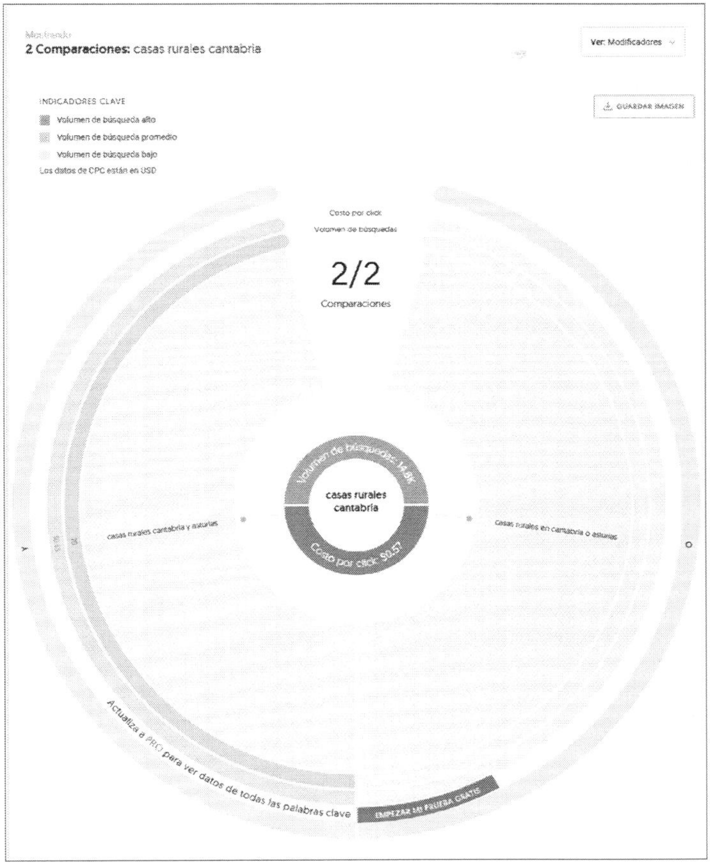

3. Datos estructurados

Para que su contenido tenga una posibilidad real de aparecer en uno de los elementos que se muestran en la posición 0, debe ofrecerlo en forma de datos estructurados, es decir, en un formato y un lenguaje, que entienda el motor.

Hablaremos sobre datos estructurados y Schema.org más adelante; por ahora, veamos lo que Google dice sobre el tema en su ayuda para webmasters:

https://support.google.com/webmasters/answer/3219042?hl=es&ref_topic=3068649

Añadir manualmente el marcado de una propiedad

El Asistente para el marcado puede mostrarte cómo añadir el marcado de las propiedades de datos más habituales, pero no admite todas las propiedades de schema.org. Si en tu página hay datos que no se ajustan a ninguna de las propiedades habituales, puedes buscar de qué tipo de datos se trata en schema.org y marcarlos según lo que encuentres en esta página. A continuación, puedes probar el marcado con la Herramienta de prueba de datos estructurados.

Añadir manualmente el marcado de microdatos de una propiedad

1. Etiqueta tantos datos como puedas en el Asistente para el marcado.
2. Descarga el marcado de ejemplo del Asistente para el marcado.
3. Si en la página hay datos que el Asistente para el marcado no admite, consulta la documentación de referencia de schema.org sobre ese tipo de datos. Selecciona el tipo de datos que te interese en la lista de los tipos de datos que admite el Asistente para el marcado. A continuación, haz clic en el enlace a la documentación de referencia de schema.org de ese tipo de datos.
4. Busca el nombre de la propiedad de los datos adicionales que quieres marcar. Por ejemplo, si quieres marcar un premio que ha ganado una película, busca en el esquema Movie (Película) una propiedad adecuada, como award (premio).
5. Si los datos que vas a marcar todavía no están dentro de una etiqueta HTML en la página, inclúyelos en una. Para marcar datos que estén dentro de texto, puedes usar la etiqueta <span>; en cambio, recomendamos emplear etiquetas <div> para marcar bloques de datos.
6. Añade el atributo itemprop a esas etiquetas y dale como valor el nombre de la propiedad de schema.org.

   Por ejemplo, el siguiente fragmento de código HTML muestra que la película "El golpe" ganó un Óscar a la mejor película:

```
<div itemscope itemtype="https://schema.org/Movie">
  En 1974, <span itemprop="name">El golpe</span> ganó
  el <span itemprop="award">Óscar a la mejor película</span>.
  <img itemprop="image" src="sting.jpg" alt="Póster de El golpe"/>
</div>
```

   Consulta más información sobre los microdatos y ejemplos de cómo añadirlos.

   Consulta cómo añadir etiquetas JSON-LD.

7. Una vez que hayas añadido marcado en tu página, pruébalo con la Herramienta de prueba de datos estructurados para comprobar que Google pueda extraer los datos estructurados de tu página.

Va a comenzar a vender productos en línea y decide presentarlos en este formato.

E. Los criterios

Para que Google muestre su sitio como respuesta, debe considerar que su contenido es fiable, es decir, procedente de una fuente que tiene autoridad en la materia.

1. La información debe ser exacta: e-reputación

Este criterio es esencial en un Internet repleto de información falsa, bulos y *fake news*.

¿Cómo puede asegurarse Google de la calidad y exactitud de su contenido? Examinando, entre otros, los siguientes indicadores: la autoridad del dominio (*Domain authority*) y la autoridad de la marca (*Brand authority*).

2. ¿Cómo optimizar el contenido?

¿Cómo optimizar su contenido desde esta óptica?

Escriba un contenido del máximo nivel que domine en todos los aspectos, incluido el vocabulario; cite las fuentes, cuide la ortografía, etc.

Su experiencia debe ser reconocida, mencionada en las redes sociales; en el mejor de los casos, también en Wikipedia.

Las opiniones y calificaciones que recopile acentuarán la autoridad de la marca: asegúrese de recoger las opiniones de los clientes.

Dé prioridad al contenido geolocalizado: escriba textos precisos citando lugares, por ejemplo.

F. AEO: resumen

El AEO puede constituir una oportunidad real para un sitio pequeño; una oportunidad para hacerse notar y ganar visibilidad y credibilidad sobre un tema específico.

Plantéeselo seriamente para consultas muy específicas. Si va a elaborar un texto sobre la historia de su pueblo, piense también en escribir recetas típicas del lugar, por ejemplo.

Capítulo 8

Criterios on page: el contenido

A. Introducción

1. Campaña de SEO

Ya ha trabajado en sus palabras clave y en las consultas que va a optimizar. También ha imaginado las preguntas que se harán los internautas y a las que ofrecerá respuestas apuntando a una posición 0.

Ahora, debe ocuparse de:

- colocar correctamente sus palabras clave en el texto y el contenido multimedia de su sitio/blog,
- optimizar sus medios,
- optimizar su presencia en las redes sociales,
- intervenir en los aspectos técnicos de su sitio para optimizarlos,
- establecer una estrategia efectiva de intercambio de enlaces.

Todas estas fases contribuyen a posicionar sus páginas en los resultados naturales, sabiendo que optimizar la indexación es una tarea a largo plazo y debe revisarse regularmente.

2. Estructura de una página web

Ahora que ha decidido qué palabras clave usará, necesita saber dónde colocarlas en sus páginas HTML para que logren el efecto esperado: el mejor posicionamiento posible de sus páginas en las SERP.

Las palabras clave se colocan en tres sitios:

- En el encabezado de la página (HEAD): esta zona no es visible cuando su página se muestra en el navegador; sin embargo, contiene información esencial.
- En el área visible de la página (BODY): este contenido es el que se muestra en su navegador (o sea, el que ve el visitante).
- En las direcciones (URL) de las páginas y en el nombre de dominio.

Una página HTML tiene la siguiente estructura:

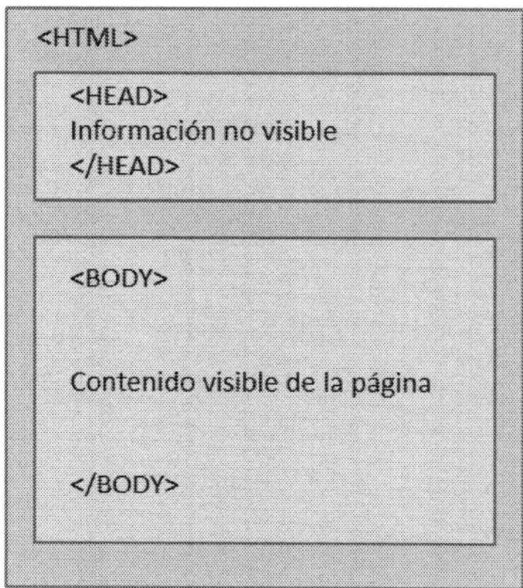

¿Dónde colocar las palabras clave?

El posicionamiento de su sitio web dependerá, entre otros factores, de su acierto en la ubicación de estas palabras.

B. La etiqueta title y las etiquetas meta (o metaetiquetas)

Colocaremos las palabras clave en varias etiquetas del encabezado.

1. La etiqueta title, el título de la página

El contenido de la etiqueta title, que se muestra en la parte superior de la ventana del navegador, permite, al menos en teoría, que el visitante se haga una idea del contenido de la página.

El título debe incluir las palabras clave y, al mismo tiempo, informar al visitante de lo que va a encontrar en la página web.

He aquí algunos consejos de redacción:

- Sea claro y preciso al redactar este título.
- Limítese a unas 10 palabras.
- Encuentre una expresión o una frase que incluya tantas palabras clave como sea posible, pero sin que el resultado final parezca una simple enumeración.
- Personalice el título para cada sección o, mejor aún, para cada página.
- Coloque esta etiqueta lo más arriba posible en el código de la página.
- Asimismo, intente colocar las palabras clave más importantes al principio de la frase. Tenga presente que el número de caracteres que reconocen los motores de búsqueda en esta etiqueta es variable; no corra riesgos.

- Evite insertar palabras demasiado generales, que no sirven para nada en lo que respecta a posicionamiento; evite también superlativos del tipo: *el más grande*, *el más bonito*, *el mejor*, o expresiones como *Bienvenido a mi sitio*.

Coloque las palabras clave seleccionadas en esta etiqueta.

Áquí puede ver la sintaxis:

```
<title>Dé un título a su página usando las palabras clave elegidas</title>
```

Asegúrese de que optimiza la etiqueta title: todos los motores de búsqueda la tienen en cuenta. El título de las páginas también aparece, como hemos visto, en los resultados de los motores: es un elemento realmente importante. Se trata de conseguir que el visitante sienta la necesidad de hacer clic en el enlace.

Para la página de inicio del sitio web de su negocio, podría plantearse el siguiente título: «Nombre de su empresa: casa rural en Cantabria», es decir:

```
<Title>Nombre empresa: casa rural en Cantabria para sus vacaciones</title>
```

Resumiendo:

Características del título ideal:

- alrededor de 10 palabras, es decir, entre 55 y 65 caracteres,
- un título por sección o por página,
- un título que informa sobre el contenido de la página,
- un título que contiene las palabras clave importantes.

En el encabezado de la página también se inserta otra información esencial que desempeña un papel más o menos importante en el posicionamiento.

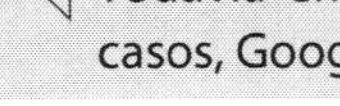

Todavía encontramos con demasiada frecuencia páginas sin etiqueta `title`; en estos casos, Google la rellena con lo que le parece mejor.

2. Las etiquetas meta

Las **etiquetas meta** (o metaetiquetas) también se insertan en la zona HEAD de la página HTML y permiten añadir información a la página web.

El contenido de estas etiquetas no está visible en el navegador, pero los motores lo leen.

Varios estudios muestran que, en última instancia, hay muy pocas páginas que contengan metaetiquetas correctamente rellenadas.

Pero, incluso aunque la evolución de las técnicas de indexación implique que los motores de búsqueda den cada vez menos importancia a estas etiquetas (aunque no en todos los casos), lo cierto es que se siguen teniendo en cuenta a la hora de indexar y posicionar una página. Por lo tanto, présteles atención.

Haga que figuren en todas sus páginas y adáptelas al contenido de cada sección. No hay ninguna razón para que sean idénticas en todas las páginas del sitio.

Aquí encontrará, por ejemplo, una lista de las metaetiquetas y metaatributos aceptados por Google:
https://developers.google.com/search/docs/crawling-indexing/special-tags?hl=es

a. La etiqueta description

Inicialmente era una de las etiquetas más importantes en lo que a SEO se refiere. De hecho, describe el contenido de la página.

La descripción del contenido de su página debe ser una frase correcta, tanto desde el punto de vista gramatical como ortográfico, que «explique» su página web usando hábilmente las palabras clave.

Esta frase aparece en los resultados del motor de búsqueda y puede incitar al internauta a visitar sus páginas... o disuadirle de hacerlo.

También en este caso, proporcione una etiqueta diferente para cada sección de su sitio.

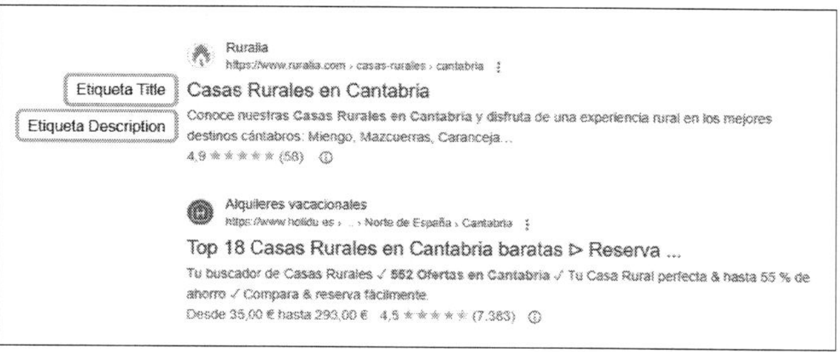

Procure limitar la longitud de esta etiqueta a 150 caracteres para que no aparezca truncada en algunos casos (en un teléfono inteligente, por ejemplo).

Si la etiqueta description no está completa (o si Google lo decide así), en los resultados del motor aparece un extracto (fragmento) del texto visible de la página, el cual no necesariamente informa al internauta sobre el contenido ni le incita a hacer clic en el enlace.

Aquí puede ver la sintaxis de esta etiqueta:

```
<meta name="description" content="Frase gramaticalmente correcta
que describe su actividad o el contenido de su sitio usando las
palabras clave elegidas">
```

Para su futura página de inicio, puede plantearse una descripción como esta:

"Nombre empresa le ofrece una habitación en una casa rural de Cantabria para sus próximas vacaciones en España."

En enero de 2024, Google anunció un cambio importante respecto a esta etiqueta: «Los fragmentos de código se generan principalmente a partir del contenido de la propia página. Sin embargo, a veces Google utiliza la metaetiqueta description si considera que ofrece una descripción útil para el usuario».

Como puede ver, con el tiempo resulta cada vez menos eficaz insertar palabras clave en la etiqueta meta description. Google da prioridad al contenido visible de la página para crear los fragmentos que muestra en los resultados de búsqueda, aunque puede recurrir a la metaetiqueta si su contenido es realmente relevante. Por lo tanto, centre sus esfuerzos en redactar contenidos claros y útiles en la propia página, ya que es ahí donde Google busca información para mostrar en los resultados.

b. La etiqueta keywords

Esta etiqueta contiene una lista de palabras clave o grupos de palabras clave (sintagmas).

Deben incluirse en esta etiqueta, separadas por comas, todas las palabras o expresiones que los visitantes puedan introducir en los motores de búsqueda para encontrar su sitio.

Desde hace bastante tiempo, Google ya no usa el contenido de esta etiqueta para calcular el posicionamiento de las páginas. Sin embargo, hay algunos motores o directorios que siguen utilizándola.

Algunos consejos:

- Piense en incluir todas las ortografías posibles de las palabras clave o grupos de palabras clave.
- Coloque la tilde en los caracteres de sus palabras clave que deban llevarla.
- Imagine todos los posibles errores de tecleo o errores ortográficos.
- Proporcione las palabras clave también en femenino y en plural.
- Use combinaciones de palabras clave, frases clave.
- Sea lo más preciso y completo posible.
- Personalice las palabras clave de acuerdo con las secciones de su sitio.

Aquí puede ver la sintaxis de esta etiqueta:

```
<meta name="keywords" lang= "es" content="escriba aquí sus palabras clave
separadas por comas">
```

En el caso de su futuro sitio, y en función de la lista de palabras clave a la que ha llegado después de su fase de reflexión, la etiqueta keywords podría ser la siguiente:

```
<meta name="keywords" lang= "es" content=" Turismo rural,
Cantabria vacaciones, Vacaciones en casas rurales, Alquiler
de habitaciones rurales, Habitaciones de alquiler turístico,
Albergue de vacaciones, Alquiler de temporada, Vacaciones
en Cantabria, Alquiler de habitaciones, Turismo en España">
```

En esta etiqueta no mencione el nombre de su competencia.

Para esta etiqueta es suficiente una veintena de palabras clave si quiere facilitar información. Sin embargo, como ya se habrá dado cuenta, esta etiqueta ha quedado obsoleta, así que más vale que se concentre en la etiqueta meta title y en optimizar el contenido de sus páginas.

c. La etiqueta robots

Esta etiqueta permite indicar a los robots de los motores de búsqueda, independientemente de su nombre, cómo deben comportarse con la página, si deben indexarla o no, seguir sus enlaces o no, etc.

Cuando el robot «llega» a sus páginas, busca esta etiqueta. Si la encuentra, sigue sus instrucciones.

La sintaxis de esta etiqueta es la siguiente:

```
<meta name="robots" content=" atributo1,atributo2 ">
```

Y estas son las diferentes posibilidades para los atributos:

```
<meta name="robots" content=" index,follow ">
<meta name="robots" content=" noindex,nofollow ">
<meta name="robots" content=" noindex,follow ">
<meta name="robots" content=" index,nofollow ">
```

Por defecto, el robot indexa la página y sigue sus enlaces.

De este modo, la instrucción `<meta name="Googlebot" content=" index,follow">` le indica al robot de Google que indexe la página y siga los enlaces; exactamente lo mismo que habría hecho en caso de que no hubiese encontrado esta etiqueta.

También pueden ser útiles otras instrucciones:

- `nosnippet`: indica que no es preciso mostrar el «extracto enriquecido» (rich snippet) en las SERP.
- `noarchive`: prohíbe el acceso a la caché (en el caso, por ejemplo, de que estén disponibles varios niveles de contenido).
- `unavailable_after: [date]`: esta instrucción le indica al robot que las SERP no deben mostrar esta página después de la fecha señalada.

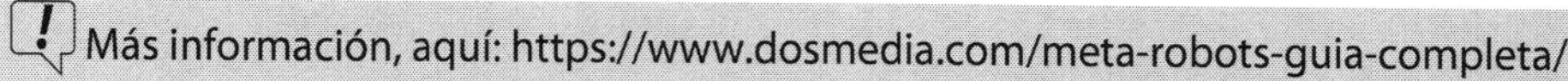

Más información, aquí: https://www.dosmedia.com/meta-robots-guia-completa/

También puede gestionar la visita de los robots página a página. Para ello, debe insertar en cada una de las páginas correspondientes una metaetiqueta robots.

Esta etiqueta debe encontrarse en la zona <head></head> de su página.

Sintaxis

Si desea indexar su página, inserte una metaetiqueta robots del siguiente modo:

```
<meta name="robots" content="index,follow"/>
```

Esto significa que desea que el spider indexe su página y siga los enlaces.

```
<meta name="robots" content="noindex,follow" />
```

Esto significa le prohíbe al spider indexar su página, pero le permite seguir los enlaces.

```
<meta name="robots" content="index,nofollow" />
```

El robot está autorizado a indexar la página, pero no a seguir los enlaces.

```
<meta name="robots" content="noindex,nofollow" />
```

No se autorizan ni la indexación ni el seguimiento de los enlaces.

Para «hablar» únicamente a Google

Nombre explícitamente el robot en el atributo **name**:

Por ejemplo:

```
<meta name="Googlebot" content="noindex,nofollow" />
```

Más adelante volveremos a hablar de las instrucciones que pueden insertarse en un archivo externo al sitio, el archivo robots.txt, en lugar de insertarlas en cada página.

 La etiqueta Robots no ejerce ninguna influencia en el posicionamiento de las páginas.

d. Otras etiquetas meta (o no)

También puede insertar en sus páginas otras metaetiquetas cuyo contenido sirve para informar al internauta sobre las páginas que visita, pero estas etiquetas no se utilizan necesariamente para el posicionamiento de las páginas.

Codificación de caracteres

La etiqueta `<meta http-equiv= "Charset" content="xxx"/>` especifica la codificación de caracteres utilizada en las páginas.

Declaración del idioma

Esta es la sintaxis:

```
<meta http-equiv= "Language" content="es"/>
```

Sirve para informar a los visitantes sobre el idioma utilizado en su página. Tenga presente, no obstante, que muy probablemente Google no utiliza esta etiqueta para conocer el idioma de una página web.

 Por diversas razones quizás no desee que el motor indexe todos los archivos contenidos en su espacio web; por ejemplo, puede usar este espacio como lugar de almacenamiento y guardar en él documentos internos de la empresa. En ese caso, recuerde completar correctamente su archivo robots.txt para no arriesgarse a que un internauta un tanto curioso encuentre documentos privados (o confidenciales).

Para saber más sobre las metaetiquetas y el SEO:
https://www.wearemarketing.com/es/blog/los-meta-tags-en-html.html

3. Insertar palabras clave en el encabezado

a. En el código

El primer método de inserción consiste, por supuesto, en introducir directamente estas palabras clave en las etiquetas HTML adecuadas. Este es el método preferido por los que sienten el gusanillo de desarrollar.

Esta es la sintaxis:

```
<title>Escriba un título para su página usando las palabras clave
elegidas </title>
<meta name="keywords" lang= "Es" content="escriba aquí sus
palabras claves separadas por comas">
<meta name="description" lang= "Es" content="Frase gramaticalmente
correcta que describa su actividad o el contenido de su sitio
y utilice las palabras clave elegidas">
```

b. En un blog

Quienes editan un blog, utilizan por lo general una herramienta de software denominada CMS (*Content Management System*) para elaborar sus páginas.

El CMS más utilizado es WordPress; hablaremos de él en el capítulo dedicado a los blogs.

WordPress ofrece la posibilidad de añadir funcionalidades mediante un determinado número de extensiones que se pueden descargar libremente. Algunos de estos plug-ins son específicos para el SEO y le permiten optimizar sus entradas y páginas de blog de cara a la indexación.

Para más información sobre WordPress, vaya a: www.wordpress.com o bien a www.wordpress.org.

4. Evolución

a. Conocemos las etiquetas meta de hoy, pero... ¿y las de mañana?

El mundo de la indexación evoluciona mucho y a gran velocidad.

Si bien sigue siendo fundamental administrar correctamente las metaetiquetas, su importancia disminuye, al menos como factor para calcular el posicionamiento de las páginas.

Con el tiempo, la indexación se vuelve más compleja; los intentos de fraude en esta área (*spamdexing*) se multiplican.

Paralelamente, los motores de búsqueda encuentran métodos para defenderse, que consisten, entre otras cosas, en multiplicar los criterios de relevancia mientras dan importancia al propio contenido de la página.

Además, hemos entrado en la era de la Web semántica, que Wikipedia define de la siguiente manera:

*«La **web semántica** (del inglés semantic web) es un conjunto de actividades desarrolladas en el seno de World Wide Web Consortium con tendencia a la creación de tecnologías para publicar datos legibles por aplicaciones informáticas (máquinas en la terminología de la Web semántica). Se basa en la idea de añadir metadatos semánticos y ontológicos a la World Wide Web. Esas informaciones adicionales —que describen el contenido, el significado y la relación de los datos— se deben proporcionar de manera formal, para que así sea posible evaluarlas automáticamente por máquinas de procesamiento. El objetivo es mejorar Internet ampliando la interoperabilidad entre los sistemas informáticos usando "agentes inteligentes". Agentes inteligentes son programas en las computadoras que buscan información sin operadores humanos».*

b. Hacia la web semántica: datos estructurados

Los «rich snippets», extractos enriquecidos que Google muestra en las SERP, son el comienzo de la visualización de datos estructurados. Los datos estructurados pueden mostrar, por ejemplo, una nota o varios avisos, la dirección de una empresa, etc.

El uso de datos estructurados le permite mejorar el posicionamiento de sus páginas gracias a que se mejora la comunicación con Google.

En palabras de Google: «Son un formato estandarizado para proporcionar información sobre una página y clasificar su contenido».

Estos extractos se pueden mostrar utilizando un lenguaje particular, un lenguaje de datos estructurados: de este modo, los robots pueden identificar la información.

Los datos estructurados también se usan para construir y mostrar el «Knowledge Graph» de Google.

Un ejemplo de datos estructurados:
https://www.vitalinnova.com/datos-estructurados-seo/

A menos que sea un programador muy experimentado, no resulta nada sencillo llevar esta teoría a la práctica. Google ofrece una herramienta de ayuda al marcado (etiquetado) aquí:
https://www.google.com/webmasters/markup-helper/u/0/?hl=es

c. Resumen

Las metaetiquetas son:

- cada vez menos importantes para el posicionamiento de las páginas,
- importantes para añadir información.

Empiece a pensar en la Web semántica: utilice lenguajes de datos estructurados y aproveche la ayuda que le proporciona Google con su herramienta auxiliar de marcado.

Se le ha ocurrido lo siguiente para su sitio: ofrecer recetas típicas cántabras utilizando datos estructurados.

C. Colocar las palabras clave en el contenido visible de sus páginas

1. Introducción

La zona HEAD de la página no es el único lugar donde debe incluir las palabras clave para tener una oportunidad de posicionarse bien en las SERP.

Las herramientas de búsqueda toman en cuenta sobre todo las palabras clave insertadas en la zona visible de la página, es decir, su contenido propiamente dicho.

¿A qué tipo de contenido nos referimos? Puede ser:

- texto,
- imágenes,
- vídeos,
- aplicaciones, juegos o *widgets*.

Revisaremos estos elementos tanto en este capítulo como en los siguientes.

> Como diseñador del sitio, la calidad y la precisión del contenido deben seguir siendo su principal preocupación. Siempre que tenga dudas, póngase en el lugar del internauta y adopte un papel crítico: imagine un contenido original, claro, preciso, completo, actualizado, que puede interesar a sus visitantes.

Para optimizar la indexación de sus páginas, las palabras clave también deben estar presentes en la zona visible de la página, en el área BODY.

¿Cómo se hace?

2. Índice de densidad

No se trata de repetir incansablemente y sin importar cómo las palabras clave para posicionarse en los primeros puestos de Google; esta práctica se consideraría similar a las técnicas de *spamdexing*, por lo que, de hacerlo así, correría el riesgo de que lo incluyeran en la lista negra o en la Sandbox, de modo que nunca estaría registrado en la base de datos.

Diseñe y escriba un texto en cada página con el objetivo de informar a su visitante, ofreciéndole servicios interesantes; no escriba este texto para los motores de búsqueda.

En general, se acepta que, si su página contiene menos de cien palabras, es poco probable que incluya información consistente.

No ofrezca textos demasiado largos: los visitantes no los leerán. La lectura en la pantalla es menos fluida que en papel. Intente limitarse a 300 palabras si es posible.

Piense, además, en las diferentes flexiones de una palabra: femenino, plural, etc.

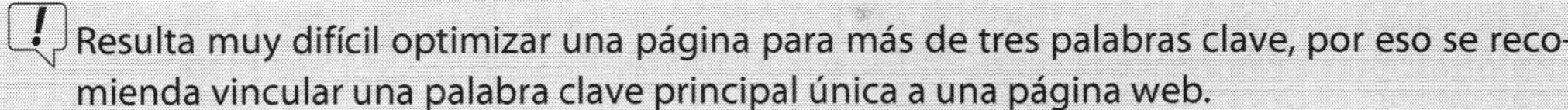
Resulta muy difícil optimizar una página para más de tres palabras clave, por eso se recomienda vincular una palabra clave principal única a una página web.

3. Colocar las palabras clave en el contenido textual de la página

a. En la zona visible de la página

En lo que respecta al texto visible de la página:

- Piense en insertar, si es posible, las distintas formas gramaticales de la palabra o palabras clave en este texto visible: femeninos, plurales, etc.
- Inserte expresiones en lugar de palabras clave aisladas: recuerde que la mayoría de las consultas constan de tres o más palabras clave.

Ahora pasemos al texto de los enlaces: se trata de un criterio al que los motores conceden cada vez más importancia.

b. Palabras clave en los textos de anclaje de los enlaces

Los motores de búsqueda también incluyen en sus criterios de relevancia la presencia de palabras clave en el texto de los enlaces.

Por supuesto, no podemos actuar en los textos de los enlaces externos que otros webmasters insertan en sus propias páginas dirigidos a la nuestra, pero sí deberíamos optimizar el texto de nuestros enlaces: se trata de intentar integrar palabras clave e información sobre lo que los visitantes encontrarán en las páginas receptoras de estos enlaces.

Por ejemplo, en su sitio, deseará que el visitante que se encuentra en su página de presentación general entre en la página de detalles que presenta las habitaciones de alquiler.

Para incitarle a ello, sugiera, por ejemplo, el siguiente texto de enlace: «detalles de nuestras habitaciones en alquiler» en lugar de «detalles».

Estos consejos conciernen al texto insertado entre las etiquetas de anclaje de enlace:

```
<a href=...>...<a>
```

Evite a toda costa textos en sus enlaces del tipo: «haga clic aquí», «más detalles»...

c. Red interna

Todas las páginas de su sitio deben estar conectadas entre sí de forma que los robots de los motores de búsqueda puedan indexarlas siguiendo los enlaces que encuentren en el código HTML.

d. Hilo de Ariadna

La inserción de una ruta de navegación (hilo de Ariadna o miga de pan) en la parte superior de sus páginas facilitará a los usuarios la orientación dentro de su sitio.

He aquí un ejemplo de ruta de navegación: *Inicio>Presentación*.

La ruta de navegación contiene textos en los que se puede hacer clic que muestran los títulos de las secciones y subsecciones. La inclusión de palabras clave en estos enlaces es una nueva oportunidad de optimizar el posicionamiento de sus páginas.

e. Campo léxico

Un campo léxico está constituido por un grupo de palabras o expresiones relacionadas con el mismo concepto.

Por ejemplo: las palabras «hotel», «habitaciones», «restaurante», «lugares que visitar» forman parte del concepto «turismo».

Deberá optimizar sus páginas para una consulta en particular y prever un campo léxico alrededor de esta consulta para mejorar sus posibilidades.

Algunas herramientas en línea pueden servirle de inspiración para construir campos léxicos. Por ejemplo:

- https://entityexplorer.com/

A continuación podrá ver que el desarrollo de estas palabras clave también es muy importante.

4. Dar más valor a las palabras clave

a. Palabras clave en las etiquetas <h>: títulos y subtítulos

Las etiquetas de títulos y subtítulos, incluidas de forma natural en el lenguaje HTML, le permiten estructurar y jerarquizar el contenido de sus páginas web.

Los diferentes niveles jerárquicos de información son, de este modo, más identificables para el visitante de la página.

Los motores de búsqueda dan importancia a estos títulos y subtítulos partiendo de la premisa de que el contenido de los títulos de los párrafos es esencial: considere usarlos en sus páginas.

He aquí la sintaxis HTML:

```
<h1>Título de párrafo de primer nivel</h1>
<h2>Título de párrafo de segundo nivel</h2>
```

También puede usar la interfaz gráfica de KompoZer para crear estos niveles de títulos.

El código HTML de sus páginas integra estos cambios:

```
<body>
<h1>TÍTULO DE PRIMER NIVEL</h1>
<p> </p>
<h2>TÍTULO DE SEGUNDO NIVEL</h2>
</body>
```

Hay otras mejoras que también son interesantes.

b. Aplicar formato a los caracteres: negrita y cursiva

Ya hemos visto que la jerarquía de los textos y su formato HTML son importantes, y parece que lo mismo se aplica a los formatos tipográficos: piense en escribir las palabras esenciales en negrita, por ejemplo.

De hecho, parece que lo lógico, tanto para los visitantes como para los motores de búsqueda, sea que las palabras resaltadas se consideren las principales, y de ahí que se destaquen.

He aquí el código HTML para aplicar el atributo de negrita:

```
<body>
<strong>Presentación de las casas rurales</strong>
</body>
```

Pero asegúrese de que no abusa de este recurso; de lo contrario, corre el riesgo de parecer que está haciendo *spamdexing*.

c. Mayúsculas y minúsculas

Las mayúsculas y minúsculas ya no influyen el SEO. Por tanto, escribir «Cantabria» o «cantabria» tendrá el mismo efecto, independientemente del motor de búsqueda.

d. Orden y distancia de las palabras

El orden y la proximidad entre las palabras son factores importantes en SEO.

Por ejemplo, es preferible posicionarse por la expresión «alquiler de casas rurales» (720 búsquedas al mes) que para «casa rural para alquilar» (40 búsquedas al mes). Lo mismo ocurre con el término «casa rural encantadora para alquilar», que apenas genera búsquedas.

5. Interconexión del contenido

a. Estructuración de la información

Por supuesto, usted tiene mucho que aportar aún sobre su blog o sitio web. Además de aplicar las técnicas de SEO, tiene que estructurar la información que ha decidido ofrecer a sus visitantes.

Este proceso se lleva a cabo en tres etapas principales:

- Enumerar o recopilar la información (los contenidos que desea publicar).
- Organizarla en categorías: temas que agrupan información diversa relacionada con la misma materia.
- Estructurar esta información.

Una vez finalizadas estas etapas, casi habrá terminado la construcción de la arquitectura de su sitio y preparado su sistema de navegación.

Este proceso de tres etapas queda bien esquematizado en la imagen siguiente:

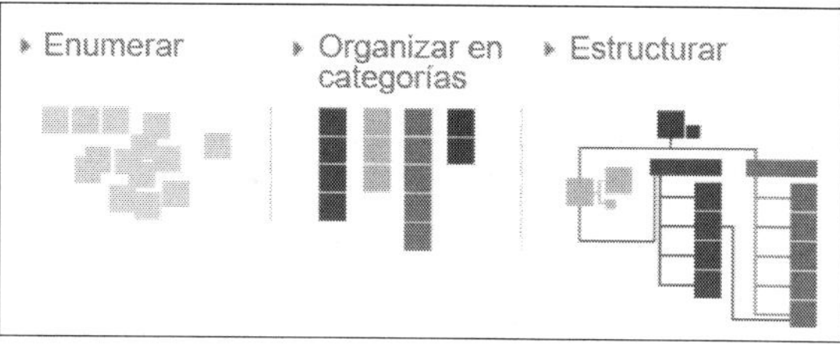

Ergolab

b. Interconexión del contenido

Defina enlaces lógicos entre las páginas de su sitio. Será preciso que obtenga una cantidad de enlaces suficiente, pero sin excederse; el número de enlaces no debería dificultar la lectura.

Piense también en incluir enlaces de referencia hacia el exterior, fuera de su sitio. Manténgase «abierto»: la Web no es un círculo cerrado.

c. El mapa del sitio

Incluir una página de «Mapa del sitio» para los usuarios puede resultar muy útil. Ofrece una visión general clara y estructurada de la arquitectura del sitio web. Esto se traduce en una navegación más fácil, una orientación clara y un acceso rápido a los contenidos esenciales del sitio web.

En consecuencia, puede mejorar la experiencia del usuario y aumentar su satisfacción general.

Los robots de indexación también valoran este tipo de contenidos, aunque en la práctica es más habitual utilizar el archivo sitemap. Trataremos este tema en un capítulo posterior.

D. Inteligencia artificial: SEO y redacción de artículos

1. Entender la función de la inteligencia artificial en el SEO

La IA desempeña un papel cada vez más importante en el SEO.

Estas son algunas de las áreas en las que puede influir:

- **Análisis de datos**: las herramientas basadas en IA pueden procesar grandes volúmenes de información para detectar tendencias e información útil. Esto puede ayudar a tomar decisiones más informadas sobre estrategia.
- **Análisis de contenidos**: la IA se puede utilizar para analizar contenidos, identificar temas, detectar palabras clave relevantes y recomendar ajustes para mejorar la calidad de los contenidos de un sitio web y su adecuación a los algoritmos de búsqueda.
- **Optimización de palabras clave**: las herramientas con IA pueden ayudar a identificar las palabras clave relevantes basándose en las tendencias del mercado, el comportamiento de los usuarios y la competencia. Esto facilita la creación de contenidos optimizados. Sin embargo, se recomienda comprobar el volumen de búsquedas de esas palabras clave con las herramientas mencionadas en el capítulo titulado La base: las palabras clave.
- **Optimización técnica**: la IA puede utilizarse para automatizar determinadas tareas técnicas de SEO, como la optimización de etiquetas, la gestión de enlaces internos y externos, la corrección de errores del sitio, etc.
- **Búsqueda por voz y semántica**: la IA es esencial para comprender las consultas de búsqueda por voz y semántica. Los motores de búsqueda utilizan algoritmos de aprendizaje automático para comprender el significado de una consulta y ofrecer resultados más adecuados.
- **Detección de las tendencias del mercado**: las herramientas de IA pueden supervisar las tendencias del mercado, los cambios en el comportamiento de búsqueda y las actualizaciones de los motores de búsqueda, lo que permite a los especialistas en SEO mantenerse al día y ajustar sus estrategias en consecuencia. Sin embargo, asegúrese de comprobar la versión de la herramienta de IA que elija y la fecha de los datos de origen que utiliza.
- **Análisis de la competencia**: la IA puede ayudar a analizar las estrategias SEO de la competencia, identificando puntos fuertes y débiles y proporcionando información para mejorar la propia estrategia, siempre que los datos de la herramienta de IA estén actualizados.

2. Presentación de ChatGPT

ChatGPT es una herramienta de inteligencia artificial que utiliza el procesamiento del lenguaje natural para comprender y generar respuestas a una pregunta. La versión básica de la herramienta, la 3.5, es gratuita y contiene datos hasta enero de 2022. Fue diseñada por la empresa estadounidense OpenAI.

Puede crear una cuenta de ChatGPT en https://chat.openai.com/.

Su funcionamiento se basa en un entrenamiento previo que le permite comprender las estructuras lingüísticas y adquirir conocimientos generales. Cuando un usuario interactúa con él, ChatGPT utiliza el contexto de la conversación para generar una respuesta más o menos detallada, en función de lo que desee.

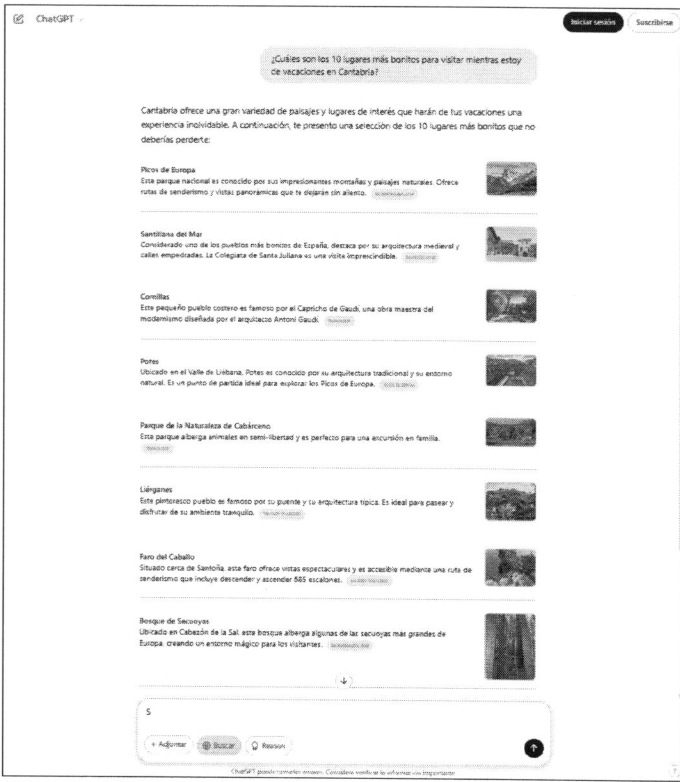

3. Utilizar ChatGPT para optimizar el contenido y el posicionamiento

Existen varias formas de utilizar ChatGPT para optimizar tanto el contenido de los sitios web como el posicionamiento en buscadores:

- **Búsqueda de palabras clave**: ChatGPT puede generar ideas de palabras clave relevantes para su contenido. Estas sugerencias de términos relacionados con su campo de actividad, productos o servicios pueden servirle de inspiración.
- **Creación de contenidos**: ChatGPT puede generar introducciones, títulos llamativos o incluso párrafos específicos para enriquecer su contenido. Sin embargo, tendrá que asegurarte de que su contenido está optimizado con las palabras clave más relevantes.

- **Redacción de meta descripciones**: ChatGPT puede redactar meta descripciones atractivas e informativas para cada página de su sitio, incluyendo llamadas a la acción y palabras clave.
- **Revisión de contenidos**: ChatGPT es útil para revisar y mejorar la legibilidad de sus contenidos. También puede hacerle sugerencias para simplificar frases, eliminar repeticiones y mejorar la estructura del texto.
- **Preguntas frecuentes (FAQ)**: ChatGPT le permite generar respuestas a las preguntas frecuentes de sus usuarios. Así puede añadir estas respuestas a su sitio web porque unas FAQ bien optimizadas pueden mejorar la búsqueda de respuestas directas en los motores de búsqueda.
- **Ideas de contenido**: puede pedirle a ChatGPT ideas para temas de blog, artículos o recursos que puedan enriquecer su sitio y atraer tráfico orgánico.
- **Seguimiento de tendencias**: la versión más actualizada de ChatGPT puede informarle de las últimas tendencias en su sector para que pueda crear contenidos actualizados y atractivos.

Advertencia: aunque ChatGPT es una herramienta potente, no olvide validar las sugerencias generadas y utilizar su criterio personal y profesional. También es importante seguir las mejores prácticas de SEO citadas en este libro para garantizar unos resultados óptimos.

Para aprovechar al máximo ChatGPT, aquí tiene una guía para crear los mejores prompts: https://www.iebschool.com/blog/como-escribir-mejores-prompts-en-chatgpt-tecnologia/

4. Crear contenido único y de calidad con ChatGPT

Para crear contenidos únicos y de alta calidad con la herramienta de IA, la redacción de los prompts es muy importante. Para ello, es aconsejable definir un objetivo claro en su solicitud. Por ejemplo: atraer nuevos visitantes a su web, informar, entretener, etc. No olvide especificar una longitud máxima de caracteres en su prompt para limitar la respuesta generada.

Una vez recibida la respuesta, es recomendable afinar el texto proporcionando más detalles a la herramienta: tono, estructura, extensión, enfoque editorial, etc.

Lo ideal es contrastar la información proporcionada por la inteligencia artificial con otras fuentes fiables para reforzar la credibilidad de su contenido.

Por último, es fundamental personalizar los textos con el valor añadido que usted puede aportar: conocimientos personales o profesionales, ejemplos concretos, casos prácticos, testimonios, etc.

A comienzos de 2024 Google publicó en España su modelo de IA más potente hasta la fecha, Gemini, que pretende competir con ChatGPT de OpenAI. Puede probar la herramienta aquí: https://gemini.google.com/.

E. Conclusión

¡El contenido es el que manda!

Los motores de búsqueda utilizan el contenido para comprender, asociar, calificar y posicionar sus páginas.

Esto significa que su contenido debe ser:

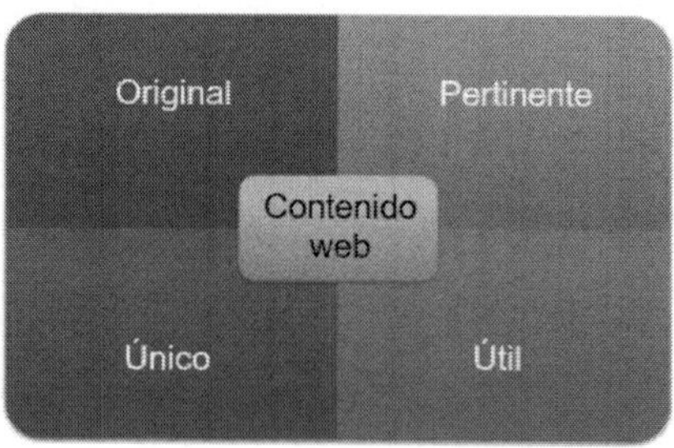

Capítulo 9

Criterios on page: optimizar los medios

A. Introducción

La búsqueda universal que ofrecen Google y otros motores mejora la funcionalidad de búsqueda y cambia el comportamiento del usuario. Hoy en día, cada vez más personas buscan imágenes, vídeos y, además, dada la evolución en la calidad de las conexiones (banda ancha), estos elementos están cada vez más presentes en las páginas web y por lo tanto en la SERP.

Es importante saber que la trayectoria del ojo es más bien vertical y que el usuario recorre más resultados antes de hacer clic en uno de ellos.

B. Optimizar las imágenes

1. Palabras clave e imágenes

Los internautas cada vez utilizan más la búsqueda por imágenes; de hecho, el número de imágenes indexadas por Google ha crecido enormemente (leemos en algunas fuentes que asciende a 2000 millones).

La optimización de las imágenes resulta, pues, cada vez más importante para su correcta indexación.

a. Preste atención a cómo nombra sus imágenes

El nombre de los archivos de imágenes queda incluido en la URL; aproveche para insertar algunas palabras clave en dicho nombre.

En caso necesario, utilice el guion como separador entre palabras; evite pegarlas seguidas.

> Recuerde que los formatos de los archivos de imagen en la Web son PNG, GIF y JPG (preferiblemente para fotos). Desde 2010, el formato WebP desarrollado por Google también ha ido ganando popularidad debido a sus ventajas en términos de compresión y rendimiento web. La mayoría de los principales navegadores web se han adaptado y ahora soportan este formato. Como resultado, muchos sitios web utilizan ahora WebP para optimizar la distribución de sus imágenes en la web.

Si tiene previsto mostrar fotos de las habitaciones en su sitio web, deberá tener cuidado con los nombres de los archivos JPG o WebP.

b. Preste atención al texto alternativo

Los motores de búsqueda tienen en cuenta el contenido de la etiqueta **alt**. La función de esta etiqueta es, en principio, ofrecer al internauta que no puede visualizar las imágenes un texto descriptivo para reemplazar dicha imagen.

Introduzca palabras clave en esta área de propiedad de la imagen al tiempo que se ocupa de informar al usuario sobre el contenido de la imagen.

> Estos consejos de optimización son válidos para todas las imágenes, excepto aquellas que forman parte del diseño corporativo.

He aquí la sintaxis de esta etiqueta:

```
<img src="miimagen.gif" alt ="frase pequeña con palabra clave
que describa la imagen">
```

> No inserte más de 10 palabras clave en esta etiqueta.

c. Preste atención al atributo title de su imagen

Incluso aunque Google no tenga en cuenta a priori este contenido para la indexación, recuerde insertar una descripción (diferente de la que indicó en la etiqueta alt); este contenido será útil para sus internautas. Algunos motores de búsqueda lo utilizan para mostrar texto cuando el ratón pasa por encima de la imagen.

d. Preste atención al texto del enlace

Si incluye una imagen interactiva en la que el usuario pueda hacer clic para acceder a otros sitios, optimice el texto del enlace.

e. Preste atención a la leyenda de la imagen

Con el advenimiento de la Web semántica, cobrará cada vez más importancia el contexto semántico de la imagen. En ese caso, le resultará útil fijar su atención en el contenido de la leyenda, que situará debajo o a la derecha de la imagen.

> Acuérdese también de indexar sus imágenes mediante el archivo robots.txt.

f. Preste atención al texto que rodea la imagen

Tenga en previsión un texto descriptivo de la imagen justo debajo; por ejemplo, un texto preciso que puede informar sobre el lugar, la fecha, etc. Parece que Google aprecia este tipo de textos.

2. Calidad de las imágenes

Knowledge Graph hace que las imágenes obtengan mejores resultados; tenga en cuenta que ya se ha generalizado la búsqueda por imágenes en todas partes.

Realmente vale la pena dedicar esfuerzos a mejorar la calidad de las imágenes:

- Ofrezca imágenes originales y de buena calidad: encontramos con demasiada frecuencia imágenes que hemos visto decenas de veces en otros sitios, muchas veces de poca calidad.
- Realmente, no hay un límite de peso para las imágenes. Sin embargo, es muy importante optimizar el peso de las imágenes para limitar el tiempo de carga de las páginas web que las contienen.

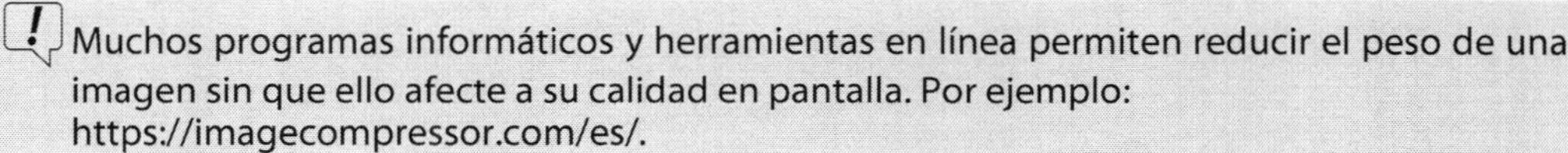

Muchos programas informáticos y herramientas en línea permiten reducir el peso de una imagen sin que ello afecte a su calidad en pantalla. Por ejemplo: https://imagecompressor.com/es/.

- Google permite buscar imágenes según su tamaño; dé prioridad a las siguientes medidas estándar: 150 x 150 píxeles para las más pequeñas; entre 150 x 150 y 500 x 500 para las medianas, y más de 500 x 500 para las grandes.

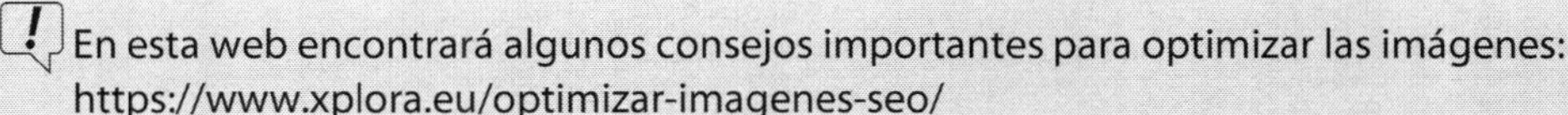

En esta web encontrará algunos consejos importantes para optimizar las imágenes: https://www.xplora.eu/optimizar-imagenes-seo/

C. Optimizar los vídeos

1. Vídeos

a. Estado de los enlaces

La búsqueda, reproducción y descarga de vídeos ocupada una parte cada vez mayor del tráfico en Internet en general y de las herramientas de búsqueda en particular.

Los internautas permanecen más tiempo en los sitios que ofrecen vídeos.

b. Búsqueda de vídeos

Con las herramientas y tecnología que utilizamos actualmente, la búsqueda de vídeos se lleva a cabo usando la información que describe el vídeo, pero ya existen algunas utilidades que permiten buscar en las frases que se pronuncian dentro de él o el reconomiento de formas (última generación de motores de vídeo), si bien requieren aún mejoras sustanciales para optimizar su eficacia.

En cualquier caso, uno de los grandes beneficiarios del desarrollo de la inteligencia artificial son los motores de vídeo de última generación: «saben» reconocer las formas, los colores, los rostros, las texturas... Ese es el futuro de la búsqueda en vídeo.

> ¿Sabía que el motor de búsqueda de YouTube se utiliza mucho más que el de Bing o Yahoo?

2. Optimización de los vídeos

En este apartado podemos hacer las mismas recomendaciones que en el caso de las imágenes.

a. Palabras clave y vídeos

Para todos los vídeos disponibles en su sitio, considere la posibilidad de optimizar los siguientes elementos:

- el nombre del archivo de vídeo,
- los datos asociados al archivo (metadatos),
- el texto de los enlaces,
- el texto de audio.

b. Las etiquetas

Al cargar el vídeo, es probable que tenga la opción de insertar etiquetas. Optimice todas las zonas disponibles.

> Durante la carga de un vídeo, la mayoría de las herramientas le ofrecen la posibilidad de insertar etiquetas; aproveche esas etiquetas para agregar palabras clave.

c. El texto de los enlaces

En el texto que admite el enlace al vídeo, escriba una descripción precisa de este último, con fecha y ubicación, por ejemplo.

d. Preste atención al texto que rodea al vídeo

Como en el caso de las imágenes, reserve espacio alrededor del vídeo o del enlace para un texto descriptivo detallado; parece que Google lo valora.

e. Consejos

Para optimizar la clasificación de sus vídeos, le recomendamos que tenga en cuenta:

- vídeos de buena calidad,
- una URL por vídeo,
- una página HTML simple para albergar el vídeo (sin Flash ni Ajax),
- un número de identificación único por vídeo,
- un nombre único que aparezca también en la etiqueta de título de la página y en la etiqueta h1,
- una descripción única,
- incluir los vídeos en el sitemap de Google.

La indexación de los vídeos va a seguir creciendo a medida que se afiancen las búsquedas por voz (que acabará permitiendo extraer las palabras clave pronunciadas en el vídeo).

Dado que YouTube es propiedad de Google, resulta más eficaz a nivel SEO publicar el vídeo en esta plataforma e insertarlo en su sitio web mediante su URL. No olvide publicar sus vídeos también en otras plataformas.

> Aquí podrá acceder a las recomendaciones que proporciona el mismísimo Google sobre este tema: https://support.google.com/webmasters/answer/156442?hl=es-419

Desde el lanzamiento de su actividad, ha recopilado algunos testimonios de clientes en vídeo: agréguelos a las páginas de su sitio y haga que se indexen.

f. Dar a conocer sus vídeos

Para dar a conocer sus vídeos, haga «ruido»; principalmente, usando las redes sociales.

D. Optimizar el sonido

La investigación en el ámbito del reconocimiento de voz sigue avanzando, lo que favorece la aparición de algunas tecnologías prometedoras en este ámbito.

Para optimizar la indexación de su audio, le aconsejamos que:

- cuide la calidad de la banda sonora,
- ofrezca contenido de calidad que incluya algunas palabras clave,
- preste atención también al nombre del archivo de audio y su URL.

E. Optimizar las noticias de actualidad

1. Creación

Si ha reservado en su sitio un espacio dedicado a las noticias de actualidad y desea que se indexen en Google Noticias, aquí encontrará algunos consejos:

Puede que una parte de su competencia tenga presencia en esta sección, pero plantéese la pregunta: ¿será relevante para su sitio una sección de noticias?, ¿tiene algo que decir en este sentido?

El requisito previo a la indexación es, lógicamente, la existencia de una sección **Actualidad** en su sitio lo suficientemente distinta del resto del contenido.

- Cree una carpeta específica para las noticias en su servidor web.
- Asegúrese de que puede alimentar regularmente esta sección con contenido relevante (y no solo con información de sus productos).
- Es mejor que disponga de un equipo de redacción: la indexación en Google Noticias no resulta sencilla.
- Una URL por artículo: asegúrese de ello cada vez que lance una noticia.

> La URL debe contener, como mínimo, un número de tres cifras.

2. Indexación en Google de las noticias de actualidad

Google ofrece a los editores una herramienta de ayuda para esta funcionalidad, accesible desde: https://support.google.com/news/publisher-center/answer/9607025?hl=es

Aquí encontrará consejos y el enlace a la herramienta de inscripción en Google Noticias.

F. Optimizar los documentos

Uno de los logros en la evolución de las herramientas de búsqueda es la indexación de documentos. No es raro que aparezcan archivos PDF o .docx en las SERP.

Si desea optimizar algunos de sus documentos desde una óptica de SEO, piense en:

- prestar atención al contenido textual,
- prestar atención al título,
- prestar atención a la URL,
- hacer que su documento no pese demasiado.

Estos consejos valen para ambos formatos: Acrobat Reader y Word.

Puede ser interesante que ofrezca documentos PDF en su sitio: por ejemplo, libros blancos, guías, recetas, etc.

> Hay muchas herramientas en línea para comprimir el tamaño de los archivos PDF. Aquí puede encontrar una herramienta en línea gratuita: https://pdfcompressor.com/

Puede ofrecer guías sobre los pueblos de los alrededores.

> También podría suceder que le interese precisamente lo contrario, es decir, que no se indexen sus archivos PDF. En ese caso, inserte en el encabezado HTTP una etiqueta X-Robots-Tag :nonindex.
>
> (por ejemplo, si cree que los internautas descargarán los PDF sin antes visitar su sitio)

G. Contenidos generados por los internautas

Le recomendamos que no indexe el contenido generado por los internautas, como, por ejemplo, los comentarios en un blog: Google suele considerarlos spam.

H. Futuro próximo

Acabamos de verlo: el comportamiento de los internautas evoluciona siguiendo los pasos de los avances tecnológicos que ofrecen los motores (resultados de búsqueda universal y datos estructurados).

Además, se está trabajando mucho en el reconocimiento de formas y colores: no hay duda de que la indexación de medios de comunicación también evolucionará siguiendo un enfoque semántico donde los motores de búsqueda cada vez «comprenderán» mejor el contenido de las imágenes y los vídeos.

Va a agregar vídeos a su blog y también a rehacer algunas fotos para mejorar su calidad.

Además, ha redactado algunas guías sobre los pueblos de los alrededores con la colaboración de la oficina de turismo. Las ofrecerá en el sitio en formato PDF y estarán disponibles para descargar después de completar un formulario, que le permitirá obtener contactos.

Decide no participar en Google News por el momento: no tiene suficiente material.

Capítulo 10
Criterios off page: Netlinking

A. Índice de popularidad

Ya ha optimizado los criterios relacionados con el contenido de las páginas. Ha realizado una red o malla interna de sus páginas y ha insertado las palabras clave en las diferentes áreas de contenido. Ha optimizado cada página para una solicitud principal y ha trabajado en el campo semántico de sus palabras clave.

Las técnicas de optimización que presentamos en este capítulo se refieren a los denominados «criterios off-page», ya que no están directamente relacionados con el contenido de la página. Hace tiempo que Google integró estos criterios en su algoritmo para combatir la indexación de spam; teóricamente son menos fáciles de manipular que los criterios in-page que hemos visto anteriormente y que están vinculados al contenido de las páginas.

Dispone de varias técnicas para lograr este objetivo de popularidad. La primera de ellas es el netlinking; la primera... pero no la única.

Lisa y llanamente: su popularidad aumenta cuando muchas páginas de calidad hablan de usted y, en definitiva ¡de sus páginas!

La popularidad de una página se construye a largo plazo; es un trabajo constante de redes y relaciones que va a crear para que sus páginas sean conocidas de manera favorable por sitios asociados y por Google.

Esto significa que ahora sus páginas necesitan backlinks interesantes, lo que en el contexto de SEO significa enlaces de referencia y calidad según Google, porque son ellos los que potencialmente aumentarán la popularidad de sus páginas y quizá su posicionamiento en las SERP.

1. El criterio

Para lograr el objetivo de posicionamiento, sus páginas deben recibir una buena puntuación de Google y, para ello, deben ser populares, es decir, disponer de una serie de enlaces entrantes (backlinks) de buena calidad. Este criterio de popularidad se conoce habitualmente como **PageRank**.

Si está interesado en el algoritmo del PageRank puede leer la documentación publicada por los cofundadores de Google (en inglés) en esta dirección:
http://infolab.stanford.edu/pub/papers/google.pdf

La popularidad de las páginas, medida por indicadores que incluyen la calidad de los enlaces entrantes, desempeña un papel importante en los criterios de relevancia de los motores de búsqueda.

Para calcular el índice de popularidad, los motores introducen en la ecuación:

- el número de enlaces entrantes externos e internos al sitio,
- la calidad de los enlaces, que depende de la nota atribuida por los motores a la página de origen del enlace.

La nota de su página puede verse perjudicada por:

- el hecho de que uno o varios backlinks procedan de una página que contiene un gran número de enlaces no relacionados entre sí,
- el hecho de que la página de origen incluya demasiado enlaces,
- el hecho de que la página de origen no esté bien calificada...

2. El cálculo del PageRank

PageRank (PR) es el índice de popularidad de la página que le atribuye Google. El PageRank de una página aumenta con la cantidad y la calidad de los enlaces entrantes.

Recapitulamos a continuación lo esencial:

Augmenta el PR	Disminuye el PR
Contenido interesante	Poco contenido
Contenido actualizado regularmente	Contenido raramente actualizado
Enlaces entrantes provenientes de una página bien calificada	Enlaces entrantes provenientes de una página mal calificada
Enlaces entrantes provenientes de una página que contienen menos de 50 enlaces	Enlaces entrantes provenientes de una página donde los enlaces no tienen coherencia
Texto de los enlaces bien escogido	Texto de los enlaces sin palabras clave

¿Desea conocer más detalles sobre la fórmula? Aquí: https://ahrefs.com/blog/es/google-pagerank/. Y para tener más información sobre la evolución de PageRank, también puede consultar https://copymate.app/es/blog/multi/page-rank-historia-y-evolucion-del-algoritmo-de-clasificacion-de-paginas-web-por-google/

B. Evaluar el netlinking

1. Herramientas

Para hacerse una idea precisa de las páginas que apuntan hacia las de usted, es decir, de la cantidad y la calidad de sus backlinks, utilice las herramientas disponibles en línea; por ejemplo, Open Site Explorer, que encontrará aquí: https://moz.com/link-explorer

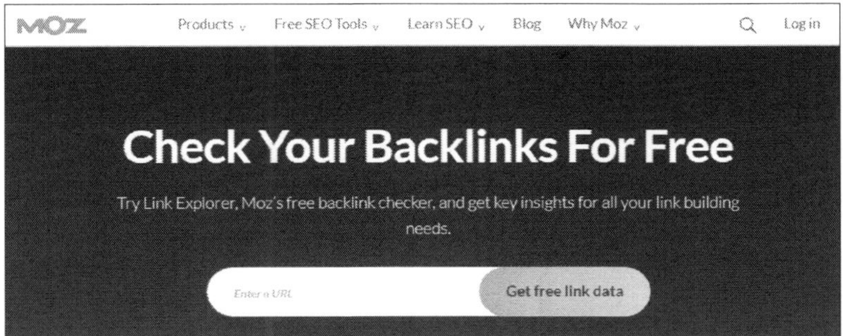

He aquí otra herramienta que evalúa su netlinking: https://www.openlinkprofiler.org.

Basta con que introduzca el dominio que quiere probar y obtendrá una primera aproximación gráfica de la información sobre su netlinking, tal y como muestra esta imagen.

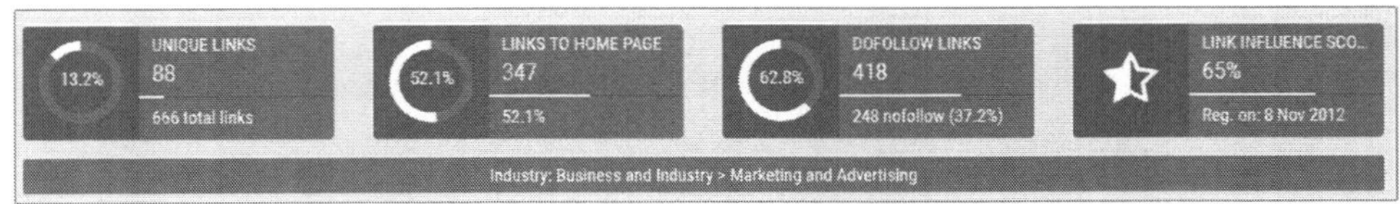

Encontrará una lista de herramientas para probar su netlinking en el capítulo Herramientas para webmasters, pero en esta dirección también puede ver una lista: https://www.posicionamiento-web-salamanca.com/blog/seo/7-herramientas-para-analizar-los-enlaces-entrantes/

2. Consejos

Lo que vamos a decir ahora es casi de sentido común, pero nunca está de más recordar los consejos básicos.

Un enlace de calidad es aquel que:

- es relevante en el contexto de la página,
- dirige a los visitantes hacia información relacionada,
- proviene de un contenido útil y original,
- agrega valor al contenido que ofrece.

C. Optimizar los enlaces

Debido a la naturaleza de internet y del enlace de hipertexto en sí, la presencia de un enlace constituye un incentivo para hacer clic y, por lo tanto, aumenta potencialmente el número de visitas a la página destinataria del enlace.

Su objetivo es lograr la difusión de su enlace en sitios asociados, amigos, complementarios, etc., con el fin de aumentar la notoriedad de sus páginas y el tráfico en su sitio.

Un enlace externo o backlink es un enlace ofrecido por un webmaster en su sitio para alentar a su usuario a visitar el sitio destinatario del enlace.

Para que un webmaster ofrezca un enlace a su sitio, debe, por supuesto, juzgar que el contenido de sus páginas es lo suficientemente relevante y coherente como para sugerir a sus propios usuarios que lo visiten.

Un enlace en un sitio externo que apunta a sus páginas constituye un potencial significativo de visitas nada despreciable y una oportunidad para aumentar su PageRank.

La presencia de enlaces externos puede conseguir:

- visitas directas porque se anima al visitante a hacer clic en este enlace,
- visitas indirectas gracias a un mejor posicionamiento de sus páginas en las herramientas de búsqueda, obtenidas con una mayor popularidad.

Su objetivo es dar a conocer mejor su sitio, en particular a través de enlaces externos, pero se trata de obtener enlaces de buena calidad. Aquí, la calidad de los enlaces cuenta más que la cantidad: ¿de qué sirve estar presente en la página de cualquier sitio que enumere una multitud de enlaces sin denominador común?

1. ¿Dónde colocar los enlaces?

No todas las ubicaciones tienen el mismo valor para el SEO. Idealmente, sus enlaces se colocarán lo más alto posible en el contenido, siempre que estos enlaces sean semánticamente coherentes con el texto.

2. Calidad de los enlaces

¿Tiene su sitio asociado una buena reputación en esta área? Use las herramientas de auditoría de netlinking que hemos mencionado antes para averiguarlo.

3. ¿Dónde dar difusión a los enlaces?

Para distribuir o compartir sus enlaces, puede elegir diversos tipos de actores:

a. Dé prioridad a...

Directorios generalistas

La presencia de sus páginas en los directorios o en la parte de directorio de los motores de búsqueda constituye una ventaja para el posicionamiento de sus páginas en los motores en relación con sus palabras clave.

Dé prioridad a las categorías en las que no haya demasiados enlaces (menos de 50 preferiblemente); de lo contrario, el índice de calidad del enlace disminuye.

Google puede depreciar a su conveniencia la calidad de estos backlinks al considerar, por ejemplo, que un directorio no es más que una lista de vínculos.

Directorios temáticos y geográficos

Envíe sus páginas a directorios relacionados con su tema o su área geográfica.

De este modo, obtendrá tráfico de calidad porque el visitante habrá escogido este directorio en función del tema tratado.

Tenga en cuenta, sin embargo, que sus backlinks obtendrán mejores calificaciones si provienen de un sitio que ofrece contenido editorial auténtico.

Portales de recursos

Estos sitios ofrecen un conjunto de recursos y materias relacionados con un tema en particular.

También recibirá visitas de calidad de este tipo de sitios especializados, ya que los visitantes han venido a buscar información sobre un tema en particular.

Para su sitio, buscará portales turísticos, por ejemplo, o portales regionales responsables de informar al visitante sobre su área: estos sitios pueden estar interesados en una web como la suya.

Socios comerciales

También puede ofrecer intercambios de enlaces a sus socios comerciales: sitios que ofrecen servicios complementarios a los suyos o productos que pueden asociarse con los suyos.

Este intercambio de enlaces será beneficioso para usted y para su socio.

Sitios que ofrecen información complementaria a la suya

Puede ofrecer enlaces a sitios que traten un campo relacionado o complementario al suyo.

De este modo, el sitio asociado enriquece su contenido con un servicio adicional, y usted también.

b. Evite...

Algunas propuestas o posibilidades deben evitarse en términos de intercambio de enlaces.

Google penaliza estas prácticas a través de la actualización Penguin integrada en su algoritmo principal.

Las granjas de enlaces o link farms

Hay sitios web en Internet que le permiten participar en programas de intercambio de enlaces.

El principio es simple: usted distribuye un enlace desde un sitio asociado, y el sitio asociado le corresponde distribuyendo su enlace. Pero cuidado: estas granjas de enlaces no son muy interesantes: presentan páginas que contienen largas listas de enlaces.

Un enlace a su página en este tipo de herramienta penalizará su sitio: evítelos.

Los enlaces de pago (paid links)

Hay sitios web en Internet que venden enlaces; se ha convertido en un auténtico negocio. Evite usarlos para no arriesgarse a ser penalizado por Google.

Para su sitio turístico, buscará, por ejemplo, sitios que ofrecen actividades de ocio en su región, como actividades al aire libre (ciclismo de montaña o senderismo, equitación, etc.). Estos sitios también podrían estar interesados en un sitio como el suyo, que les permita completar su oferta. Esto se negocia caso por caso.

De todos modos, y para que este proceso de intercambio de enlaces sea potencialmente eficaz en términos de popularidad, escoja sitios que **aparezcan y estén bien posicionados en las herramientas de búsqueda**; lo mejor sería elegir sitios que tengan un PageRank elevado (6 o 7).

Las herramientas de búsqueda también pueden ayudarle en esta elección de socios; de hecho, puede pedirles que busquen sitios cercanos al suyo.

→ En Google, inicie por ejemplo una consulta con la sintaxis siguiente:
`related: casas rurales en Cantabria`
Google busca las páginas que tratan temas similares.

En la parte inferior, verá la lista de búsquedas asociadas, lo que puede darle algunas pistas:

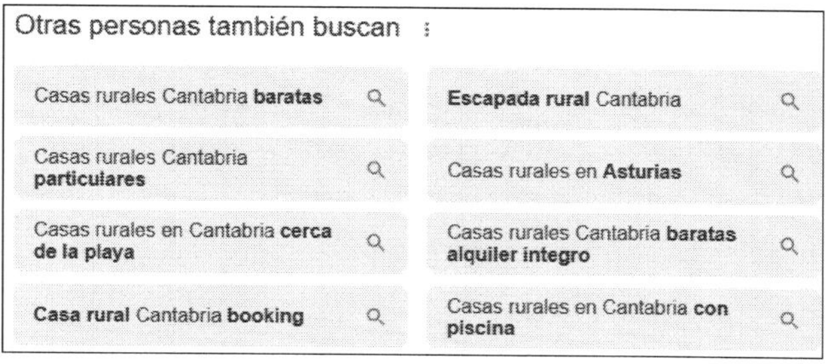

De este modo, obtiene un conjunto de sitios con los que posiblemente podría contactar para sus intercambios de enlaces.

Un programa de intercambio de enlaces puede permitirle promover su sitio y aumentar la popularidad de sus páginas de manera efectiva, pero aún tiene que elegir bien los sitios asociados.

Tenga en cuenta lo siguiente para hacer su elección:

- Los sitios preseleccionados deben tratar un tema complementario o relacionado con el suyo.
- Estos sitios deben ser interesantes por el contenido que ofrecen a los usuarios de Internet. Visítelos antes de decidir.
- No elija sitios que sean su competencia directa: habría demasiado riesgo de perder un cliente potencial.
- Los sitios asociados deben tener, a su vez, socios que presenten contenido relevante e interesante.
- Los sitios preseleccionados deben estar presentes en las herramientas de búsqueda e idealmente bien posicionados en las SERP en consultas relevantes.
- Las páginas preseleccionadas deben tener un buen índice de confianza.
- Los sitios deben tener un espacio previsto para enlaces externos.

Estar vinculado con una página, con un sitio que trabaje un campo relacionado con el suyo, complementario, resultará muy interesante: aumenta efectivamente la popularidad de su sitio y atrae, así, a los internautas potencialmente interesados en su oferta, en su contenido, y esto puede generar contactos de calidad (solicitud de cita, pre-pedido, solicitud de presupuesto...).

En esta búsqueda, también deberá variar las fuentes. Preocúpese de elegir:

- sitios de diferentes tamaños,
- sitios antiguos o recientes,
- sitios sobre su tema o temas relacionados,
- sitios de diversos campos,
- sitios tipológicamente diferentes: blogs, redes sociales, foros, wikis, sitios institucionales.

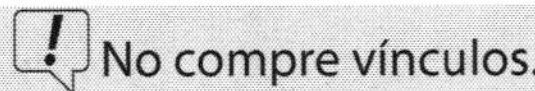

4. Marca temporal o timestamp

Google marca la fecha y la hora de casi toda la información recibida: dominio nuevo, página nueva, fecha de actualización de la información.

Del mismo modo, Google detecta cuando una página recibe muchos enlaces a la vez, y eso no es una buena señal.

Un criterio de calidad de netlinking: recibir regularmente backlinks variados de páginas bien calificadas .

D. Linkbaiting

Si está interesado en el SEO, es posible que haya oído hablar del concepto de Linkbaiting. Pero ¿qué es exactamente?

Se trata, sobre todo de un concepto de marketing aplicado al SEO o cómo crear contenido para atraer a los webmasters y hacer que quieran crear enlaces hacia nuestras páginas.

Este contenido se encarga de atraer visitantes (más tráfico) y generar enlaces entrantes a sus páginas (popularidad).

Le toca a usted reflexionar sobre qué contenido impactante y extraordinario podría desempeñar este papel. Aquí tiene algunas ideas:

- Publique una entrada en la que adopte una postura sobre un tema determinado en relación con su sector.
- Publique una entrevista excepcional; por ejemplo, con un invitado distinguido que se ha alojado en sus habitaciones.
- Publique una página en la que ofrezca regalos después de participar en una encuesta o un concurso.

En resumen, necesita encontrar una idea original, un artículo fuera de lo común, que esté a la altura de la exclusiva. Por supuesto, esto es más fácil decirlo que hacerlo.

Una vez que se publique el artículo, haga ruido, difúndalo a través de las redes sociales en las que esté activo.

E. Índice de confianza

El trust rank o índice de confianza otorgado por Google a un sitio web parece que forma parte del algoritmo de clasificación de la página, aunque no hay ninguna certeza sobre este tema.

¿Cuáles son estos criterios de confianza?

Parece que entran en juego varios factores, incluyendo:

- la antigüedad del dominio,
- el tamaño del sitio (número de páginas),
- el tráfico observado en el sitio,
- la inserción (o no) de cierta información en las páginas: dirección, contacto, etc.

Pero no son los únicos, ni mucho menos.

En el sitio web de Elliance encontrará una infografía resumida que incorpora estos criterios:
http://www.elliance.com/media/61409/trustrank_factors.pdf

F. Ideas principales sobre la notoriedad y la popularidad

Todas las acciones que se lleven a cabo en términos de promoción del sitio están destinadas a:

- aumentar la popularidad de sus páginas,
- aumentar la notoriedad de su sitio,
- generar tráfico en su sitio web.

Los motores de búsqueda tendrán en cuenta el criterio de popularidad a la hora de indexar y calcular el posicionamiento de sus páginas en una o más palabras clave.

Cuanto más popular sea su página, mejor se colocará en los resultados de los motores sobre las palabras clave consideradas.

Para resumir, si desea optimizar su popularidad:

- Desarrolle una política de intercambio de enlaces con sitios asociados bien elegidos.
- Promocione su sitio.
- Cuide el contenido para que los webmasters consideren interesante sugerir visitar su sitio.
- Registre su sitio lo antes posible en los directorios.
- Elija sus sitios asociados con cuidado.
- Cree una buena red interna.
- Cuide el texto de tus enlaces internos.

Ahora ya habrá hecho todo lo posible para anunciar el lanzamiento de su sitio, aumentar su notoriedad y la popularidad de sus páginas.

Para terminar, he aquí un cuadro resumen de las acciones recomendadas para aumentar la popularidad de sus páginas y optimizar la notoriedad de su sitio.

Popularidad
Cuide el contenido de sus páginas. Actualícelas regularmente. Haga intercambios de enlaces. Elija sus sitios asociados cuidadosamente. Ponga palabras clave en el texto de los enlaces.

Construya su sitio para el internauta, no para los motores.

Sin embargo, en un discurso pronunciado a finales de 2023, durante la conferencia PubCon, Gary Illyes, del equipo de Google Search, afirmó que los backlinks ya no se encuentran entre los tres factores principales de clasificación de Google.

Acutalmente, los tres criterios más relevantes para el posicionamiento son:

- la calidad del contenido,
- la interacción del usuario con la página,
- y la capacidad de responder a la intención de búsqueda.

En conclusión, aunque los enlaces entrantes han perdido prioridad, siguen siendo un componente importante de la estrategia SEO, ya que contribuyen a diversificar las señales de autoridad y mejorar la credibilidad del sitio.

Fuente:
https://www.ranktracker.com/es/blog/googles-gary-illyes-explains-why-negative-seo-doesnt-work/

Capítulo 11
Envoltorio técnico

A. Introducción

En este capítulo, repasaremos otros elementos que pueden influir en el posicionamiento de sus páginas y que se relacionan más específicamente con lo que llamamos en este capítulo el «envoltorio» técnico del sitio.

B. Dominio, URL y más

Para optimizar sus posibilidades, también puede colocar palabras clave en:

- Su nombre de dominio: su nombre de dominio será más efectivo en cuanto a posicionamiento si contiene una palabra clave, aunque esto a menudo es más complejo de llevar a cabo. De hecho, el nombre de dominio es con frecuencia el nombre de la empresa, y el nombre de la empresa generalmente es anterior al lanzamiento del sitio web.
- Nombres de archivo: las URL de sus páginas, si contienen palabras clave, aumentan sus posibilidades de indexación y posicionamiento.

1. Palabras clave en los nombres de dominio

Esto solo le concierne si aún no ha comprado su nombre de dominio o si aún no ha elegido un nombre para su nuevo negocio.

Es fundamental tener un nombre de dominio propio y evitar direcciones URL como https://miempresa.wordpress.com/.

La elección de la extensión del nombre de dominio también es importante, en función de su público objetivo: .com para un sitio internacional, .es para un sitio español, etc.

Tenga en cuenta asimismo que, para Google, cuanto más antiguo sea el dominio, mayor será la puntuación de confianza que dará a las páginas y esto redundará positivamente en su rango.

En el caso de nombres compuestos o frases clave, use el guion como separador.

Por lo tanto, sería mejor comprar vacaciones-cantabria (siempre que esté libres, por supuesto) en lugar de vacacionescantabria (que el motor consideraría como una sola palabra).

Para averiguar la disponibilidad de un nombre de dominio (y comprarlo si es necesario), puede usar https://www.cdmon.com/es/dominios/whois.

También puede aumentar la presencia de palabras clave en los nombres de dominio utilizando subdominios, sin abusar de ellos. Los subdominios se obtienen a partir del nombre de dominio.

*Por ejemplo, si posee el dominio **vacaciones-cantabria.com**, puede crear los siguientes subdominios: **habitaciones.vacaciones-cantabria.com, casas.vacaciones-cantabria.com...***

Así, puede ser conveniente tener varios «minisitios» en lugar de un sitio grande. Póngase en contacto con su proveedor de dominios para averiguar si tiene esta posibilidad.

Preste atención a la hora de elegir su nombre de dominio: es el primer contacto del usuario con su sitio web o blog.

- Busque lo simple y elija un nombre que sea fácil de escribir, ni demasiado corto ni demasiado largo.
- En el caso de una palabra compuesta, use el guion para separar las palabras.
- Respete las reglas: el nombre de dominio puede contener letras de la A a la Z y números del 0 al 9 pero no caracteres acentuados.
- Asegúrese de que el dominio está disponible.

Aquí encontrará algunos buenos consejos para elegir un nombre de dominio: https://es.wix.com/blog/2019/11/como-elegir-nombre-de-dominio/

WIXBlog Categorías

Buscar... Suscríbete Crea tu página web

CREACIÓN Y DISEÑO WEB

¿Cómo elegir el mejor nombre de dominio?

https://www.handbagstore.com

La elección de un nombre de dominio no es una tarea fácil. Quizás ya tengas muchas ideas en mente pero elegir un buen nombre de dominio va más allá de eso. Así como elegir el nombre de una empresa, los nombres de dominios web juegan un papel crucial en la marca y credibilidad de tu sitio, e incluso pueden influir en su posicionamiento en los resultados de búsqueda.

El nombre de tu página web estará contigo por mucho tiempo, por lo que es importante elegirlo cuidadosamente, en este artículo te damos 10 consejos para elegir un nombre de dominio que beneficie tu negocio, sea inolvidable y fácil de buscar.

Para comprender completamente qué es un dominio, primero debes darte cuenta de que tiene un impacto directo en todas las áreas de tu presencia en línea:

- **Confiere profesionalidad:** actuando como la dirección de tu marca en línea, un

Hay disponibles nuevas extensiones para los internautas. Explore las posibilidades que se le ofrecen.

Para saber más sobre el registro de nombres de dominio, puede consultar esta página: https://www.dominios.es/es/sobre-dominios/normativa.

2. Certificado SSL

El **certificado SSL** (*Secure Socket Layer*) es un protocolo esencial para garantizar la seguridad en la web. Permite cifrar los datos que se transmiten entre el navegador del usuario y el servidor, asegurando así su confidencialidad e integridad. Los motores de búsqueda, como Google, valoran positivamente la implementación de conexiones seguras.

De hecho, en 2014 Google anunció que el uso del protocolo HTTPS pasaría a ser una señal de posicionamiento en los resultados de búsqueda. Los sitios que utilizan HTTPS suelen obtener una ligera ventaja en la clasificación respecto a los que no utilizan una conexión segura.

Los proveedores de alojamiento suelen ofrecer varios tipos de certificados SSL según las necesidades del proyecto. En muchos casos, se incluye un certificado básico gratuito al contratar el servicio de alojamiento.

Para migrar un sitio al protocolo HTTPS instalando el certificado SSSL, puede seguir la guía completa disponible en Kinsta: https://kinsta.com/es/blog/http-a-https/.

3. Palabras clave en los nombres de archivos y de carpetas

Considere también optimizar las URL de sus páginas eligiendo sabiamente los nombres de sus archivos y carpetas.

Una URL del tipo **www.misitio.com/vacanciones/habitaciones-casa-rural.html** sería mucho más efectiva que una URL del tipo **www.misitio.com/html/page1.html**, que no contiene ninguna palabra clave y que además no informa al internauta sobre el contenido de sus páginas.

Piénselo al construir el esquema técnico de su sitio.

Wikipedia da la definición de URL aquí:
https://es.wikipedia.org/wiki/Localizador_de_recursos_uniforme

Las siglas **URL** (del inglés *Uniform Resource Locator*, literalmente «localizador uniforme de recursos»), que se reemplaza informalmente por el término «**dirección web**», indica una cadena de caracteres que se utiliza para abordar los recursos de la World Wide Web: documento HTML, imagen, sonido, foro de Usenet, buzón de correo electrónico, entre otros.

4. Consejos sobre la estructura del sitio

He aquí algunos consejos adicionales sobre la estructura recomendada para su sitio web:

- El contenido debe ser indexable; esto es lo mínimo.
- El contenido no solo debe estar correctamente etiquetado, sino también semánticamente etiquetado: use las etiquetas title, hn, alt...
- Utilice formatos semánticos: microdatos, microformatos, RDFa.
- Organice los archivos y las carpetas de su sitio jerárquicamente: por lo tanto, muestre las migas de pan (hilo de Ariadna).
- Informe a Google de la estructura de su sitio a través del mapa del sitio XLM (móvil, vídeos, imágenes, blogs, etc.).
- No olvide proporcionar el archivo robots.txt.
- Considere insertar un motor de búsqueda en su sitio.
- Gestione las páginas de error 404: como ya sabrá, las páginas 404 aparecen cuando el usuario hace clic en un enlace roto (la página no existe). Personalice estas páginas de error con su logotipo, un texto y un enlace a una página de su sitio.

- Es esencial utilizar las Google Webmasters Tools. Volveremos a ello con más detalle en la última parte de este libro.

Ciertas características de sus páginas o ciertas técnicas utilizadas pueden bloquear el paso de los robots o perjudicar la indexación de sus páginas.

C. Sitemap

1. ¿Sitemap?

La forma más segura de darle a Google la lista de páginas de su sitio es proporcionarle un mapa en uno de los formatos especificados por el motor.

a. Fundamentos

Google Sitemap es un archivo que contiene la lista de páginas para indexar. Se puede agregar cierta información a este archivo sobre ciertas propiedades de la página.

No es una garantía de indexación, y menos una garantía de posicionamiento; este mapa solo está destinado a facilitar la indexación de todas las páginas de su sitio.

> Este es el sitio oficial: http://www.sitemaps.org/es/

b. Formatos del archivo

Puede enviar este archivo a Google en diferentes formatos.

- Protocolo Sitemap: es un formato XML; la lista de URL se puede enriquecer con información en las páginas. Para crear este formato de archivo, Google le ofrece un generador de archivos.
- Fuente de sindicación RSS y ATOM: dé prioridad a este formato solo si su sitio ya tiene una fuente.
- Archivo de texto: esta es la solución más simple, pero no permite agregar información en las URL. A continuación, puede transformarlo en un archivo que respete el protocolo Sitemap utilizando el generador propuesto por Google.

Para obtener más información, visite el centro de ayuda para webmasters de Google y la página dedicada a este archivo:
https://developers.google.com/search/docs/crawling-indexing/sitemaps/build-sitemap?ref_topic=4581190&visit_id=638419480391500708-1956196096&rd=1&hl=es

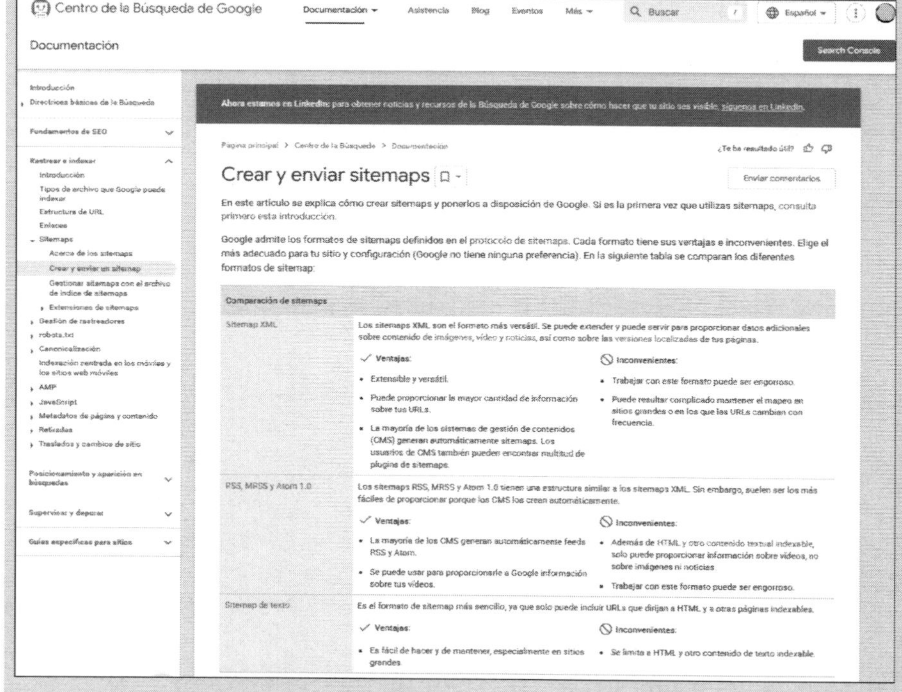

c. Algunas reglas

He aquí algunas de las reglas que proporciona Google:

- Un sitemap contiene una lista de URL; también puede contener otros sitemaps.
- El límite que no se debe exceder es de 50 000 URL o 10 MB.
- Respete la misma sintaxis para todas las URL: por ejemplo, todas las URL comenzarán con: http: //www.misitio.com...
- Indique las URL completas de sus páginas.

Para obtener más información, visite el blog de Google dedicado a este tema: https://developers.google.com/s/results/search/blog?q=sitemap%20google&text=sitemap%20google

Bien, pero ¿y si concretamos?

2. Crear y enviar el archivo sitemap

a. Crear el archivo

Para que Google disponga del archivo sitemap de su sitio, deberá seguir estos pasos:

- Abra una cuenta de Google para poder enviar el archivo sitemap al motor.
- Cree el archivo en uno de los formatos especificados, ya sea a mano (o tecleando, deberíamos decir en este caso) o usando una de las herramientas disponibles en línea; por ejemplo, el generador de Google o esta otra herramienta disponible en la siguiente dirección: https://www.xml-sitemaps.com u otras.

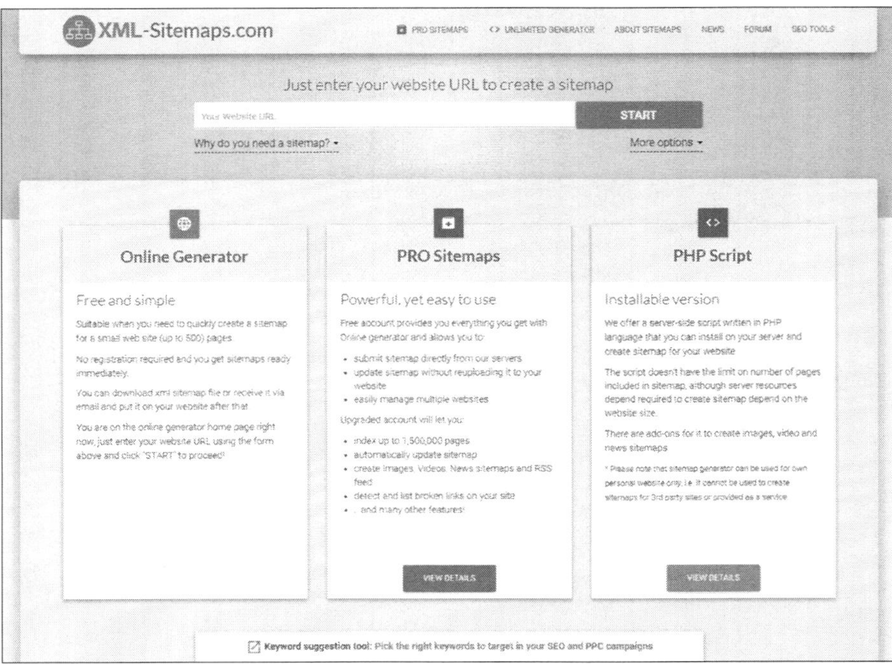

- Declare su archivo a Google: esto consiste en colocar el archivo en el servidor e indicarle a Google que dicho archivo existe.

b. Enviar el archivo a Google

Puede abrir una cuenta en Google de forma rápida y gratuita completando un pequeño formulario. El hecho de abrir esta cuenta, una vez validada por el motor de búsqueda, le dará acceso, entre otras cosas, a la Consola de Google para webmasters (https://search.google.com/) en la que dispondrá de la interfaz adecuada para enviar su archivo.

Google verifica que usted es el propietario del sitio o una persona autorizada para depositar archivos en el servidor del sitio en cuestión: solo tiene que instalar en el servidor un archivo HTML vacío con el nombre que Google le indicará.

La interfaz de Google Search Console le informa sobre la inclusión de este archivo por parte del motor, así como sobre posibles errores.

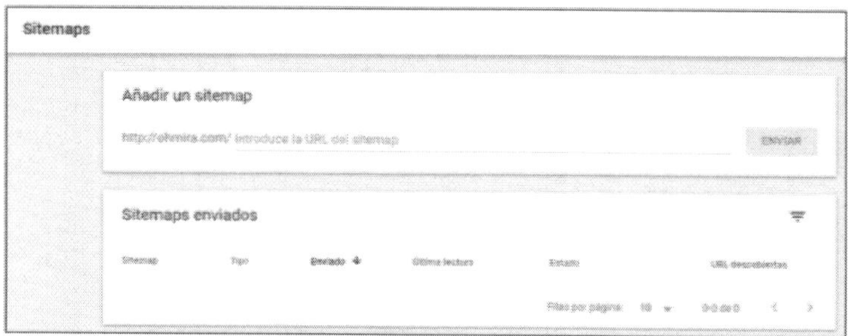

También usará esta interfaz para:

- crear archivos de sitemap específicos: vídeos, móvil, etc,
- actualizar su archivo sitemap.

> Vaya a la última parte de este libro para obtener información sobre la consola de Google.

D. Tecnologías, gadgets y motores

Como hemos visto, los motores reconocen y saben descifrar el texto HTML, ya se coloque como texto visible o en metaetiquetas.

Surgen muchos más problemas cuando se trata de animaciones, scripts y páginas dinámicas, así que tenga cuidado con no abusar de estos elementos si desea optimizar su sitio para SEO.

Además, Google muestra primero en su índice móvil las páginas más livianas y, por lo tanto, las que se cargan más rápidamente.

1. El código

a. Los scripts

El lenguaje JavaScript y algunos conocimientos de programación le permiten agregar interactividad a sus páginas HTML.

Los scripts de JavaScript no bloquean los motores, pero si codifica funciones de JavaScript, estas se colocan en la parte HEAD de sus páginas y, por lo tanto, hacen descender la posición de las metaetiquetas, de la etiqueta title y del contenido visible de sus páginas.

Recuerde, pues, reubicar la etiqueta del título y las metaetiquetas keywords y description lo más arriba posible en sus páginas para no penalizar la indexación. Ubique el código JavaScript en un archivo externo, al cual sencillamente llamará desde su página HTML.

b. La navegación

A poco gráfico y sofisticado que sea, el sistema de navegación a menudo está codificado en JavaScript, incluidos, por supuesto, los enlaces que se agregan en el sistema. Sin embargo, los motores no pueden seguir estos enlaces.

Para optimizar la indexación de sus páginas, es mejor hacer que los enlaces de JavaScript sean compatibles con los robots.

Veamos cómo:

En lugar de escribir, por ejemplo:

```
<a href=javascript:window.open
('pagina_enlazada.htm','newwindow')">texto</a>
```

inserte la URL antes y use a continuación la referencia al objeto actual de la siguiente manera:

```
<a href="pagina_enlazada.htm" OnClick="window.open(this.ref) ;return false ;">
enlace de texto</a>
```

Para optimizar la indexación, diseñe su sistema de navegación usando hojas de estilos (CSS).

Encontrará en Internet numerosos recursos y códigos de ejemplo; por ejemplo, aquí:
https://www.creativosonline.org/blog/menu-html-css.html

c. La codificación

Algunos consejos adicionales para programar sus páginas:

- Construya un sitio compatible con W3C; eso es lo ideal.
- Haga que la etiqueta <h1> esté lo más arriba posible en el código, idealmente justo después de la etiqueta <body>.
- Nunca coloque una etiqueta <h2> encima de una etiqueta <h1>.
- Inserte solo el código necesario en la página (el resto estará en archivos externos).
- Use CSS para colocar sus elementos Flash o JavaScript en la página.

- Use HTML5, el nuevo estándar en la Web: este lenguaje resuelve muchos problemas relacionados con la interactividad de las páginas, el formato de los elementos en la página, el sistema de navegación, etc.

Si quiere aprender HTML5, CSS... vaya a https://lenguajecss.com/, donde encontrará una gran cantidad de información y tutoriales.

Ediciones Eni también dispone de un libro completo sobre tema titulado *HTML5 Y CSS3, Domine los estándares de creación de sitios web* escrito por Christophe Aubry.

Programe sus páginas preferiblemente en HTML5 y CSS3; de este modo obtendrá un código limpio y comprensible por los motores de búsqueda.

2. El tiempo de carga

El tiempo de carga de la página está teniendo un impacto creciente en su posicionamiento en las SERP. Detallaremos este aspecto en el capítulo siguiente Mobile First, dedicado al SEO móvil, pero aquí adelantamos ya algunos consejos:

- evite las etiquetas vacías (src o href),
- evite redireccionamientos,
- evite errores 404: verifique sus enlaces con su editor HTML.

3. Los redireccionamientos (errores 404)

Los redireccionamientos son útiles si su sitio cambia de dirección, por ejemplo. Pero las redirecciones también se han usado con exceso para optimizar la indexación.

Los motores no recomiendan estos métodos, sino una redirección de tipo 301 (moved permanently).

Para obtener más información sobre los estados de la página y los códigos de error, visite la página dedicada a este tema en el sitio web del W3C:
https://www.w3.org/Protocols/HTTP/HTRESP.html

4. Las URL complicadas

El servidor genera automáticamente las URL de páginas dinámicas. Los motores, y Google en particular, tienen problemas para indexarlas o no lo hacen en absoluto.

Si su sitio incluye páginas dinámicas, una de las soluciones es reescribir estas URL (URL rewriting); la mayoría de los hosts ofrecen esta característica.

De forma esquemática, esto consiste en construir una tabla de correspondencias entre las URL dinámicas y las URL deseadas (escritas «en texto plano»).

Para obtener más información, puede consultar, por ejemplo, este sitio:
https://es.ryte.com/wiki/URLs_Din%C3%A1micas

5. El archivo robots.txt

El archivo robots.txt es un archivo de texto que, instalado en la raíz de su sitio, proporciona instrucciones al robot del motor que va a indexar su página: le indica qué páginas leer o no leer, le dice qué hacer. Si falta este archivo, el robot sigue todos los enlaces en sus páginas para indexarlos.

Es probable que usted no desee que el motor visite todas sus páginas y que quiera dejar al margen, tal vez, las que contienen información más confidencial o páginas en construcción, por ejemplo, aún no terminadas.

En este caso, utilizando el archivo robots.txt, puede indicarle al motor:

- qué páginas o qué archivos visitar,
- qué páginas o qué archivos evitar.

a. Sintaxis

Si desea dar instrucciones para todo un sitio completo, cree su archivo robots.txt en el Bloc de notas de Windows utilizando las siguientes sintaxis:

- La instrucción **User agent** le permite especificar a quién se dirige:
  - * para todos los motores.
  - El nombre del robot para un motor en particular; por ejemplo, Googlebot para el robot de Google.
- La instrucción **Disallow** permite excluir una carpeta o un archivo de las visitas realizadas por el robot mencionado anteriormente.

Instrucción	Parámetros	Explicación
User agent	* Googlebot	Se dirige a todos los robots. Se dirige al robot de Google.
Disallow	/cgi-bin/ /presentacion/pagina.htm	Prohíbe al robot visitar la carpeta cgi-bin. Prohíbe al robot visitar el archivo «pagina» incluido en la carpeta «presentación».

Para su sitio, por ejemplo, ha planificado una sección «gastronomía», pero esta aún no está terminada cuando pone su sitio en línea, y no desea que los robots la visiten por ahora. Para ello, deberá crear el archivo robots.txt de la siguiente manera:

*User agent : **
Disallow : /gastronomia/

Para obtener más información sobre el uso de este archivo, puede visitar esta página (en inglés): www.robotstxt.org/db.html

b. Restricciones

El archivo robots.txt debe cumplir ciertas reglas para ser funcional:

- Debe colocarse en la raíz de su sitio en el servidor.
- El nombre del archivo debe ser: robots.txt.
- Solo debe haber un archivo robots.txt.
- Solo puede incluir una instrucción **User-agent**:.
- Solo debe haber una instrucción por línea.

- El principio básico es que todo lo que no está excluido está permitido.
- Los comentarios están precedidos por un signo #.

He aquí un ejemplo de un archivo robots.txt:

```
User-agent: *
Disallow: /carpeta-personal/
Disallow: /presentacion/pagina-temporal.htm
```

Encontrará más información en el siguiente foro, dedicado a este archivo (y al sitemap): http://www.webmasterworld.com/robots_txt/

c. Particularidades de Google

Para flexibilizar un poco el protocolo de este archivo, Google reconoce instrucciones adicionales:

- Autoriza el uso del carácter comodín * para reemplazar una cadena de caracteres.
- Autoriza la adición del carácter $ para indicar el final de un término.

Así, por ejemplo, si escribe `disallow: /docs/*.pdf`, Google no indexará los documentos PDF contenidos en la carpeta docs.

Algunos otros motores reconocen instrucciones que no forman parte de los estándares.

También puede informar a los robots de los motores página por página gracias a una etiqueta específica de metarrobot.

E. Los estándares de la Web

1. W3C y accesibilidad

La accesibilidad universal significa que cualquier persona puede acceder a su sitio (independientemente de que tenga alguna discapacidad) sin importar cómo ni dónde.

Ponga en línea un sitio bien hecho, accesible para la mayor cantidad de personas posible, incluidas aquellas que no pueden utilizar todos sus sentidos para navegar.

- Indique el idioma utilizado.
- Rellene las etiquetas alt (textos de reemplazo para las imágenes), útiles para invidentes, ya que «leen» con navegadores orales.
- Defina títulos únicos para cada página, que describan con claridad su contenido.
- Administre los scripts de forma que no se penalice la navegación en caso de que ciertos elementos estén desactivados (JavaScript, por ejemplo).

Para obtener más información sobre los estándares web, puede visitar http://www.w3c.org

a. Definición y recursos

¿Qué es un sitio web accesible?

Un sitio web (o blog) accesible permite a cualquier persona acceder a él de manera «equivalente», con independencia de:

- el navegador utilizado,
- la interfaz utilizada: teclado, ratón, etc.,
- el sistema operativo instalado,
- el dispositivo de visualización: tamaño de pantalla y resolución, etc.,
- la asistencia técnica necesaria para consultar sitios web/blogs (lupa, braille, etc.).

Pruebe la compatibilidad W3C de de su sitio con https://validator.w3.org/.

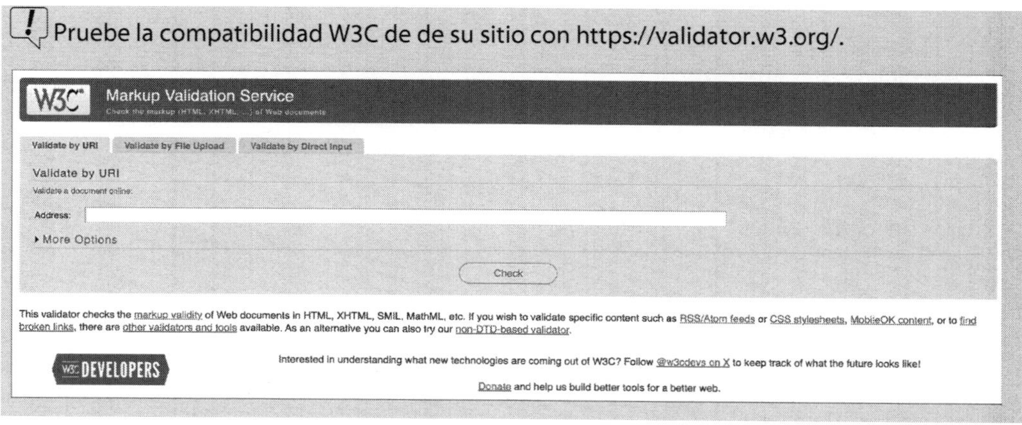

2. SEO y estándar

¿Qué relación hay entre SEO y accesibilidad? Para resumirla, digamos que el enlace entre ambos no es directo, pero cuanto más accesible sea su sitio, menos obstáculos encontrará para indexar sus páginas.

Sin embargo, el cumplimiento de los estándares W3C no le garantizará un buen posicionamiento en las herramientas de búsqueda.

He aquí algunas recomendaciones sobre accesibilidad:

- Utilice las tecnologías W3C: HTML5; codifique sus páginas de la mejor manera posible según estos estándares.
- Use archivos CSS para dar formato a sus páginas.

- Use las etiquetas de acuerdo con su significado semántico: las etiquetas de título <hn>, entre otras, pero también <p> para los párrafos, <strong> para resaltar una palabra (en lugar de <b>), etc.
- Diseñe enlaces explícitos que describan el contenido vinculado; esto es muy bueno, como hemos visto, para el SEO.
- Planifique un mapa del sitio que ayude al usuario a encontrar su ruta (y a los motores a seguir todos los enlaces en su sitio).
- Planifique contenido alternativo cada vez que inserte elementos de tecnologías no estándar (Flash, por ejemplo).

La accesibilidad se debe considerar más allá de los problemas de SEO. Para obtener más información, le recomendamos que visite el sitio W3C:
https://www.w3.org/WAI/fundamentals/accessibility-intro/es

Ha decidido verificar la compatibilidad de su sitio con los estándares web y optimizarlo si es necesario, incluso aunque no sea estrictamente necesario para el SEO.

F. El ojo del robot

Los robots de los motores no tienen una visión gráfica de sus páginas.

Asegúrese de que los motores de búsqueda entiendan bien sus páginas antes de ponerlas en línea e indexarlas.

Encontrará herramientas en línea que le permitirán mostrar su página tal y como la «ven» los robots; por ejemplo, Search Engine Spider Simulator de Small SEO Tools en:
https://smallseotools.com/es/spider-simulator/

- Escriba la URL.
- Ejecute el simulador.

Con esta «visión de robot», sin duda podrá optimizar aún más sus páginas y agregar algunos pequeños elementos olvidados.

Algunas herramientas también ofrecen pistas para optimizar su sitio web; es el caso, por ejemplo, de algunos plugins del navegador, como **webdeveloper**.

> Algunas herramientas también ofrecen pistas para optimizar su sitio web; es el caso, por ejemplo, de los plugins del navegador, como **webdeveloper** de Google Chrome: https://chromewebstore.google.com/detail/web-developer/bfbameneiokkgbdmiekhjnmfkcnldhhm?hl=es&pli=1

G. Resumen

Cree su sitio para el usuario de Internet, no para Google: el contenido es esencial.

Para finalizar esta parte, presentamos un pequeño resumen que le permitirá:

- no utilizar técnicas que puedan bloquear la indexación de sus páginas,
- no olvidar nada en la fase de optimización de sus páginas.

1. Lo que hay que evitar

Si no quiere perder su SEO, evite cuidadosamente:

- palabras clave mal pensadas,
- ausencia de etiquetas title,
- ausencia de etiquetas meta,
- el uso de técnicas de spamdexing,
- demasiada tecnología innecesaria,
- secuencias de comandos JavaScript mal ubicados,
- enlaces incomprensibles para robots,
- repetición prematura de palabras clave en la parte visible de la página,
- un sitio obsoleto o no actualizado,
- errores 404,
- sitios en construcción,
- la ausencia de su propio nombre de dominio,
- contenido duplicado.

2. Lo que hay que verificar

Si quiere tener éxito en su SEO y optimizar su posicionamiento, piense en:

- ponerse en el lugar del internauta,
- colocar con sentido común las palabras clave en la etiqueta title y en las etiquetas meta de sus páginas,
- optimizar sus medios de comunicación,
- ofrecer contenido relevante y original,
- colocar las palabras clave en las URL, en el nombre de dominio si es posible, en los nombres de página,
- colocar las palabras clave en las etiquetas de título y subtítulo,
- colocare las palabras clave en el texto de los enlaces,
- hacer que sus palabras clave resalten,

- evitar hacer trampa,
- cuidar la ubicación de las etiquetas en la sección HEAD,
- completar las etiquetas alt de las imágenes,
- respetar las normas de accesibilidad,
- optimizar los elementos multimedia de su sitio: imágenes, vídeos,
- proporcionar un mapa del sitio.

Capítulo 12
Mobile First

A. Mobile First

A principios de 2015, Google anunció que las páginas que no fueran compatibles con dispositivos móviles estarían peor posicionadas. Todo el mundo quedó advertido: las páginas web deben ser compatibles con dispositivos móviles o, lo que es lo mismo: su sitio/blog debe mostrarse correctamente y ser funcional en todos los tipos de soporte, pero principalmente en dispositivos móviles.

1. Compatibilidad móvil

Google ha establecido una serie de criterios que deben cumplirse y que deben ser válidos en todas las páginas.

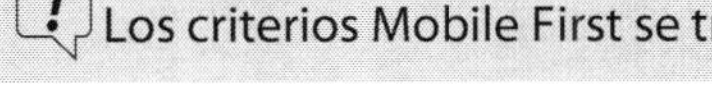

Los criterios Mobile First se trabajan página a página.

¿Cuáles son estos criterios?

- La página en cuestión no debe usar Flash (que, en cualquier caso, está viviendo sus últimos días).
- El contenido debe adaptarse al tamaño de la pantalla, es decir, la experiencia del usuario debe estar optimizada para cada tipo de pantalla: el usuario no debe necesitar hacer zoom o scroll horizontal para poder leerlo.
- Los enlaces en la página deben estar lo suficientemente espaciados como para poder hacer clic sin dificultad.
- De igual modo, los elementos táctiles deben estar lo suficientemente separados entre sí (5 mm como mínimo) como para poder usarse sin dificultad.
- Cuando la página muestre un anuncio, este no debe ocupar toda la pantalla.

Puede encontrar un listado de buenas prácticas en la página dedicada a este tema en el blog Google Search Central: https://developers.google.com/search/docs/crawling-indexing/mobile/mobile-sites-mobile-first-indexing?hl=es

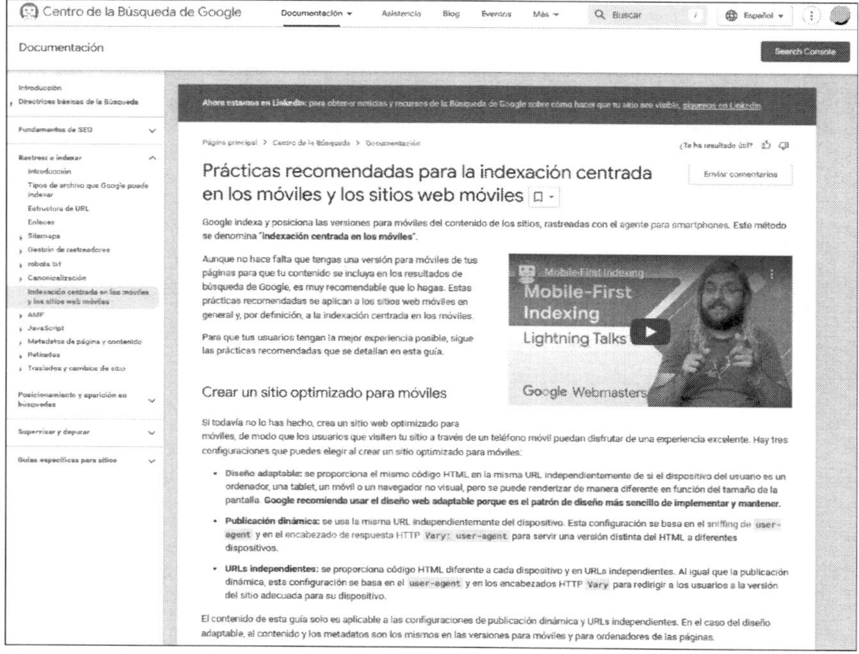

Ya sabe cuál es su objetivo, pero ¿conoce el camino?

2. Hacer que su sitio sea compatible

Existen cuatro métodos de obtener un sitio compatible con dispositivos móviles. No los detallaremos todos. Google recomienda el método Responsive Design (diseño adaptativo).

Cada método tiene ventajas y desventajas; depende de usted decidir cuál usar, según el destino y el objetivo de su sitio.

Como preámbulo, recomendamos leer la guía de Google dedicada al SEO aquí: https://support.google.com/webmasters/answer/7451184?hl=es y, en particular, el capítulo dedicado a los dispositivos móviles.

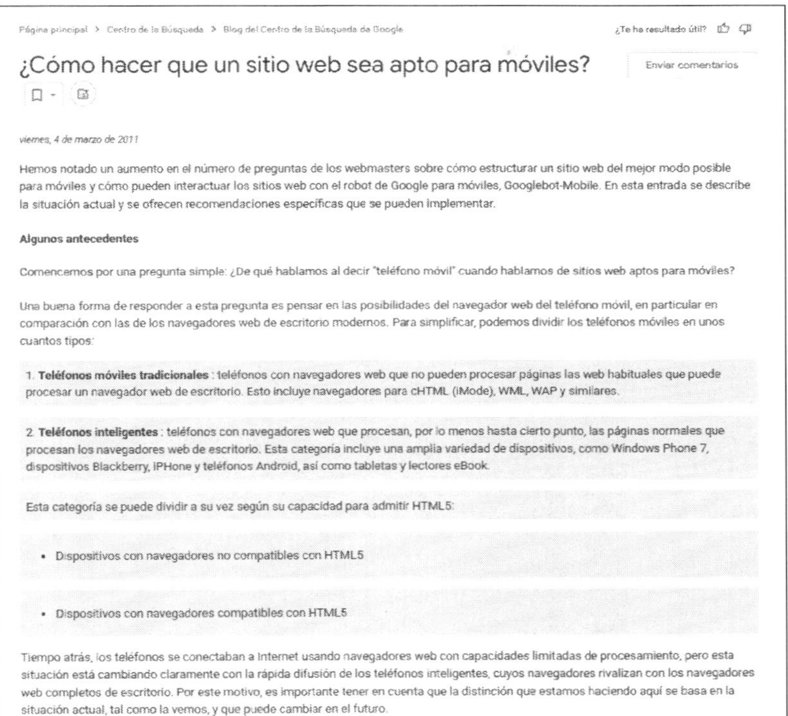

Página principal > Centro de la Búsqueda > Blog del Centro de la Búsqueda de Google ¿Te ha resultado útil?

¿Cómo hacer que un sitio web sea apto para móviles?

Enviar comentarios

viernes, 4 de marzo de 2011

Hemos notado un aumento en el número de preguntas de los webmasters sobre cómo estructurar un sitio web del mejor modo posible para móviles y cómo pueden interactuar los sitios web con el robot de Google para móviles, Googlebot-Mobile. En esta entrada se describe la situación actual y se ofrecen recomendaciones específicas que se pueden implementar.

Algunos antecedentes

Comencemos por una pregunta simple: ¿De qué hablamos al decir "teléfono móvil" cuando hablamos de sitios web aptos para móviles?

Una buena forma de responder a esta pregunta es pensar en las posibilidades del navegador web del teléfono móvil, en particular en comparación con las de los navegadores web de escritorio modernos. Para simplificar, podemos dividir los teléfonos móviles en unos cuantos tipos:

1. **Teléfonos móviles tradicionales** : teléfonos con navegadores web que no pueden procesar páginas las web habituales que puede procesar un navegador web de escritorio. Esto incluye navegadores para cHTML (iMode), WML, WAP y similares.

2. **Teléfonos inteligentes** : teléfonos con navegadores web que procesan, por lo menos hasta cierto punto, las páginas normales que procesan los navegadores web de escritorio. Esta categoría incluye una amplia variedad de dispositivos, como Windows Phone 7, dispositivos Blackberry, iPHone y teléfonos Android, así como tabletas y lectores eBook.

Esta categoría se puede dividir a su vez según su capacidad para admitir HTML5:

- Dispositivos con navegadores no compatibles con HTML5
- Dispositivos con navegadores compatibles con HTML5

Tiempo atrás, los teléfonos se conectaban a Internet usando navegadores web con capacidades limitadas de procesamiento, pero esta situación está cambiando claramente con la rápida difusión de los teléfonos inteligentes, cuyos navegadores rivalizan con los navegadores web completos de escritorio. Por este motivo, es importante tener en cuenta que la distinción que estamos haciendo aquí se basa en la situación actual, tal como la vemos, y que puede cambiar en el futuro.

¿Cuáles son estos métodos?

Los presentamos a continuación, indicando para cada uno de ellos un resumen de ventajas y desventajas, con objeto de facilitar su elección.

a. Diseño adaptable (Responsive Design)

Este es el método más utilizado y el que recomienda Google.

Se utiliza el mismo código HTML5, independientemente del medio de difusión. La hoja de estilo (CSS3) se utiliza para adaptar el contenido al tamaño y la resolución de la pantalla.

Sin entrar en aspectos técnicos, debe saber que la mayoría del software de creación de sitios web pone a disposición de los webmasters, profesionales u ocasionales, plantillas gráficas de páginas *ad hoc*.

Los pros	Los contras
Mantenimiento más fácil, ya que solo hay un código Una sola hoja de estilo Implementación multiplataforma más fácil	Habilidades técnicas requeridas en HTML5 y CSS3 Se requieren múltiples pruebas Más tiempo de desarrollo

b. Dynamic serving

Las versiones HTML de la página serán diferentes según el soporte de destino, aunque la URL de la página web sigue siendo la misma.

Existen múltiples versiones de páginas para el mismo contenido.

Los pros	Los contras
Optimiza la estructura del sitio de acuerdo con el terminal utilizado Puede agregar/eliminar funcionalidades según el destino: función táctil, funciones telefónicas, etc.	Obviamente, el contenido se duplica, algo que está penalizado por Google

c. URL específica

Con este método, hay dos sitios distintos en dos URL separadas; por ejemplo, un sitio misitio.com y otro m.misitio.com.

Los pros	Los contras
Optimiza la estructura del sitio de acuerdo con el terminal utilizado Puede agregar/eliminar funcionalidades según el destino: función táctil, funciones telefónicas	Obviamente, el contenido se duplica, algo que está penalizado por Google Debe mantener 2 versiones del mismo sitio

d. App nativa

Con este último método, lo que desarrolla es una aplicación, no un sitio. El producto está desarrollado para las tres configuraciones disponibles en el mercado: Google Android, Apple IOS y Microsoft Windows.

La aplicación se descarga de la tienda de cada uno: Google Play, Apple Store o Windows Store.

Los pros	Los contras
Funcionalidades telefónicas accesibles y fácilmente usables Instalación en el dispositivo cliente Indexación en las stores	Tres desarrollos específicos Coste más elevado en promedio SEO: las app nos son indexables por los motores

Echemos un vistazo más de cerca al método conocido como diseño adaptable (o adaptivo o incluso responsivo, del inglés *responsive design*).

3. Responsive Design (diseño adaptativo)

Se trata de un modo de desarrollo (recomendado por Google) que permite mostrar elementos idénticos independientemente del tipo de soporte (móvil, PC o tableta).

Este modo de «fabricación» del sitio web hace que el diseño cambie de acuerdo con el espacio disponible en la pantalla. Y el espacio disponible varía según el tamaño de las pantallas (PC, tableta, teléfono).

He aquí una ilustración perfecta de este principio:
https://en.m.wikipedia.org/wiki/File:Content-is-like-water.svg

Para ver cómo se ofrecen los diferentes diseños de página, aquí puede acceder a algunos ejemplos: https://jesusmaceira.com/ejemplos-diseno-web-responsive-inspirarte/

En este artículo encontrará explicaciones sencillas, además de un tutorial y más ejemplos de diseño adaptable: https://disenowebakus.net/diseno-web-responsive.php

Técnicamente, si usa un CMS corriente, la gran mayoría de los temas gráficos propuestos ya contemplan el Responsive Design; por lo tanto, son compatibles con dispositivos móviles.

Únicamente debe asegurarse de lo siguiente:

- elija un tema gráfico «responsivo» o «adaptable» o «adaptativo» o «móvil»: esto se menciona en la descripción del tema,
- actualice su CMS con mucha frecuencia,
- pruebe la compatibilidad móvil de su sitio con una de las muchas herramientas disponibles en línea (consulte la siguiente sección).

Un CMS (*Content Management System*), o sistema de gestión de contenidos en español, es un software en línea que permite crear un sitio web sin necesidad de conocimientos técnicos específicos. WordPress (ver el próximo capítulo) es uno de los más utilizados y conocidos.

Cuando haya construido sus páginas usando un diseño adaptativo con su CMS favorito, debe probarlas y verificar su visualización y funcionalidad en tantas configuraciones como sea posible.

De hecho, puede ser que queden algunos fallos; esté atento.

4. Pruebe su sitio móvil

Puede encontrar herramientas online que le permiten comprobar la adaptabilidad móvil (responsive) de su sitio web.

No obstante, debe tener en cuenta que estas herramientas no siempre ofrecen resultados totalmente precisos, y que nada sustituye a una prueba directa desde varios dispositivos reales.

Aun así, si desea obtener una vista previa rápida, puede utilizar servicios que simulan cómo se visualiza su sitio en distintos tamaños de pantalla, como la herramienta en línea gratuita Responsive Test Tool: https://responsivetesttool.com/

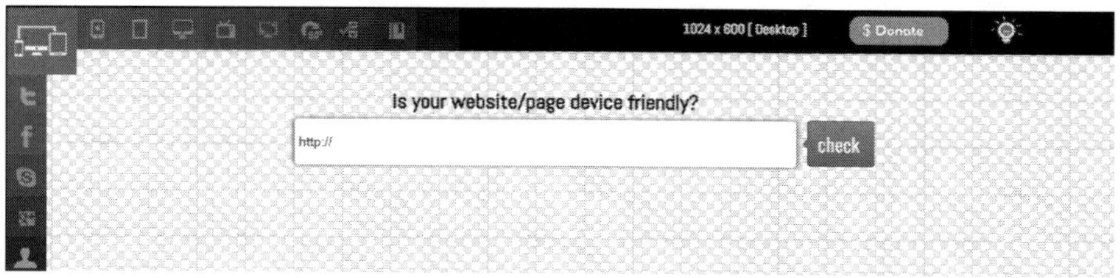

Para una validación más avanzada del código y un informe técnico detallado, debe acceder a Google Search Console, la plataforma que anteriormente se conocía como Herramientas para webmasters de Google.

El diseño adaptable es uno de los dos criterios principales para los sitios móviles.

El segundo, y no menos importante, se refiere a la velocidad de carga de la página. Los internautas son impacientes por naturaleza, como hemos deducido de las diferentes cifras presentadas en este libro. Además, no siempre podrá contar con conexiones de calidad. Si sus páginas tardan demasiado en cargarse, el visitante se irá antes de que se complete la carga o no volverá a su sitio.

5. Velocidad de carga de la página

a. Speed update

En el diseño adaptable, la velocidad de carga de la página es uno de los dos criterios esenciales para la compatibilidad móvil.

Google tiene en cuenta este criterio en forma de Speedupdate que, desde 2018, sanciona las páginas que se cargan con demasiada lentitud.

Por lo tanto, necesita que sus páginas sean lo suficientemente livianas como para que puedan cargarse rápidamente. También hemos visto que la espera es inaceptable para la gran mayoría de los internautas, incluidos nosotros.

b. Probar la velocidad de carga

Nuevamente, existen muchas herramientas (aunque no tantas en español) para verificar el tiempo de carga de sus páginas. Estas herramientas también le aportan ideas para la optimización.

Google recomendia utilizar Lighthouse, una herramienta automatizada de código abierto que le ayuda a mejorar la calidad de las páginas web. Puede ejecutarla en cualquier página web, ya sea pública o que requiera autentificación, y realiza auditorías de rendimiento, accesibilidad, aplicaciones web progresivas, SEO y mucho más.

➜ Desde Google Chrome, vaya a la página web para la que desea probar la compatibilidad móvil. Haga clic en los tres puntos que aparecen a la derecha, seleccione **Más herramientas** y luego **Herramientas para desarrolladores**. En la ventana que aparece a la derecha, haga clic en >> hasta que aparezca **Lighhouse** y pueda hacer clic en ella.

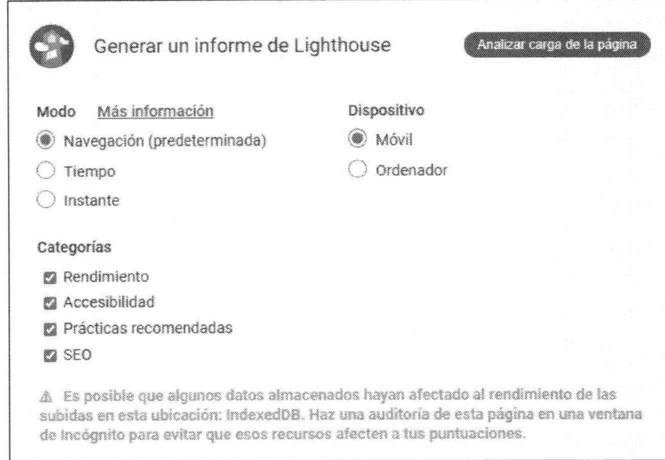

- Deje las opciones preseleccionadas como en esta imagen.
- Haga clic en el botón **Analizar page load**.

Transcurridos unos segundos se obtiene una página de resultados del análisis:

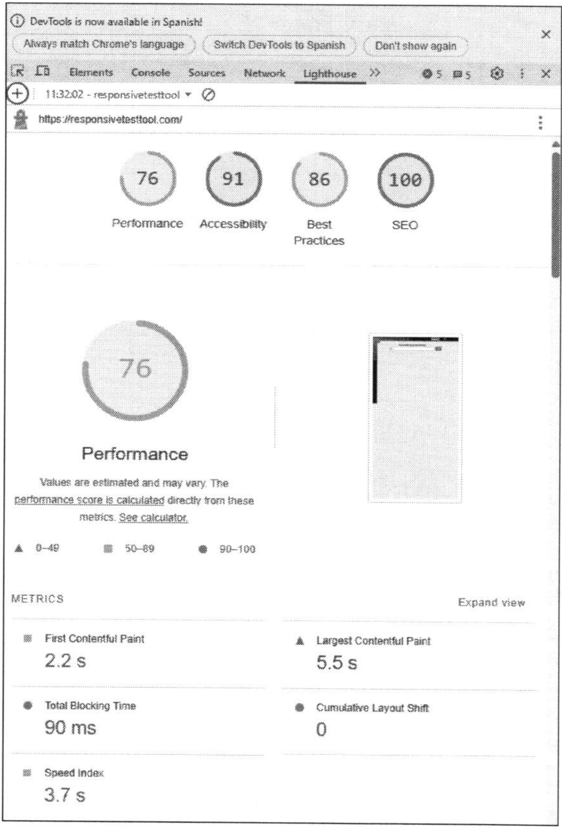

También puede utilizar la herramienta en línea de Google accesible aquí: https://developers.google.com/speed/pagespeed/insights/?hl=es

- Escriba la URL de la página que desea probar.
- Haga clic en **Analizar**.

Obtiene una calificación sobre 100, así como una lista de elementos para optimizar y mejorar la velocidad de carga de sus páginas, como se muestra en la pantalla que aparece debajo.

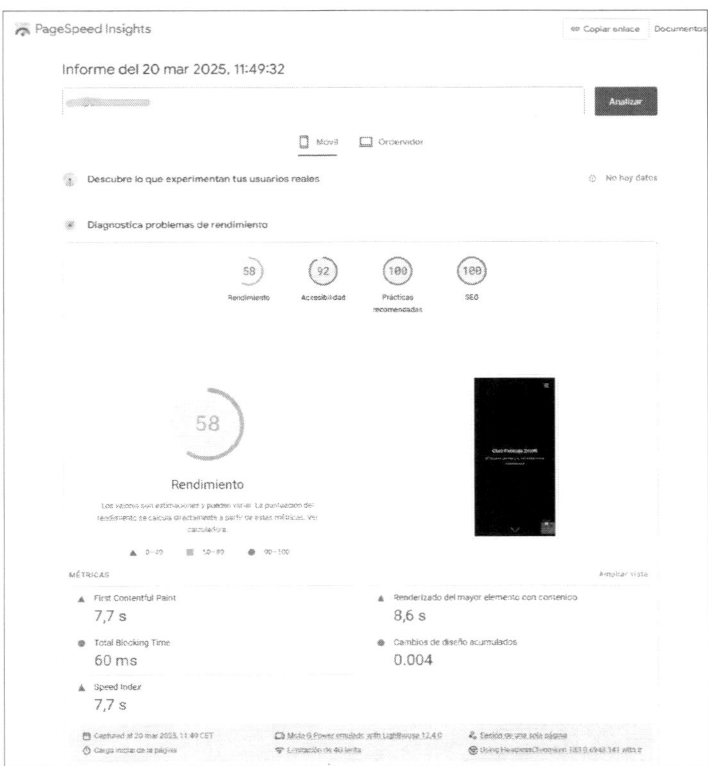

B. Accelerated Mobile Pages (AMP)

1. AMP

El formato AMP es un sistema de código abierto desarrollado por Google para acelerar la visualización de páginas web en dispositivos móviles. En realidad, se trata de un formato de página muy ligero en HTML5, que carga primero el texto y las imágenes (en vez de la interfaz y la navegación).

Además, Google proporciona un sistema de caché que permite que las páginas se muestren con mucha rapidez, independientemente de dónde se encuentre el usuario.

El motor de búsqueda parece favorecer las páginas AMP en el carrusel que se muestra en la posición 0 de SERP en móviles.

2. ¿AMP o no AMP?

Como se indica en el capítulo Búsqueda de información y motor de respuestas, la tecnología AMP parece estar en declive, especialmente porque el equipo de desarrollo no ha publicado actualizaciones desde 2022.

C. Conclusión

Recuerde que su sitio debe estar adaptado a dispositivos móviles, eso es incuestionable, y actualmente puede prescindir de AMP.

Ha decidido revisar y modificar su sitio para mejorar su compatibilidad con dispositivos móviles, y también verificar, a través de herramientas en línea, la velocidad de carga de las páginas.

Quería cambiar la plantilla gráfica; ahora lo hará eligiendo una plantilla de diseño adaptable.

Capítulo 13

SEO y WordPress

A. Los blogs

A día de hoy, hay más blogs que sitios web «clásicos»: cada mes se crean en la red más de tres millones.

1. ¿Cómo funcionan?

Como recordatorio, he aquí la definición que proporciona la Wikipedia:
http://es.wikipedia.org/wiki/Blog.

Un **blog** o **bitácora** es un sitio web constituido por la recopilación de publicaciones acumuladas a lo largo del tiempo y, a menudo, organizadas en orden no cronológico (las más recientes primero). Cada publicación, también llamada entrada o artículo, es, a semejanza de un cuaderno de bitácora o un diario, una incorporación al blog; el blogger o bloguero (el que mantiene el blog) entrega a menudo contenido textual, enriquecido con hipervínculos y elementos multimedia, sobre los cuales cada lector generalmente puede comentar.

El número de blogs en la web está creciendo exponencialmente. Millones de usuarios de Internet (entre los que se cuentan, por supuesto, los españoles) son blogueros asiduos y apasionados.

En mayo de 2023, había más de 600 millones de blogs en Internet, según la actividad notificada por WordPress, Tumblr, Blogger, Wix, Squarespace y Medium (y esta cifra no deja de aumentar).

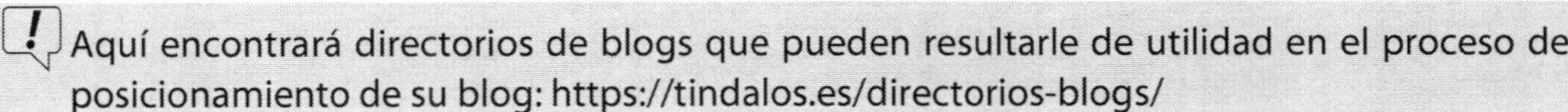

Aquí encontrará directorios de blogs que pueden resultarle de utilidad en el proceso de posicionamiento de su blog: https://tindalos.es/directorios-blogs/

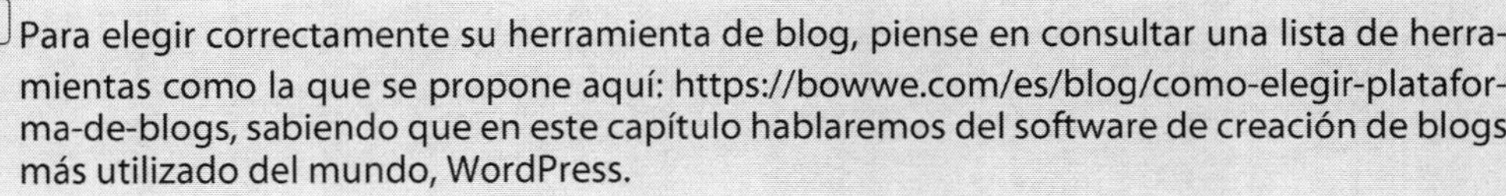

Para elegir correctamente su herramienta de blog, piense en consultar una lista de herramientas como la que se propone aquí: https://bowwe.com/es/blog/como-elegir-plataforma-de-blogs, sabiendo que en este capítulo hablaremos del software de creación de blogs más utilizado del mundo, WordPress.

2. Preparar para la indexación

a. Fundamentos

En primer lugar, tenga en cuenta que todo lo que hemos visto en materia de optimización de las páginas webs obviamente sigue siendo válido para los blogs. Y, por supuesto, también en este caso la calidad del contenido es primordial, al igual que en las webs.

Tenga en cuenta, por lo tanto, estos consejos:

- plantee adecuadamente el título de sus artículos,
- resalte las palabras clave usando negrita, por ejemplo, y colocándolas adecuadamente en la página,
- juegue con los estilos de encabezado (h1-hn),
- elija bien los formatos de URL, que deben ser explícitos, WordPress le permite reescribir sus URL muy fácilmente,
- evite técnicas como el *spamdexing*.

b. Estructura de la página

En términos generales, una publicación de blog incluye un área de título, contenido y un enlace para ir más lejos, leer el artículo u obtener más información, así como enlaces para compartir en las redes sociales si lo desea.

Teniendo esto en cuenta:

- diseñe titulares informativos cortos, que incluyan palabras clave,
- optimice el contenido del artículo para motores de búsqueda,
- cuide los textos de los enlaces al final del artículo.

c. Compartir

Considere insertar botones para compartir sus artículos en las redes sociales; esto favorecerá una mayor difusión de sus artículos y potencialmente aumentará su visibilidad y notoriedad en la Web.

En caso de que un internauta desee compartir el contenido de un artículo con su red, lo tendrá mucho más fácil si solo tiene que hacer clic en el icono de su red social favorita.

3. Características específicas de los blogs en relación con el SEO

a. Cuestiones específicas de los blogs

Determinados elementos son específicos de los blogs; es posible actuar sobre ellos para optimizar su indexación, por ejemplo:

- Piense en resaltar los feeds.
- Facilite la suscripción a sus feeds, utilizando, por ejemplo, iconos convencionales.
- Proporcione etiquetas <link> para sus feeds.
- Inserte suficientes artículos en sus feeds.
- Ofrezca una cantidad suficiente de feeds.
- Dé a conocer su blog en otros blogs; juegue con el boca a boca electrónico.
- Ofrezca herramientas de votación, esto puede acentuar el «ruido» en su blog.
- Ofrezca etiquetas.
- Dé a conocer su blog insertando comentarios sobre otros blogs.

b. Blogs y SEO

Los blogs ofrecen contenido actualizado regularmente y, en este sentido, pueden ser muy efectivos para su indexación y posicionamiento, siempre que el contenido ofrecido no esté duplicado («duplicate content»).

El «duplicate content» (que Google considera spamdexing) se define como contenido similar o muy próximo que se encuentra en varias páginas (del mismo dominio o no).

> He aquí una definición y explicaciones de interés sobre este tema:
> https://www.luisrevuelto.es/contenido-duplicado/

Por lo tanto, para optimizar el posicionamiento orgánico a largo plazo de su blog, escriba artículos interesantes, originales y actualizados.

Por ejemplo, es común en los blogs (esta es la configuración predeterminada de WordPress) encontrar en la página de inicio los últimos artículos publicados: dado que estos artículos se encuentran en la página de inicio y además en otra página, Google puede considerarlos como «contenido duplicado».

Concretamente, Google puede considerar «contenido duplicado» el que se encuentra en varias páginas del mismo sitio o en las páginas de varios sitios. Este es también el caso, por ejemplo, de un archivo PDF que transcribe la totalidad de una página existente, o de un artículo que usted escribe para un medio en línea que se retoma tal y como está en una de sus páginas.

> Google considera similares dos contenidos si son idénticos en más del 70 %.

4. CMS e indexación

Empecemos de nuevo con una definición, esta vez proporcionada por Wikipedia en la dirección siguiente: https://es.wikipedia.org/wiki/Sistema_de_gesti%C3%B3n_de_contenidos

Un **sistema de gestión de contenido** o CMS (del inglés Content Management System) es un programa informático que ayuda a crear un sitio web, un blog o incluso un sitio de venta en línea.

Los CMS comparten las siguientes características:

- Permiten que varias personas trabajen en el mismo documento.
- Proporcionan una cadena de publicación (flujo de trabajo) que ofrece, por ejemplo, la posibilidad de poner en línea el contenido de los documentos.
- Permiten separar las operaciones de gestión de forma y las de contenido.
- Permiten estructurar el contenido (uso de FAQ, documentos, blogs, foros de discusión, etc.).
- Algunos CMS incluyen la gestión de versiones.

La mayoría de los sitios web actuales están construidos con CMS: el uso de estas herramientas permite al editor tener el control de su contenido sin depender de un proveedor. La actualización de contenido se realiza a través de un navegador web y un editor de texto, y no requiere conocimientos técnicos avanzados.

Entre los criterios que lo orientarán en la elección de una herramienta en particular, considere tener en cuenta los siguientes parámetros, que son importantes para la indexación y el posicionamiento:

- El software debe ofrecerle plantillas gráficas de diseño adaptable para que su sitio sea compatible con dispositivos móviles. Se trata, sin duda, del primer criterio que hay que examinar, aunque lo cierto es que la mayoría de los programas de blog ofrecen este tipo de plantillas.
- La herramienta elegida debería permitirle personalizar las etiquetas meta, title y description.
- Debería poder personalizar sus URL. De hecho, estas herramientas crean sitios web dinámicos, cuyo contenido proviene de bases de datos, y las páginas web dinámicas no siempre proporcionan URL explícitas. Si el CMS elegido le permite configurar estas URL, esto le ayudará para el posicionamiento.
- Recuerde también verificar la flexibilidad de la herramienta para procesar imágenes y vídeos: por ejemplo, debe poder introducir el contenido de las etiquetas alt.

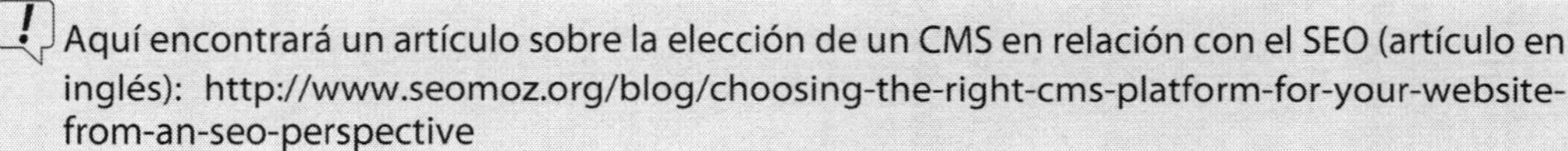
Aquí encontrará un artículo sobre la elección de un CMS en relación con el SEO (artículo en inglés): http://www.seomoz.org/blog/choosing-the-right-cms-platform-for-your-website-from-an-seo-perspective

B. Las herramientas de SEO para WordPress

Antes que nada, debe saber que WordPress es una herramienta «SEO friendly», lo que facilita el trabajo del webmaster.

Recuerde también que los consejos anteriores proporcionados en este libro son obviamente válidos para sitios creados con WordPress.

Hay miles de extensiones dedicadas al SEO para WordPress. Simplemente vaya al sitio oficial de WordPress (www.wordpress.org, por ejemplo) y busque plugins de SEO, como se muestra en la imagen a continuación, disponibles en la dirección: https://es.wordpress.org/plugins/.

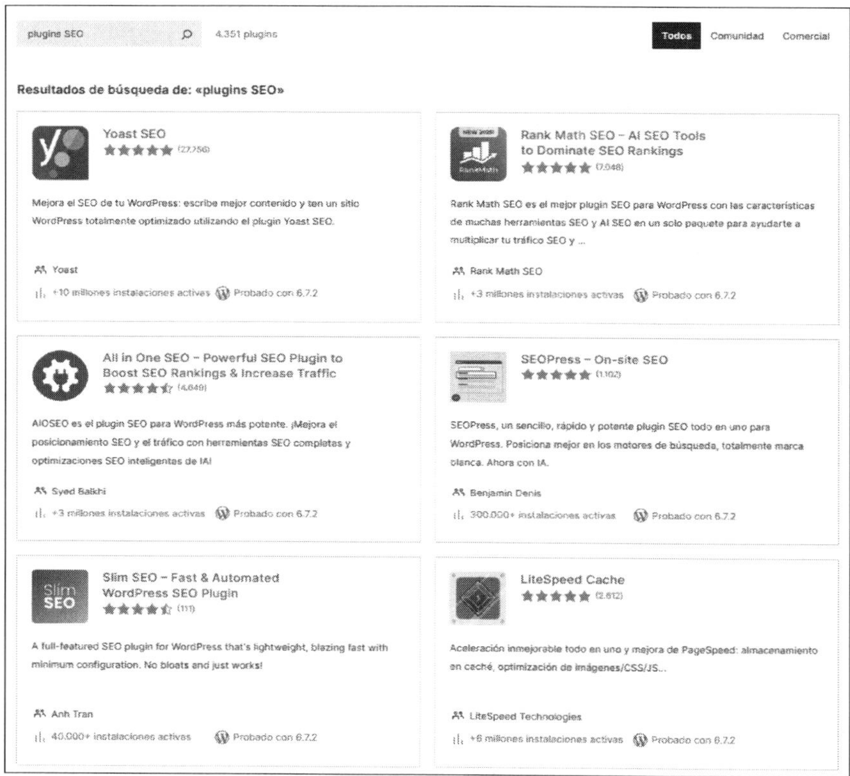

Esta consulta ofrece más de 4000 plugins de resultados. Es imposible conocer todas las extensiones: cada día se crean nuevas.

A continuación le presentamos algunas de ellas.

1. Los clásicos

Comencemos hablando de las extensiones clásicas de SEO, los valores seguros más descargados: Yoast SEO y All-in-One SEO.

Estos complementos (también otros), le brindan asistencia técnica y le facilitan la tarea, pero sigue siendo necesario reflexionar sore el diseño el contenido, algo que no puede automatizarse.

a. Yoast SEO

Este complemento, ampliamente utilizado, le permite actuar sobre los elementos META de sus páginas/entradas: títulos, URL, descripciones, así como palabras clave.

También puede administrar los atributos de sus archivos que están presentes en robots.txt, por ejemplo, para poner elementos en noindex (hacerlos invisibles a Google) o en nofollow (pedirle a Google que no siga los enlaces).

Yoast SEO le proporciona retroalimentación después de introducir las palabras clave, le muestra lo que dará el enlace azul en Google.

Otro de sus puntos fuertes es que el programa detecta contenido duplicado que pueda hallarse en su sitio.

Además, la extensión se actualiza regularmente, lo cual es esencial en la confianza que se le otorga.

b. All-in-one SEO

La herramienta ofrece las mismas funcionalidades básicas para SEO: gestión de etiquetas META, introducción de palabras clave, etc.

Una de sus ventajas es la generación automática de etiquetas META, que obviamente pueden modificarse después, lo que constituye una ayuda apreciable.

Además, desde este programa puede enviar sitemaps a Google y a Bing, lo que permite ahorrar tiempo, ya que se hace directamente en la interfaz nativa del blog.

Por otra parte, esta extensión es útil si tiene varios sitios para administrar.

Estos son los plugins más conocidos, los más utilizados, pero, si profundiza en la larga lista de extensiones de WordPress, puede encontrar algunas que sean más adecuadas para su sitio o su forma de trabajar.

2. Los plugins complementarios

a. Broken Link Checker

El plugin WordPress **Broken Link Checker** (Verificador de enlaces rotos) es una herramienta que ayuda a los propietarios de sitios web a detectar y gestionar los enlaces rotos de su sitio.

Como recordatorio, un enlace roto es un enlace de hipertexto que ya no apunta a una página existente o que conduce a una página de error (404). Este tipo de enlace puede ser perjudicial para la experiencia del usuario y también puede afectar al SEO de su sitio.

Esta extensión le permitirá detectar fácilmente los enlaces rotos gracias a un análisis periódico. También puede elegir que se le notifique por correo electrónico en cuanto aparezca un enlace roto.

b. Redirection

Le plugin de WordPress **Redirection** se utiliza para gestionar las redirecciones hacia nuestro sitio.

Permite, entre otras cosas, evitar errores 404 mediante la configuración de redirecciones permanentes de tipo 301.

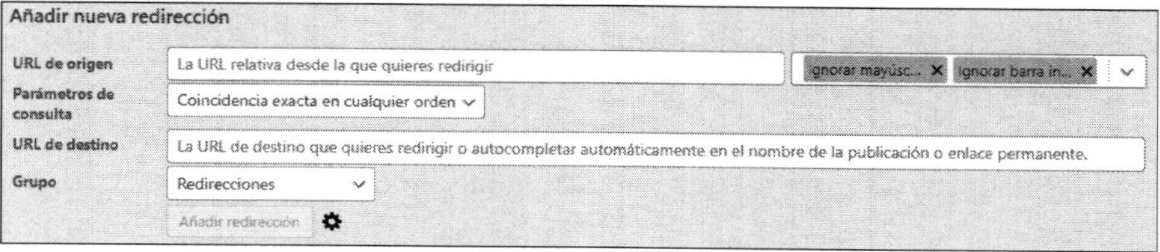

La configuración es sencilla: escriba la URL de origen y luego la URL de destino.

c. All In One Schema Rich Snippets

Schema – All In One Schema Rich Snippets
By Brainstorm Force

El plugin para WordPress **All In One Schema Rich Snippets** está diseñado para ayudar a los propietarios de sitios web a implementar fragmentos enriquecidos (rich snippets) en sus páginas.

Recordemos que los fragmentos enriquecidos proporcionan información adicional sobre el contenido de una página directamente en los resultados de búsqueda, lo que puede mejorar la visibilidad y la comprensión del contenido por parte de los motores de búsqueda y los usuarios.

De esta manera puede configurar fácilmente los fragmentos enriquecidos seleccionando el tipo que desea en cada una de sus páginas y artículos (receta, reseña de cliente, vídeo, etc.), sin tener que utilizar un lenguaje de programación.

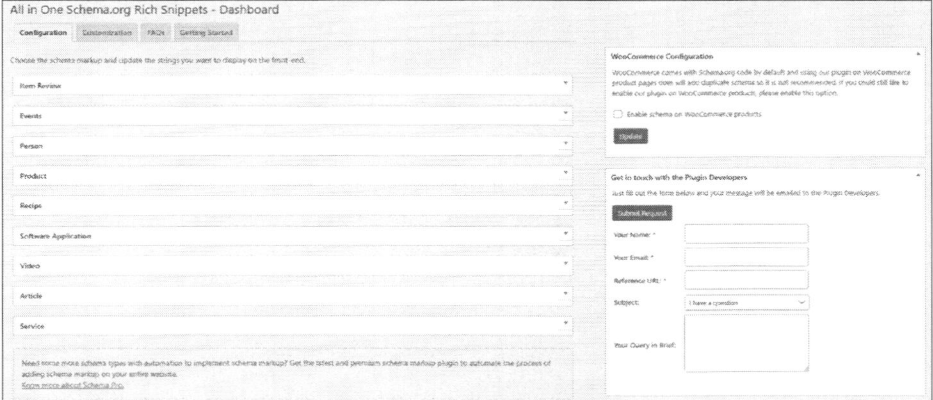

d. Internal Link Juicer

Internal Link Juicer permite integrar enlaces internos en el contenido de los artículos.

Su funcionamiento se basa en una configuración inteligente que permite personalizar las palabras clave específicas de cada artículo.

En general, este plugin tiene como objetivo optimizar el SEO de su página y mejorar la experiencia de usuario (UX) dirigiendo a los usuarios al contenido apropiado en función del contexto.

e. Page Speed Insights

Esta pequeña extensión audita sus páginas según el criterio de velocidad de carga y luego le presenta propuestas de optimización.

Estas recomendaciones y las acciones correctivas que lleve a cabo posteriormente le permitirán ganar preciosos milisegundos de tiempo de carga.

f. Site Kit by Google

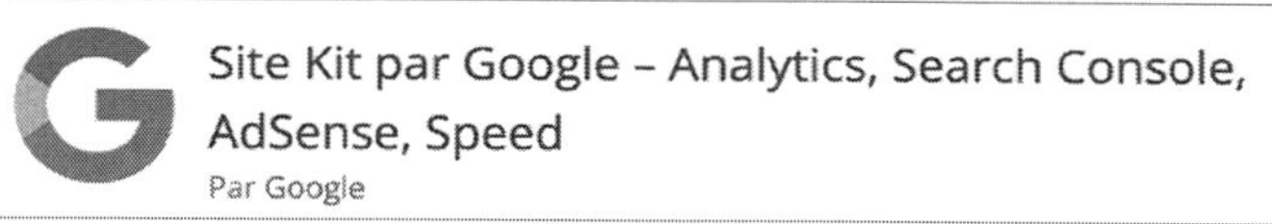

Site Kit es la extensión oficial de Google para WordPress, desarrollada para proporcionarle estadísticas sobre cómo los visitantes descubren e interactúan con su sitio.

Como solución completa, Site Kit facilita el despliegue, la gestión y la obtención de información crucial sobre los principales servicios de Google, lo que contribuye a garantizar el éxito de su presencia online. Incluye conexiones con las siguientes herramientas:

- Search Console
- Analytics
- AdSense
- PageSpeed Insights
- Tag Manager

A continuación, los datos son accesibles directamente en el panel de control de WordPress, de forma sencilla y gratuita.

C. Conclusión

Hemos visto que añadir extensiones gratuitas y relevantes a Wordpress, como Yoast SEO, pueden mejorar notablemente el SEO de su sitio web de una forma bastante sencilla.

Ya ha construido su sitio con WordPress. Ahora decide cambiar el tema gráfico y elegir uno mobile friendly.

Instala una de las dos extensiones de SEO para pulir sus etiquetas meta y reescribir sus URL.

También está tratando de acelerar el tiempo de carga de sus páginas usando la extensión ad hoc.

Capítulo 14

SEO y comercio electrónico

A. Características específicas de los sitios de comercio electrónico

Los sitios de comercio electrónico se multiplican; los consumidores compran cada vez más en línea y, además, cada vez resulta más sencillo técnicamente ofrecer módulos de ventas en línea.

Además de a las normas de SEO convencional, los sitios de comercio electrónico deben prestar especial atención a la sección «productos», las fichas de productos y la experiencia del usuario.

¿Cuáles son los criterios para el éxito de los sitios de comercio electrónico y cómo se comportan los usuarios de Internet?

1. El diseño del sitio

El diseño del sitio es crucial para proporcionar una experiencia de usuario exitosa. En más del 90 % de los consumidores, la apariencia visual afecta a la decisión de compra, y la mitad de ellos no regresan al sitio si no les gusta su estética.

2. Los vídeos

Los internautas son muy aficionados a los vídeos en todos los sitios y blogs; el 96 % de ellos los encuentran útiles para los sitios de comercio electrónico. Tres cuartos de los internautas comprarán más fácilmente un producto o servicio después de haber visto un vídeo de presentación.

3. Ergonomía del sitio

La comodidad y la facilidad de uso también son muy importantes. Por ejemplo, cuando no hay obligación de registrarse al inicio del proceso, las compras aumentan en un 45 %.

4. La página de inicio

Al igual que en el caso de un escaparate, la página de inicio de un sitio de comercio electrónico debe estar optimizada para la SEO. Para ello, es aconsejable añadir un texto de al menos 200 palabras estructurado con las etiquetas H1, H2 y H3, que se irán fijando con el tiempo.

Actualizar regularmente el contenido de la página de inicio mostrando, por ejemplo, los seis productos más populares del momento representa una clara ventaja para el posicionamiento y la experiencia del usuario.

5. Las páginas de categorías del sitio

Estas páginas presentan la lista de productos de una categoría determinada.

Muy a menudo, los CMS de comercio electrónico no resaltan la posibilidad de incluir un texto descriptivo. Y sin embargo, ¡esto es importante para el posicionamiento!

Por lo tanto, es necesario escribir un texto de introducción para la categoría entre el H1 y la lista de los productos. Se puede proporcionar un enlace a un texto más sustancial después de la lista de productos, detallando la categoría según un texto optimizado para SEO.

Lo ideal es destacar cada producto con la siguiente información: imagen en miniatura, nombre del producto, precio y breve descripción.

6. Velocidad de carga

Este criterio es decisivo, sea cual sea el soporte web; pero quizá aún cobra mayor importancia en los sitios de comercio electrónico. Según Amazon, las ventas caen un 1 % por cada milisegundo de tiempo de carga adicional.

7. Pago-transacción

¡Esta es la etapa en la que el proceso de compra se abandona con mayor frecuencia!

Debe saber que:

- Los sitios que ofrecen la opción de PayPal son los más utilizados.
- La gran mayoría de las compras se abandonan cuando falta un indicador de fiabilidad; a los consumidores les resulta difícil mantener la confianza.
- La mitad de los compradores renuncian si hay costos adicionales a los costos de los productos comprados y a las condiciones que se muestran al inicio del proceso de compra.

8. Posventa-logística

Este también es un aspecto muy importante de la venta en línea, aunque tiene lugar después de la compra en sí.

Solo la mitad de los usuarios están satisfechos con las condiciones de devolución ofrecidas.

Los comentarios de los clientes aumentan en gran medida las ventas (+18 %) y el 77 % de los usuarios de Internet los leen antes de comprar.

9. Varios

A continuación, se presentan otros criterios muy importantes que conviene tener en cuenta para el diseño de un sitio de comercio electrónico::

- Mobile First: las tres cuartas partes de los usuarios abandonan un sitio de comercio electrónico si este no se muestra correctamente en los dispositivos móviles.
- La entrega gratuita es el primer criterio en la decisión de compra.
- El 40 % de los consumidores prefieren comprar en tiendas pequeñas.

Esta información puede ayudarle a pensar mejor en la sección de comercio electrónico que planea agregar a su sitio, ya que ha decidido vender productos regionales en línea.

Aquí encontrará las cifras principales de comercio electrónico de 2023 publicadas por la CNMC:
https://www.cnmc.es/prensa/ecommerce-4T23-20240704#:~:text=4%20Jul%202024-,El%20comercio%20electr%C3%B3nico%20super%C3%B3%20en%20Espa%C3%B1a%20los%2084.000%20millones%20de,m%C3%A1s%20que%20el%20a%C3%B1o%20anterior&text=En%20el%20cuarto%20trimestre%20del,facturaron%2022.707%20millones%20de%20euros.

Ha decidido abrir una cuenta PayPal y ofrecer a los usuarios un sitio de pago seguro. No cobrará a sus clientes los gastos de envío.

También ha decidido actuar sobre la velocidad de carga de sus páginas. Para ello, auditará su sitio y considerará acciones correctivas si es necesario.

B. Las fichas de productos

Las fichas de productos son a menudo el punto débil de los sitios de comercio electrónico. Y, sin embargo, constituyen el elemento esencial: el contenido que se ofrece allí empuja, o no, al usuario a comprar.

Por supuesto, cada página de producto debe optimizarse para SEO, teniendo en cuenta el enfoque de larga cola (long tail) explicado anteriormente: todos los productos disponibles para la venta son relevantes.

Por ello, es fundamental prestar especial atención a la redacción y estructuración de las fichas de producto.

1. Seguimiento de la visita

¿Cuál es la razón de que el usuario vaya a esta página de productos? ¿Lo hace para comprar o para obtener información? Examine las estadísticas de visita para tratar de comprender la intención del internauta.

¿Regresa a Google inmediatamente después? Si es así, significa que no encontró la información que estaba buscando o que no visitó su sitio para comprar un producto. ¿Por qué no hizo la compra? ¿La información presentada sobre el producto no lo acabó de convencer? ¿Por qué se fue tan pronto como llegó? ¿Cómo hubiera reaccionado usted en una tienda física?

2. Redactar las fichas de los productos

a. Contenido de las fichas

Sus fichas de producto deben contener la presentación del producto en cuestión y una descripción completa que responda a las preguntas que se plantean los internautas.

Presentación del producto: ¿qué le diría a alguien que entra a su tienda para venderle su producto?

Dele argumentos que puedan convencerlo de que su producto es mejor que el de la tienda de al lado (que está a solo un clic de distancia en Internet).

Dedique tiempo a estas fichas: son cruciales para la venta en línea.

Una técnica efectiva es establecer un número mínimo de palabras para estas fichas. No deje de escribir hasta que haya alcanzado 700 palabras, por ejemplo.

Brinde información técnica, pero no solo técnica: convenza al visitante de que compre su producto como lo haría en una tienda real.

b. Los elementos visuales

Los internautas quieren ver todos los detalles antes de comprar: preste atención a las fotos y a los vídeos.

Ofrezca calidad: fotos desde todos los ángulos. La calidad de las fotos también responde a las exigencias de Google y, en particular, de Google Imágenes.

C. Hacer que su sitio de comercio electrónico tenga éxito

Los consejos proporcionados en este libro son obviamente válidos para los sitios de comercio electrónico: piense en Mobile First, optimice el tiempo de carga de las páginas, inserte palabras clave en lugares *ad hoc* y cuide especialmente las páginas de sus productos.

> He aquí una infografía con 53 consejos de oro para el posicionamiento de su comercio electrónico: https://seoquito.com/seo-comercio-electronico-consejos/

Decide ocuparse de todas sus imágenes y revisar detalladamente la descripción de sus productos. Va a redactar un argumento de venta completo para cada producto regional que quiera vender en línea.

D. Búsqueda por voz y comercio electrónico

En 2022, más de uno de cada tres consumidores estadounidenses tenía altavoces inteligentes. Además, se estimaba que las compras realizadas mediante asistentes de voz alcanzarían los 40000 millones de dólares.

Los usuarios que compran a través de asistentes de voz valoran especialmente la facilidad del proceso,la posibilidad de hacer otra cosa al mismo tiempo, la rapidez...

Como resultado, aunque la intención de búsqueda es la misma, las consultas SEO formuladas por voz suelen ser más largas y expresadas en forma de frases completas, a menudo con estructura interrogativa. Por ello, es recomendable crear páginas cuyo título incluya frases completas o preguntas, adaptadas a este tipo de búsquedas.

En esta página web puede ver estadísticas sobre cómo influye en el comercio electrónico la búsqueda por voz:
https://kinsta.com/es/blog/etadisticas-ecommerce/

Capítulo 15
SEO local

A. Perfil de Empresa (antes Google My Business)

1. El SEO local

Hemos visto en este libro que las consultas de los usuarios de Internet son cada vez más largas y también cada vez más precisas en relación con una ubicación. El usuario buscará preferiblemente un lugar en particular o especificará, por ejemplo, «cerca de mi casa».

Y esto se acentúa todavía más con la búsqueda por voz.

Por su parte, Google ofrece cada vez más resultados de búsqueda locales sin que el usuario lo especifique necesariamente en la consulta, gracias (o debido) a la geolocalización.

¿Cómo puede conseguir que sus páginas se indexen localmente para que estén presentes en Google Maps? Este es, precisamente, el objetivo de este capítulo sobre el SEO local.

2. El servicio

Perfil de Empresa de Google My Business es el nuevo nombre de Google My Business, antes Google Local, y se encarga de la indexación local de Google, especialmente del registro en Google Maps.

Aquí podrá encontrar información detallada sobre este servicio:
https://support.google.com/business/answer/6300665?hl=es

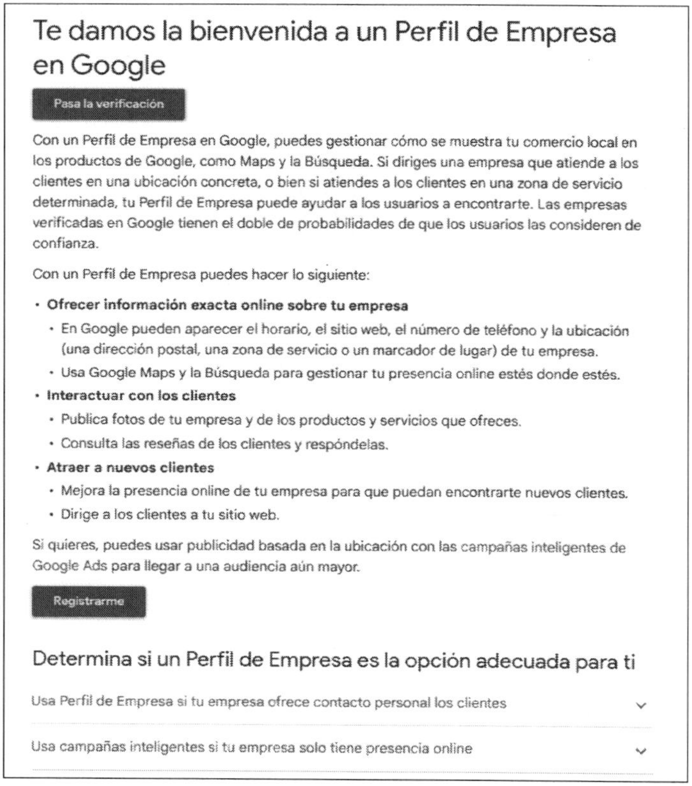

Te damos la bienvenida a un Perfil de Empresa en Google

Pasa la verificación

Con un Perfil de Empresa en Google, puedes gestionar cómo se muestra tu comercio local en los productos de Google, como Maps y la Búsqueda. Si diriges una empresa que atiende a los clientes en una ubicación concreta, o bien si atiendes a los clientes en una zona de servicio determinada, tu Perfil de Empresa puede ayudar a los usuarios a encontrarte. Las empresas verificadas en Google tienen el doble de probabilidades de que los usuarios las consideren de confianza.

Con un Perfil de Empresa puedes hacer lo siguiente:

- **Ofrecer información exacta online sobre tu empresa**
  - En Google pueden aparecer el horario, el sitio web, el número de teléfono y la ubicación (una dirección postal, una zona de servicio o un marcador de lugar) de tu empresa.
  - Usa Google Maps y la Búsqueda para gestionar tu presencia online estés donde estés.
- **Interactuar con los clientes**
  - Publica fotos de tu empresa y de los productos y servicios que ofreces.
  - Consulta las reseñas de los clientes y respóndelas.
- **Atraer a nuevos clientes**
  - Mejora la presencia online de tu empresa para que puedan encontrarte nuevos clientes.
  - Dirige a los clientes a tu sitio web.

Si quieres, puedes usar publicidad basada en la ubicación con las campañas inteligentes de Google Ads para llegar a una audiencia aún mayor.

Registrarme

Determina si un Perfil de Empresa es la opción adecuada para ti

Usa Perfil de Empresa si tu empresa ofrece contacto personal los clientes

Usa campañas inteligentes si tu empresa solo tiene presencia online

Una vez registrado, su empresa aparecerá entre los resultados de Google tal y como usted decida.

3. Posicionamiento local en las SERP

Google Maps es uno de los servicios más conocidos y usados de Google. Es relativamente común (especialmente en teléfonos) que los perfiles de empresa de Google se muestren en la parte superior de las páginas de resultados, como se puede ver en la siguiente imagen a modo de ejemplo.

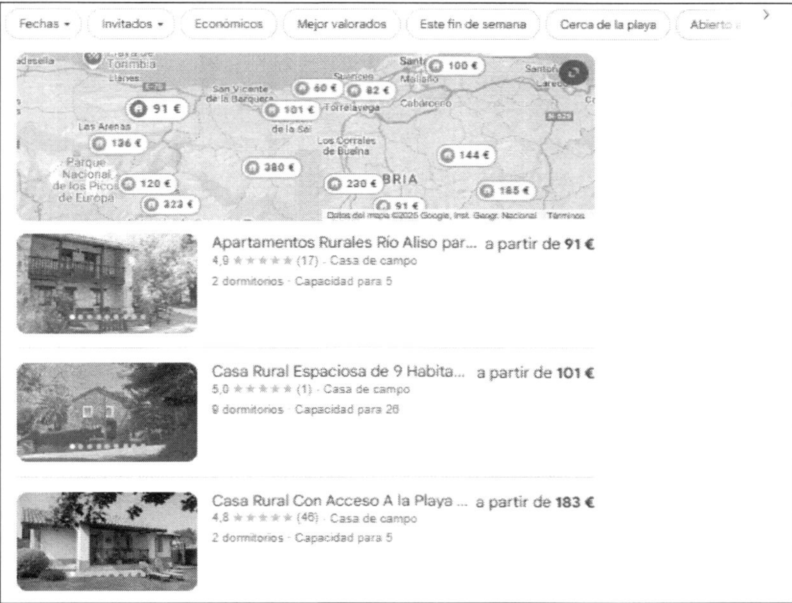

4. Geolocalización

También sabe que Google geolocaliza (cuando puede) su ordenador y su teléfono para ofrecerle sistemáticamente resultados locales.

Generalmente, las consultas contienen 7 u 8 palabras, entre las cuales suele incluirse información geográfica.

Por otra parte, hemos visto que la gran mayoría de las búsquedas por voz incluyen una petición relacionada con un lugar («cerca de mi casa» o en XXX...).

B. SEO local

1. El perfil de empresa de Google

En definitiva, la indexación local para una empresa que tiene un alcance territorial es potencialmente muy interesante. Sus visitantes la encontrarán con mucha más facilidad si pueden ubicarla en Google Maps.

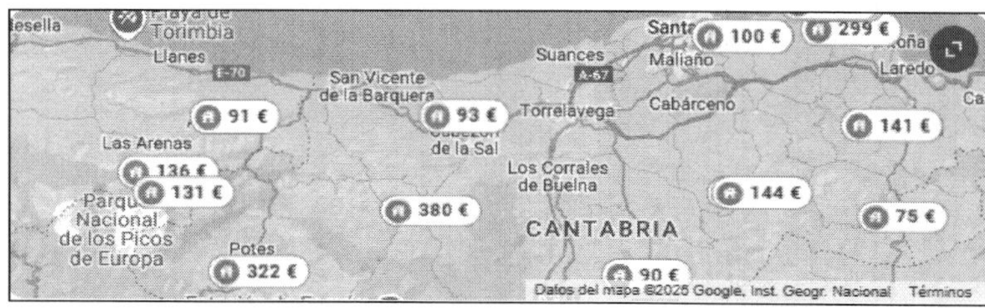

2. Integrar Google Maps en su sitio

Más allá de la indexación local de su empresa, que se detalla en la siguiente sección, también puede integrar un mapa de Google Maps en su sitio web para que los internautas puedan localizarle fácilmente.

Además, dicho mapa le permite hacer varias cosas: agregar un elemento gráfico útil en su sitio, proporcionar una prueba de ubicación (índice de confianza), sugerir rutas y posiblemente presentar contenido local (adjunto a un lugar en el mapa).

Si utiliza WordPress, por ejemplo, para construir su sitio web, encontrará un conjunto de plugins que le permitirán integrar Google Maps.

Al elegir el plugin, escoja uno que sea reciente, o que se haya actualizado recientemente, y que resulte fácil de usar.

> Aquí podrá encontrar algunas propuestas de extensiones (plugins) detalladas:
> https://www.webempresa.com/blog/widget-wordpress-geolocalizar-negocio.html. En el sitio de Wordpress también encontrará un montón de plugins sobre Google Maps:
> https://es.wordpress.org/plugins/search/google+maps/

C. Indexación en Google Maps

¿Cómo indexar sus empresa en Google Maps?

1. Creación del perfil de empresa de Google

- Para crear su primer perfil de empresa de Google visite le siguiente página: https://business.google.com/create?hl=es
- Busque el nombre de su empresa. Si ya existe, el perfil está creado y deberá solicitar acceso. Si no existe, haga clic en **Añade tu empresa a Google**.
- Introduzca el nombre de su empresa y haga clic en el botón **Siguiente**.

→ Indique si desea añadir una ubicación que los clientes puedan visitar, como una tienda o una oficina, y haga clic en **Siguiente**

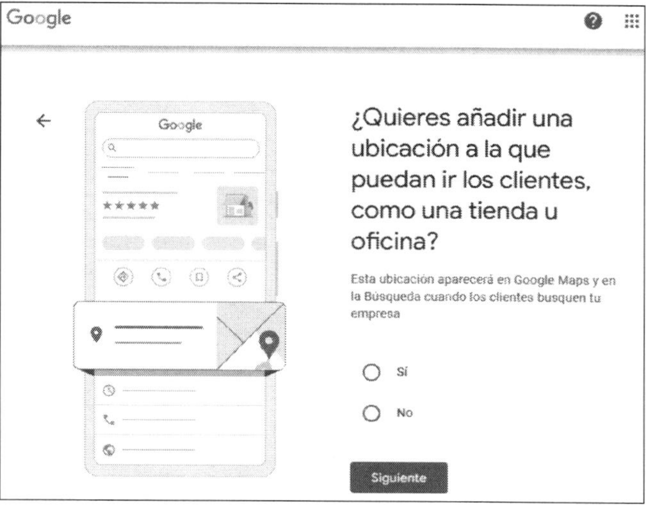

- Siga los pasos guiados para completar su perfil: defina la zona de influencia, seleccione el país y proporcione los datos de su empresa (número de teléfono, sitio web y dirección postal), así como sus servicios, horarios, dirección de correo electrónico, descripción de la empresa, fotografías, etc.
- Por último, valide su empresa en Google siguiendo el procedimiento indicado.

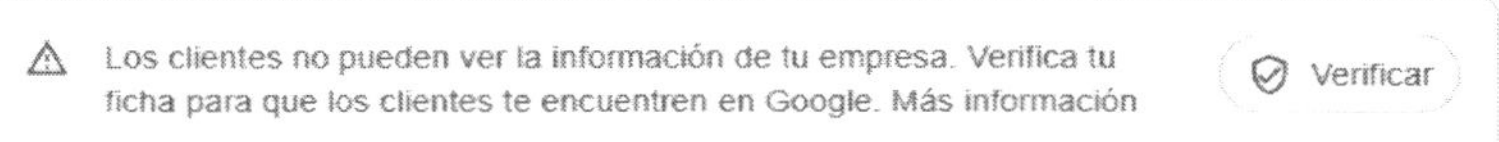

2. Administrar la información

Una vez finalizado el registro, puede acceder al servicio escribiendo el nombre de su empresa directamente en Google:

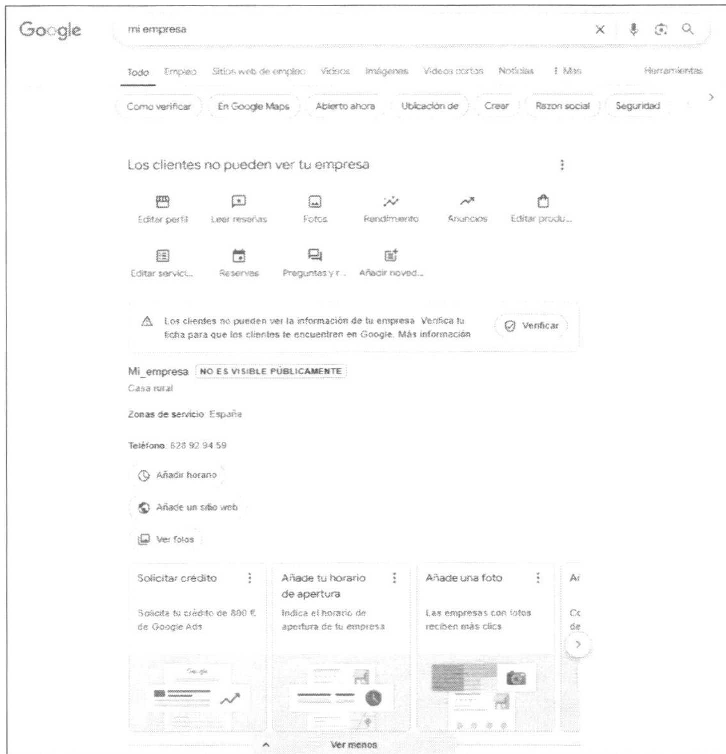

A través de esta interfaz, podrá llevar a cabo, entre otras acciones:

- Completar la ficha de su establecimiento de forma precisa.
- Acceder a sus estadísticas.
- Responder a las opiniones de los visitantes, si se da el caso.
- Insertar fotos de su establecimiento o de sus productos.
- Etc.

Es importante que tenga en cuenta que, para atraer visitantes a su sitio, lo mejor es completar la ficha de su empresa y añadir fotos llamativas.

3. Proporcionar información

a. Información sobre sus productos y servicios

Puede completar libremente llos datos sobre su empresa, sus productos y servicios utilizando la interfaz disponible. Para ello, pase el ratón sobre cada elemento y haga clic en el icono 🖉 para activar el modo de edición del campo que desea completar.

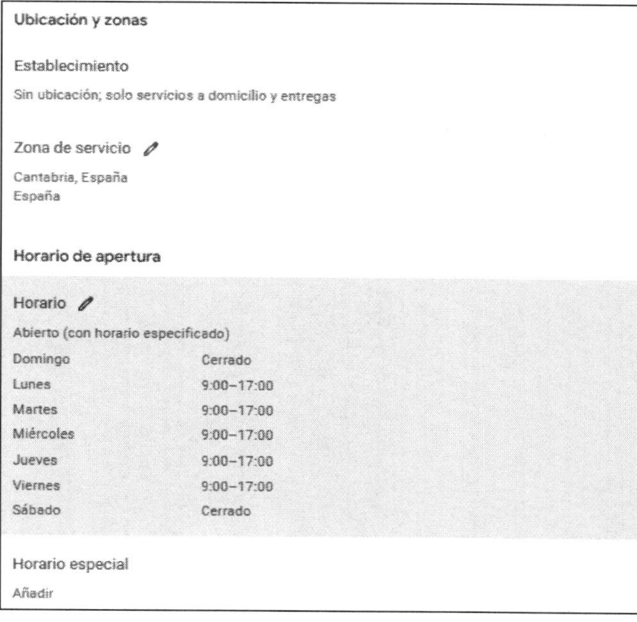

- Visite los distintos apartados para completarlos de la forma más precisa posible.
- Añada fotos y vídeos que ilustren adecuadamente su establecimiento o actividad.

b. Las opiniones de los internautas

La sección de opiniones permite a los clientes o visitantes dejar comentarios, notas y opiniones sobre su empresa.

Puede autorizar (o no) a los internautas a que dejen opiniones sobre su empresa o sus productos. Esta opción es, naturalmente, una espada de doble filo: depende de usted.

En caso de que obtenga opiniones negativas, tenga cuidado al reaccionar, debe responder a estas opiniones de manera constructiva y positiva.

Puede responder a las opiniones de los consumidores haciendo clic en la opción **Reseñas**, en el panel de control. Siempre se recomienda responder a todas las opiniones.

En el caso de los establecimientos turísticos, por lo general Google muestra también las opiniones remitidas por los internautas en las centrales de reservas de Booking, Tripadvisor y otras.

c. Añadir novedades con regularidad

La sección Añadir novedad permite a los propietarios de empresas publicar novedades, ofertas especiales y eventos directamente en su Perfil de Empresa de Google. Estas publicaciones aparecen en los resultados de búsqueda de Google y en Google Maps, de esta manera ofrecen una oportunidad adicional de comunicarse con clientes potenciales.

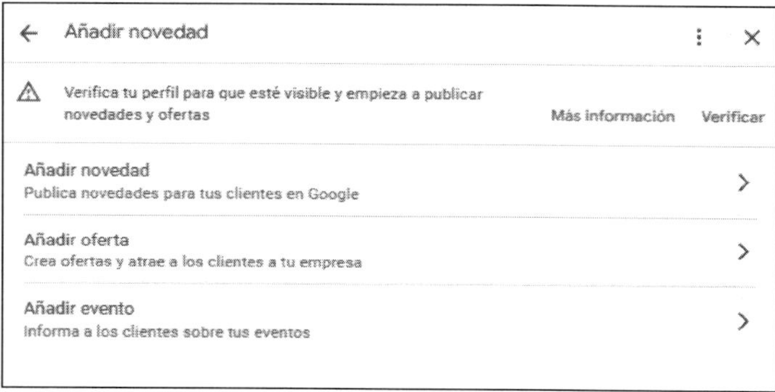

Cada publicación una validez limitada, que varía entre siete días y algunas semanas, dependiendo del tipo de contenido compartido. Esto anima a las empresas a mantener actualizada su información de forma continua.

Las publicaciones también pueden incluir imágenes atractivas para captar la atención visual de los usuarios. Además puede añadir llamadas a la acción (CTA, *Call To Action*) como **Comprar**, **Reservar**, **Llamar**, que animan a los usuarios a actuar directamente desde la ficha de empresa.

d. La función de las palabras clave en el perfil de empresa de Google

Las palabras clave de su perfil de empresa de Google desempeñan un papel fundamental en el posicionamiento local de su empresa.

Para aprovechar al máximo el potencial SEO de su perfil de empresa de Google, asegúrese de incluir palabras clave relevantes en los siguientes elementos:

- descripción de la empresa,
- preguntas y respuestas frecuentes,
- respuestas a opiniones de clientes,
- categorías asociadas a su negocio.

Al decidir optimizar su SEO local, registre su establecimiento en Google Maps, complete cuidadosamente su ficha de empresa, añada varias fotos atractivas tomadas por usted mismo y configure los atributos que destacan las ventajas competitivas de su negocio frente los de la competencia.

D. Criterios para SEO local

En resumen, una buena indexación con el perfil de empresa de Google My Business puede brindarle una visibilidad interesante.

Pero vayamos un poco más allá: ¿cuáles son los criterios importantes para el SEO local?

Parece que se tiene en cuenta la proximidad entre el usuario y la dirección del establecimiento.

Como era de esperar, los criterios *off page* (backlinks y el famoso índice de confianza) siguen siendo muy importantes.

Las citas de la marca en otros sitios web o en contenidos fuera del sitio web de la marca también son decisivas.

En esta página encontrará un artículo de Moz sobre los 7 criterios principales de optimización SEO del Perfil de Empresa de Google (en inglés):
https://moz.com/blog/top-local-search-ranking-factors-explained

En esta SEO.com encontrará un artículo en español:
https://www.seo.com/es/industries/smbs/

Capítulo 16

Optimización para medios sociales (SMO)

A. El fenómeno

Como sabe de sobra, el uso de las redes sociales está en plena expansión. Millones de usuarios utilizan regularmente Facebook, X (ex Twitter), Instagram... Estos sitios representan otros tantos soportes adicionales para aumentar la notoriedad de sus páginas.

Las redes sociales se encuentran entre los servicios web más apreciados por los usuarios de Internet. Su visibilidad (y el eco que generan) puede aumentar significativamente el tráfico hacia su sitio web. Al generar tráfico en sus páginas, las redes sociales pueden mejorar su posicionamiento.

Existen varias categorías de redes sociales en Internet; en esta parte las examinaremos una por una desde el punto de vista de su impacto en el SEO de sus páginas.

Hay cinco tipos de redes sociales:

- Redes sociales personales: Facebook, (X ex Twitter), que también se pueden utilizar con fines profesionales.
- Redes sociales para compartir (vídeos, fotos): Instagram, Dailymotion, YouTube, Pinterest.
- Redes sociales profesionales: LinkedIn.
- Redes sociales temáticas (también llamadas «verticales»): Tinder.
- Redes sociales corporativas (CSR): en esta parte no las abordaremos.

En esta dirección https://es.wikipedia.org/wiki/Red_social encontrará un artículo detallado de Wikipedia sobre las redes sociales.

1. Cifras

Las cifras son impresionantes. No es necesario revisarlas exhaustivamente; basta con proporcionar algunos números que ilustran el fenómeno.

Sabemos, por ejemplo, que el 86 % de los internautas españoles de 16-65 años utilizan redes sociales, lo que representa más de 30 millones usuarios.

Cifras de 2024 según el estudio de la IAB: https://www.gesmedia.es/wp-content/uploads/2024/05/Informe-Redes-Sociales-2024.pdf

Para darse cuenta del alcance del uso de todas estas herramientas, resulta muy instructiva la infografía «Data never sleeps», elaborada por Domo. Representa gráficamente la actividad mundial de las redes global por cada minuto: https://www.domo.com/data-never-sleeps.

A modo de ejemplo, cada minuto se suben más de 66 000 fotos en Instagram y se publican más de 347 000 tweets.

Desde aquí puede acceder al resumen del informe de We Are Social/Hootsuite sobre el uso de redes sociales en España: https://wearesocial.com/es/blog/2025/02/digital-2025-la-guia-esencial-del-estado-global-de-lo-digital/

El top 3 de las redes sociales en España en 2019:

- Facebook
- Instagram
- TikTok

YouTube no aparece en esta clasificación porque es un medio social.

Pero ¿realmente es necesario estar presentes en estas redes? ¿Cómo se hace? ¿Qué estrategia adoptar?

2. Estrategia

A la luz de estas cifras y de la evolución de la Web, considere que las redes sociales se han convertido en una necesidad para todas las empresas que desean desarrollar un negocio en línea o aumentar su visibilidad en Internet.

Estar presente y activo en este nicho requiere tiempo y recursos: la actividad de *community management* consume mucho tiempo, y quizás su empresa no tenga todos los medios para emplear recursos dedicados a esta actividad.

Aquí tiene algunos consejos útiles antes de comenzar:

El primer paso es plantearse las preguntas correctas.

- ¿Qué objetivo persigue? ¿Dar a conocer su actividad? ¿Mejorar su posicionamiento (es lo que trataremos en el contexto de este libro)? ¿Vender?
- ¿A quién se dirige? ¿A sus clientes? ¿A sus clientes potenciales?

El segundo paso debe ser establecer una línea editorial que se corresponda con los objetivos establecidos.

- Tanto en las redes sociales como en los sitios/blogs, la calidad del contenido resulta esencial: debe ser relevante, original y único.
- Elija una o dos redes sociales: mejor dedicarse poco, pero bien, en lugar de tratar de estar presente en todas partes.

> Las personas prefieren usar en el ámbito profesional las herramientas que manejan a nivel personal: esto les ahorra tiempo en el aaprendizaje de la herramienta.

B. Web social y SEO

En la actualidad, es una necesidad optimizar la presencia en las redes sociales (SMO) en paralelo con una estrategia de posicionamiento (SEO). Ambas son complementarias.

1. El concepto de inbound marketing

El **inbound marketing** o mercadotecnia de atracción es una estrategia de marketing basada en la creación y distribución de contenidos relevantes y útiles para atraer a un público objetivo específico.

En lugar de utilizar métodos de marketing tradicionales e intrusivos, el *inbound marketing* pretende establecer una relación con los clientes potenciales proporcionándoles información valiosa y creando una experiencia positiva. El objetivo es atraer de forma natural a clientes potenciales a su empresa, captar su interés y convertirlos en clientes satisfechos. Este enfoque se basa en la creación de contenidos de calidad, el SEO, el uso de las redes sociales y otras tácticas no intrusivas para atraer la atención de los consumidores.

2. Viralidad

La publicación de artículos en sus blogs o sitios genera, siempre y cuando el artículo sea original y relevante, su difusión en las redes sociales, lo que multiplica su presencia, los enlaces a su artículo y, en última instancia, facilita la indexación de sus páginas en Google.

Pero no es tan sencillo. Considere más bien que las redes sociales son una buena herramienta para promocionar su contenido y que, al aumentar su presencia en Internet, puede atraer más tráfico y, por lo tanto, mejorar su posicionamiento.

De este modo, su audiencia dependerá menos de una buena posición en las SERP de Google.

En otras palabras, las redes sociales pueden mejorar el posicionamiento natural de forma indirecta, ya que actúan como una muy buena herramienta de promoción y contribuyen a generar tráfico adicional hacia el sitio web.

Tenga en cuenta también la creciente importancia de las recomendaciones (*los likes*, + 1, etc.), que constituye un factor de calidad del contenido para los motores.

3. Estrategia

a. Ganar en visibilidad

Las redes sociales son una buena manera de incrementar su presencia. Una vez que haya definido sus objetivos, su línea editorial, dedique un poco de tiempo a registrarse, si aún no lo ha hecho, en algunas de estas herramientas; las que conoce mejor o las que mejor se corresponden mejor con sus objetivos y público.

b. Aprovechar las señales sociales

Google tiene en cuenta las llamadas «señales sociales» (recomendaciones, votos, retweets, por ejemplo) para evaluar la relevancia del contenido.

Si agrega backlinks a estas señales sociales, de modo que sus followers o seguidores puedan difundirlas, obtendrá una buena influencia para aumentar su audiencia y su tráfico.

c. Lance su sitio usando las redes sociales

Su objetivo al lanzar su sitio es tener la mayor audiencia posible. Puede anticiparse utilizando las redes sociales incluso antes de que su sitio esté en línea o finalice su rediseño.

Aumente su presencia en la red estando activo en las redes sociales que le interesen; invite a sus amigos, por ejemplo, a compartir su contenido, cree comunidades (o regístrese en comunidades que ya existan).

También puede intentar comenzar desde un lugar existente: páginas o comunidades ya creadas, pero que estén muy poco activas, puede considerar la posibilidad de hacerse cargo de la organización contactando con el administrador: de este modo, no partirá de cero.

4. ¿Cómo hacerlo?

No todas las redes sociales tienen el mismo interés; depende de su actividad y su ubicación.

La primera pregunta que debe plantearse es, obviamente: ¿tengo los medios (tiempo, recursos, presupuesto) para invertir lo suficiente en una estrategia SMO, de modo que el retorno de la inversión sea interesante?

Si le faltan recursos, concéntrese en una o dos herramientas que conozca: es inútil estar presente en muchas redes si no logra tener éxito.

> Cómo elegir las redes sociales adecuadas para su negocio:
> https://www.bilib.es/actualidad/articulos-tecnologicos/post/noticia/redes-sociales-para-empresas-como-elegir-las-mas-apropiadas-segun-tu-tipo-de-negocio
> o
> https://orienteed.com/es/redes-sociales-para-ecommerce-cual-usar-en-2024/

a. En función de su público objetivo

Pregúntese quién es su público objetivo. Por ejemplo, ¿su empresa es BtoC (*Business to Consumer*), o más bien BtoB (*Business to Business*)? ¿Está orientada hacia el consumidor final o hacia la empresa?

Las redes sociales tienen sus particularidades y esto puede dar juego. Usted ya conoce a su público objetivo porque ha estudiado su entorno de marketing; tenga en cuenta las particularidades de la Web social. Debe tener presencia allí donde estén sus clientes.

b. En función de sus objetivos

En el contexto de este libro, su objetivo es optimizar su SEO. En este aspecto, sucede lo mismo que en otras áreas: no todas las redes sociales tienen la misma importancia o el mismo impacto.

c. En función de su experiencia

Use las herramientas que mejor conoce; ahorrará un tiempo precioso.

> Google utiliza las redes sociales para el posicionamiento de las páginas?
> https://www.irudigital.com/papel-de-las-redes-sociales-en-posicionamiento-seo/

Para su actividad de turismo rural, sabe que su presencia en ciertas redes sociales es interesante porque sus colegas y sus clientes le han hablado al respecto; también ha encontrado a algunos de sus competidores en Facebook o YouTube.

Entonces decide dedicarles un poco de tiempo: ya tiene una página personal de Facebook, y ahora ha agregado una página de «negocios». Este año, decide comenzar con Instagram; le gusta esta red social, ya que es muy visual y puede compartir muchas fotos de lugares y productos.

5. Blog, redes sociales y SEO

Un blog puede (y debe) servir como base para tener presencia en las redes sociales. Hemos visto la importancia de añadir botones para poder compartir las entradas.

De hecho, un blog le permite generar contenido con frecuencia en forma de artículos, que constituyen la base para alimentar su presencia en redes sociales, siempre necesitadas de nuevo contenido.

Dicho de otro modo: el mantenimiento de un blog con contenido original, impactante y fácil de compartir constituye la base de una presencia exitosa en las redes sociales.

C. Facebook

Facebook es la red social más utilizada: la mayoría de las empresas tienen una página aquí.

Con respecto a su actividad, que está más bien orientada hacia los consumidores, y no hacia las empresas, la presencia en Facebook puede ser interesante para compartir información con sus clientes, ya sean consagrados o potenciales, y tener un intercambio con ellos.

1. Facebook y el SEO

a. Utilidad de Facebook

Hoy en días, las empresas se acercan a sus clientes gracias a las páginas de empresa (o páginas de seguidores) gratuitas, lo que permite que cualquier compañía pueda lanzar su presencia en línea.

Una página de Facebook le permitirá fidelizar a sus clientes e interactuar con ellos. Esta presencia y los backlinks que se generan pueden atraer tráfico a sus medios, sitio o blog.

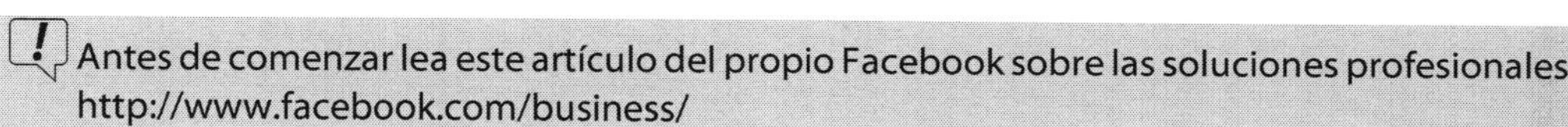

Antes de comenzar lea este artículo del propio Facebook sobre las soluciones profesionales. http://www.facebook.com/business/

→ En la esquina superior derecha, haga clic en la flecha del botón **Empieza ya** y luego vuelva a hacer clic en el botón **Crea una página**.

- Introduzca el **Nombre de la página** y la **Categoría**.
- Haga clic en el botón **Crear página**.

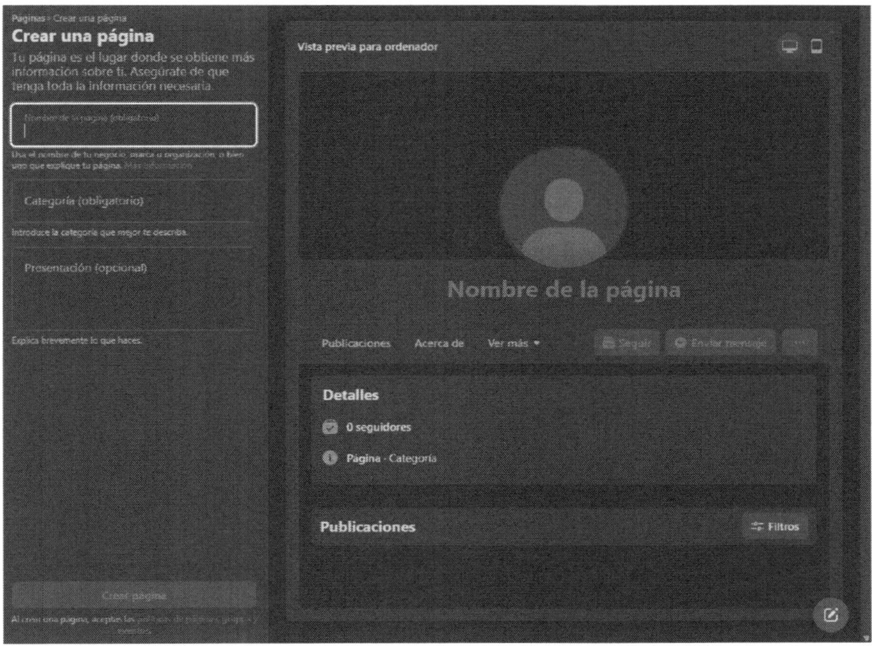

- Complete los campos tal y como se le pide y siga los pasos; se le guiará a lo largo de todo el proceso.

Su página se publica muy rápidamente. Por supuesto, después podrá mejorarla, añadir elementos visuales e invitar a sus clientes, reales o potenciales, a darle *Me gusta* a sus publicaciones.

b. Estrategia

Al tener una página comercial activa, usted se dota de medios para conocer mejor a sus clientes, su comportamiento y sus necesidades. Involúcrelos en su estrategia, pregúnteles, recurra a ellos: contribuirán a su notoriedad en la red y fuera de ella.

Sin embargo, tenga cuidado: el 70 % de las páginas de Facebook están inactivas y hay una buena razón para ello: estar presente en esta red requiere tiempo, implicación y la publicación regular de contenido para ser efectivo.

Piense también en los enlaces cruzados entre sus diferentes medios: de Facebook a su sitio y viceversa; esto aumenta potencialmente el tráfico en sus medios.

c. ¿Cómo hacerlo?

Comience creando una página de empresa. Si lo necesita, encontrará tutoriales muy prácticos sobre el tema.

- Promocionar página profesional de Facebook:
  https://www.youtube.com/watch?v=xlY82fc-asw
- Crear una página profesional:
  https://www.facebook.com/business/help/473994396650734?id=939256796236247
- Configurar una página profesional:
  https://www.facebook.com/business/help/1968057156746246?id=939256796236247
- Impulsar su empresa en Facebook:
  https://www.facebook.com/business/help/546433732525511?id=860800950779950

A continuación, piense en personalizar la URL de su página: debe ser simple, fácil de recordar y acorde a su actividad.

Difunda esta URL en sus otros medios.

2. Ventajas e inconvenientes de Facebook

Como todas las herramientas, Facebook presenta ventajas e inconvenientes.

a. Ventajas

El registro y uso de la página es gratis; le llevará un tiempo, pero no hay tarifa de entrada. La información publicada en sus páginas se difunde en la red y puede aumentar su notoriedad: ¿por qué prescindir de ella?

Facebook es una de las principales redes; su potencial es enorme si decide dedicarle algo de energía.

b. Inconvenientes

El carácter «cronófago» de la actividad es evidente: le tomará tiempo leer, responder, intercambiar, publicar contenido y, si no invierte tiempo, su efectividad se resentirá.

El segundo gran inconveniente de Facebook es la distinción poco clara entre privado y profesional; pero, como se trata del postulado inicial de la herramienta, debe aprender a lidiar con ello.

Para obtener más información, en esta página encontrará las cifras más destacadas de Facebook en 2024:
https://www.reactivaonline.com/estadisticas-facebook/.

c. Facebook, un canal de marketing como los demás

No siempre es fácil conseguir que los usuarios den un "Me gusta" a una publicación. Por eso, ha surgido la estrategia conocida como «llamada a la acción».

De hecho, si a sus visitantes no se les ocurre dar a «Me gusta» en sus páginas, pídales directamente que lo hagan: será más efectivo. Otra cosa es que nos planteemos cuál es la calidad de una recomendación obtenida mediante incentivos...

Esta «llamada a la acción» proporciona de dos a tres veces más «Me gusta» que la inacción.

d. Efecto perverso

El entusiasmo por las redes sociales está probado y es real, pero no carece de los efectos perversos habituales vinculados al potencial económico de la herramienta.

Algunos oportunistas buscan vender fans o seguidores... Es una táctica que recuerda a la de los bancos de enlaces o granjas de contenido. Google y los demás buscadores están ojo avizor: estas ventas no le interesan porque usted busca notoriedad en función de la calidad de su contenido.

D. X (ex Twitter)

X es una herramienta de microblogging que permite enviar un mensaje de hasta 280 caracteres a los contactos en la versión gratuita. Esta red social es ideal para que los profesionales se den a conocer en su sector de actividad como expertos en su sector. Además, muchos medios de comunicación están presentes en ella.

Aunque X no tiene un impacto directo en el SEO, sí le permite comunicarse con sus clientes, interactuar con su comunidad, compartir enlaces a artículos o imágenes y aumentar la frecuencia de sus publicaciones. Esto puede reforzar su visibilidad y presencia online, aunque sin influir directamente en el posicionamiento natural.

Esta es la definición que la Wikipedia hace de Twitter , llamado X desde 2023:
https://es.wikipedia.org/wiki/Twitter

1. Interés de la actividad en X para el posicionamiento

a. Crear una cuenta

Para crear una cuenta, vaya a https://x.com/ y siga las instrucciones. El proceso es muy simple:

- Haga clic en el botón **Crear cuenta**.
- Elija un nombre de usuario, que puede ser el nombre de su empresa.
- Rellene los campos **Nombre**, **Teléfono** y **Fecha de nacimiento**. Puede utilizar el correo electrónico en lugar del teléfono.

- Escriba una biografía de 160 caracteres: que describa claramente su actividad e incluya en ella las palabras clave seleccionada.

  Google puede reconocer tanto el nombre y los apellidos como la biografía, lo que contribuye a mejorar su visibilidad.

- Personalice su cuenta con logotipos, imágenes, etc.

Para crear una cuenta en X: https://help.x.com/es/using-x/create-x-account. Aquí puede encontrar un tutorial más completo: https://tweetdelete.net/es/recursos/how-to-use-twitter-for-beginners-newbie-to-pro-in-7-minutes/

b. Los enlaces de X

Los enlaces que pone en X están en modo «nofollow»; esto significa, como ya sabe, que Google no los sigue (lucha antispam).

Pero puede promover el tráfico directo a su sitio o blog indicando su URL.

2. Optimización del posicionamiento en Twitter

Con objeto de optimizar su presencia en X, piense en buscar perfiles interesantes para su actividad; póngase en contacto con las personas más influyentes, las más seguidas.

Con X es muy fácil ponerse en contacto con personas seleccionadas, algo que no se da por sentado en el caso de otras redes.

Comience a dinamizar su cuenta: publique algunos tweets, retuitee publicaciones interesantes.

Para su actividad, decide crear una cuenta de Twitter y darse tiempo para ver qué sucede. Primero buscará contactos y seguirá los perfiles identificados antes de comenzar a publicar tweets activamente.

3. Ventajas e inconvenientes de X

Como todas las herramientas, X presenta ventajas e inconvenientes.

a. Ventajas

Una presencia activa en X es interesante y aumenta su notoriedad.

b. Inconvenientes

En comparación con otras redes masivas, X se usa menos. Analice su público objetivo: ¿está presente en X?

E. Instagram

Instagram es la cuarta red social más utilizada del mundo, después de Facebook, YouTube y WhatsApp.

Aunque el compromiso ha descendido desde el auge de la red social TikTok, Instagram se mantiene en la carrera creando constantemente nuevas funcionalidades. Un buen ejemplo es el lanzamiento de los *reels*: vídeos cortos y entretenidos en formato vertical, que aparecieron en julio de 2022 y que han ganado gran popularidad.

1. Utilidad de Instagram para el SEO

Instagram es una plataforma ideal para reforzar la imagen de marca y mostrar productos, especialmente si se complementa con un sitio web.

Aunque las interacciones en redes sociales (comentarios, menciones, comparticiones, etc.) no influyen directamente en el posicionamiento SEO, algunos enlaces hacia su sitio pueden generar tráfico relevante.

Desde 2012, tras la adquisición de Instagram por parte de Facebook (ahora Meta), se han desarrollado integraciones entre ambas plataformas. Si crea una cuenta profesional de Instagram vinculada a su página de empresa en Facebook, podrá acceder a funciones adicionales como: acceso a la tienda de Facebook (con etiquetas de producto), Gestión unificada del contenido desde el centro de cuentas y estadísticas y herramientas de marketing compartidas.

→ Estos son los pasos que debemos seguir para configurar nuestra cuenta de empresa en Instagram:

- Vaya a su perfil y haga clic en la imagen de su perfil situado en la esquina superior derecha de la pantalla. Haga clic en **Editar perfil**. En el menú central de la pantalla que aparece, deslice hacia abajo y haga clic en **Tipo de cuenta y herramientas**. Ahora solo tiene que volver a hacer clic en **Cambiar a cuenta profesional**.
- Seleccione **Empresa** y haga clic en **Siguiente**. En la siguiente pantalla, haga clic en **Siguiente**.
- Seleccione la categoría que mejor describe a su empresa y haga clic en **Listo**.
- En la ventana emergente que aparece informándole de las consecuencias de cambiar a una cuenta empresarial, haga clic en **Continuar**.

Es posible vincular la cuenta de Instagram con una cuenta de Facebook desde el acceso al Centro de cuentas de Meta que aparece en la parte superior del menú central:

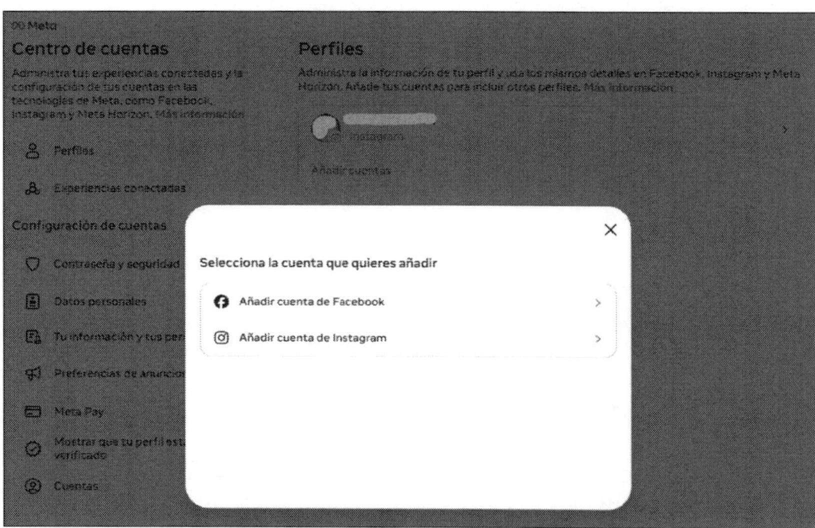

Para acceder a Meta Business visite esta página: https://www.facebook.com/business/

2. Gestionar los enlaces de Instagram

Aunque los enlaces en Instagram están definidos como nofollow (es decir, no transmiten autoridad SEO), pueden ser muy eficaces para generar tráfico directo hacia su sitio web..

Por ello vamos a ver cómo optimizar su uso para generar el máximo tráfico posible hacia su sitio web.

a. Los enlaces de la biografía de Instagram

Desde abril de 2023 Instagram permite añadir hasta cinco enlaces en la biografía de una cuenta.

- Para configurar estos cinco enlaces en la interfaz de Instagram, desde un dispositivo móvil, toque su imagen de perfil, seleccione **Editar perfil** y, después, **Añadir enlace**.

Para su empresa, por ejemplo, puede insertar enlaces a los siguientes recursos web: sitio web, página de Facebook, suscripción al boletín, formulario de reserva en línea, etc.

Sin embargo, algunos profesionales prefieren utilizar un método más antiguo para añadir varios enlaces, a menudo por razones estéticas o si el número de enlaces es superior a cinco. Se trata del uso de un Linktree.

El servicio Linktree permite compartir todos los enlaces que necesite, así como compartir la lista de enlaces en otras redes sociales o plataformas.

➜ Vaya al sitio web de Linktree para crear su cuenta: https://linktr.ee/.

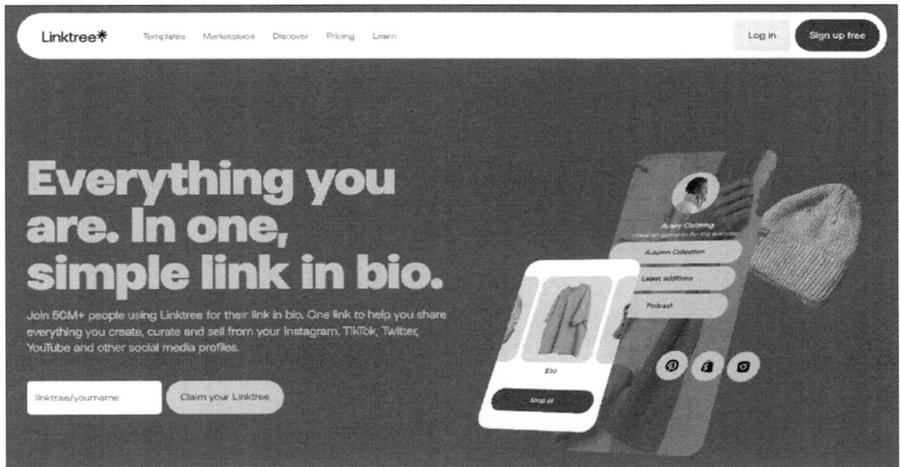

➜ Haga clic en **Sign up for free** e introduzca los datos solicitados para crear su perfil.

➜ Confirme su cuenta utilizando el correo electrónico de validación que se le ha enviado.

➜ Para empezar puede seleccionar una cuenta gratuita.

➜ Durante el proceso de creación de la cuenta tendrá la posibilidad de elegir diversas características.

➜ En la pantalla **Add your links** tiene la posibilidad de añadir hasta tres enlaces en la zona **Add your own links**.

➜ Haga clic en **Continue**.

➜ Una vez creado su perfil, en el menú de la izquierda, haga clic en **My Linktree**. Al hacer clic en el botón **+ Add** podrá añadir enlaces.

➜ En la parte superior derecha de la pantalla, si hace clic en el botón **Copy your Linktree URL** podrá copiar el enlace de Linktree.

- Vaya a su perfil de Instagram para pegar el enlace y guardarlo: Haga clic en la foto de su perfil, seleccione **Editar perfil** y luego haga clic en **Añadir enlace**.

b. Los enlaces disponibles en historia (e historia destacada)

La **historia** de Instagram es un contenido (fotografía o vídeo), o una serie de contenido, publicado en la red social que se borra automáticamente una vez transcurridas 24 horas.

El propósito de este contenido efímero es exponer contenido más espontáneo que permite añadir varios *stickers* que serán visibles en la historia: cargo, mención, preguntas, encuesta, etc. De esta manera tiene la posibilidad de añadir un enlace con el sticker asociado.

- Desde la página de inicio de Instagram, haga clic en su fotografía de perfil que lleva debajo el texto **Tu historia**, en la parte superior izquierda de la pantalla.
- Elija la fotografía o el vídeo que desea publicar.
- Haga clic en el icono que representa un sticker en la parte superior, a la derecha de **Aa**.

- Selecciona el *sticker* **ENLACE**.
- Introduzca la URL y personalice el texto del *sticker* como desee.
- Haga clic en **Listo** en la esquina superior derecha.

> Para una mayor eficacia y longevidad, puede añadir historias archivadas como «Historias destacadas» en su perfil de Instagram. De esta forma, los usuarios podrán verlas en cualquier momento. Todo lo que tiene que hacer es elegir las que sean más relevantes para tu negocio:
> https://ongoing.es/historias-destacadas-instagram/

3. Identificar los productos

Cuando comparte contenido sobre sus productos en Instagram, utilizar etiquetas (identificadores) facilita que los usuarios encuentren información o realicen su compra. Puede identificar hasta veinte productos en una publicación de fotografía del hilo de Instagram.

Para añadir etiquetas de productos:

- Cree su publicación o Reel como hace habitualmente en Instagram.

Antes de publicar su historia en Instagram, seleccione **Etiquetar personas** y, en la siguiente pantalla, seleccione el icono que parece una bolsa de la compra. A continuación, puede identificar sus propios productos o los de otra marca. Esta función puede abrir la puerta a colaboraciones y promociones cruzadas.

Como recordatorio, para poder acceder a sus productos, necesita haber vinculado su cuenta de Instagram a su página de empresa de Facebook (ver apartado anterior). Además, esta página también debe tener una tienda con sus productos, que puede configurar en Meta Business.

Para saber más sobre cómo crear una tienda en Facebook (e Instagram), encontrará la documentación necesaria aquí:
https://www.facebook.com/business/help/268860861184453?id=1077620002609475

Por lo tanto, la identificación de los productos puede dirigir el tráfico hacia su sitio web, con vistas a una simple consulta o incluso una conversión en una compra en línea.

4. Ventajas

Al igual que Facebook, registrarse en Instagram y usarlo es gratuito (excepto en el caso de las campañas publicitarias). La información publicada en la red social se vuelve viral gracias al potencial de los *hashtags*.

Por su carácter visual y las funciones adicionales disponiblesintegral de una estrategia de inbound marketing y de adquisición de tráfico SEO.

5. Desventajas

Desarrollar una imagen de marca sólida en Instagram no es tarea fácil. Para destacar entre la gran cantidad de cuentas, las empresas deben construir una identidad visual coherente y compartir imágenes de alta calidad.

Aunque algunos formatos (como las historias o los Reels) son menos exigentes en cuanto a producción, el uso eficaz de Instagram requiere creatividad y constancia.

Además, Instagram no permite insertar enlaces clicables ni en las publicaciones (fotos o vídeos) ni en los comentarios. La plataforma está diseñada para mantener al usuario dentro de la aplicación el mayor tiempo posible.

Por ello, es necesario redoblar esfuerzos utilizando los métodos mencionados anteriormente (biografía, historias, Linktree...) para generar tráfico hacia su sitio web.

Además, es imposible poner enlaces en las publicaciones (fotografías y vídeos) o en los comentarios.

F. Las otras redes

1. Redes profesionales

a. Utilidad

La principal red profesional, LinkedIn, es ampliamente utilizada y permite a las empresas comunicar sus novedades y crear comunidades en torno a temas específicos.

b. Tener presencia

Comience creando una cuenta en estas redes; puede empezar con una cuenta gratuita. Cambiar a una cuenta de pago abre una gama de funciones mejoradas.

Cree una cuenta personal, agregue contactos elegidos de acuerdo con su actividad: como en todas las redes, puede invitar fácilmente a contactos desde su libreta de direcciones de correo electrónico.

Un segundo paso puede consistir en crear una página de empresa para ofrecer contenido específico, noticias, enlaces a otros contenidos...

Si luego percibe un interés real en estas redes, puede crear comunidades o grupos en torno a contenido específico y agrupar a sus contactos en ellos.

Cuando esté presente en estas redes, recuerde indicar los enlaces a sus otros medios.

Dinamizar una comunidad llevará tiempo, pero le dará una buena visibilidad siempre que comparta contenido interesante siguiendo una línea editorial relevante.

LinkedIn ofrece una amplia gama de extensiones y funciones interesantes. Esta es la lista: https://www.linkedin.com/help/linkedin/answer/a565090/funciones-de-las-paginas-de-linkedin-para-administradores-y-seguidores?lang=es.

2. Redes para compartir fotos o vídeos

Este repaso general a las redes sociales y su utilidad en relación con su estrategia de SMO y SEO no estaría completo si no abordásemos las redes para compartir medios.

Recuerde que la búsqueda universal, especialmente la relativa a imágenes y vídeos, es la que predomina en Internet.

a. Fotos

Las principales redes de intercambio de fotos son Instagram (adquirida por Facebook), que ya hemos visto antes, Pinterest y Flickr.

Puede crear una cuenta en cualquiera de estas redes de manera fácil y gratuita.

- Vaya, por ejemplo, a www.pinterest.com.
- Haga clic en **Registrarse** y siga las instrucciones; observe que, en la parte inferior del cuadro de registro, tiene la opción **Crear una cuenta de empresa**.

Pinterest aún es relativamente poco utilizada en España; algunas empresas tienen presencia en ella, pero no muy activa. Se trata de una red social para compartir fotos.

Dispone de una gran cantidad de fotos tomadas tanto por usted mismo como por sus clientes; planea publicarlas y compartirlas, y para ello previamente va a optimizar la calidad y las etiquetas asociadas a dichas imágenes.

b. Vídeos

Al igual que sucede con las imágenes, compartir vídeos es una actividad en auge; recuerde la cantidad de vídeos que se comparten diariamente, especialmente en Youtube.

Si tiene material, publique estos vídeos y compártalos en sus diversos soportes; luego, indique los enlaces en sus sitios y blogs, y la viralidad de Internet hará el resto... siempre que su contenido sea interesante.

Para su negocio, ha decidido publicar videos en YouTube con objeto de atraer clientes potenciales e incrementar la notoriedad de su empresa.

Para saber cómo hacerlo, visite esta página:
https://support.google.com/youtube/answer/57407.

En los últimos años han triunfado dos redes sociales basadas en el formato vídeo vertical: Snapchat y TikTok.

Snapchat es una aplicación móvil orientada principalmente a un público joven, en especial adolescentes y adultos jóvenes. Una de sus características distintivas es que permite publicar mensajes efímeros dirigidos a contactos personales. La principal ventaja para las empresas es la posibilidad de destacar a nivel local mediante la función Mapa de Snapchat, que permite a los usuarios descubrir lugares cercanos y ver contenidos compartidos por otros miembros de la comunidad en tiempo real.

TikTok es una plataforma social que permite a los usuarios crear, compartir y descubrir vídeos cortos, generalmente acompañados de música o efectos visuales. Aunque inicialmente fue popular entre adolescentes, su audiencia se ha diversificado progresivamente hacia otras franjas de edad En la actualidad, TikTok está incorporando herramientas específicas para empresas, como páginas de empresa, su plataforma publicitaria TikTok Search Ads y el programa Creator Marketplace, que facilita colaboraciones con creadores de contenido.

Respecto al posicionamiento, hablamos de «posicionamiento local», pero solo en las plataformas en cuestión.

G. Conclusiones sobre el SMO

Las redes sociales son numerosas, potentes y pueden aportarle una reputación no despreciable en Internet, ya sea aumentando su tráfico (y favoreciendo así su posicionamiento en las SERP de Google) o influyendo directamente en su posicionamiento.

En cualquier caso, parece que Google analiza su presencia en las redes sociales para evaluar la confianza que puede atribuir a sus páginas.

No las descuide: tenga en cuenta el tiempo necesario para su dinamización.

Dado que resulta muy difícil estar activo y, por lo tanto, ser efectivo en todas partes, seleccione algunas y concentre sus esfuerzos en ellas.

Si no sabe cuáles elegir, también puede comenzar con un período de prueba en todas ellas, por ejemplo, de un mes, y luego determinar cuáles son las que mejor se adaptan a su actividad o con cuáles se siente más cómodo.

Por último, para optimizar la gestión de sus redes sociales, puede optar por una herramienta complementaria de las mencionadas en el capítulo Herramientas para webmasters.

Capítulo 17

Indexar su sitio o blog

A. Introducción

Bueno, ¡ya casi está!

Lo tiene todo a punto. Ha optimizado cuidadosamente sus páginas. Su sitio web o blog está en línea.

Ahora indexará sus páginas en las herramientas de búsqueda.

Pero ¿cómo se hace? ¿En qué herramientas indexar su sitio?

Esto es lo que veremos en este capítulo.

- ¿Qué método adoptar?
- ¿En qué herramientas registrar su sitio?
- ¿Cómo indexar en Google y en otros motores de búsqueda?
- ¿Cómo abordar la indexación en directorios?
- ¿Qué pasará después de su solicitud de indexación?
- ¿Cómo eliminar la indexación de ciertos elementos?

En este capítulo, aprenderá a elegir las herramientas más apropiadas y verá cómo realizar sus solicitudes de indexación natural, cuáles son los tiempos de respuesta de las herramientas de búsqueda y cuáles son los motivos de una no indexación.

Su objetivo es indexar tantas páginas como sea posible en su sitio o blog y asegurarse de que los robots del motor las visiten con frecuencia.

B. Principios y definiciones

Antes que nada, recuerde: si sus páginas no ofrecen contenido interesante y único, contenido real, es poco probable que acaben bien posicionadas en las herramientas de búsqueda:

- Pocas posibilidades en los motores porque una página de baja calidad tendrá muy poca popularidad, pocos enlaces (backlinks) o bien enlaces «malos».
- Pocas posibilidades en los directorios porque la indexación es humana, no a través de software, y la calidad del contenido es muy importante.

Es posible que haya oído hablar de indexación manual, automática, internacional, posicionamiento, licitación... y quizás le cuesta un poco orientarse en esta etapa. ¿Qué significan todos estos términos?

La indexación manual

Con este método, se va a los motores de búsqueda y se rellena el formulario de solicitud de indexación.

Debe proporcionar la siguiente información:

- URL de la página que quiere indexar,
- una dirección de correo electrónico.

Hoy en día, la indexación ya no funciona de esta manera; estos formularios han dejado de existir. Ahora las páginas se indexan a través de la Search Console de Google, a la que se puede acceder a partir de la siguiente dirección URL: https://search.google.com/.

Indexación mediante una página que ya esté indexada

Es la mejor solución y, sin duda, la forma más rápida de incluir su sitio o blog en el índice de los motores de búsqueda. La página en la que se coloca el enlace hacia la suya puede ser una página de uno de sus sitios o una página externa a los dominios que administra.

El principio de este tipo de indexación es el siguiente:

Los robots de los buscadores navegan continuamente por Internet, siguen todos los enlaces que encuentran e indexan las páginas. Por lo tanto, llegarán a la página que contiene el enlace a sus páginas y las indexarán. La página de origen del enlace debe estar relativamente bien posicionada para que este tipo de indexación sea eficiente.

La indexación automática

Es el hecho de llevar a cabo la indexación mediante el uso de una herramienta de software que permite registrar sus páginas en un conjunto de buscadores.

Usted indica su URL, elige si es preciso la lista de motores de búsqueda en los que indexar el sitio y, cuando la valida, el software de indexación automática lleva a cabo la petición en los buscadores seleccionados.

Este método de indexación automática se puede llevar a cabo usando los cientos de herramientas de búsqueda que pululan por la Web.

La petición de alta o registro

Se refiere al hecho de efectuar una solicitud de alta en un buscador.

La indexación

En sentido estricto, es la inscripción de sus páginas en la base de datos de las herramientas de búsqueda.

Ahora que las cosas están un poco más claras, llegamos al meollo del asunto, abordando concretamente la indexación en motores y directorios, y en Google en particular.

El enfoque de estos dos tipos de herramientas es muy diferente:

- La indexación en los directorios se realiza a través de una ficha descriptiva, una lista de información que usted envía al equipo de internautas del directorio en cuestión para su examen, evaluación e indexación.
- La indexación en un motor de búsqueda se realiza mediante un software, como respuesta a la solicitud realizada a través de la interfaz del webmaster o como resultado del seguimiento de los enlaces realizados por el robot del motor.

El proceso de indexación se puede descomponer de la siguiente manera:

- Elección de herramientas y modo de indexación.
- Solicitud de indexación.
- Optimización de la solicitud.
- Seguimiento de la solicitud de indexación.

C. ¿Dónde indexar su sitio?

La respuesta más obvia sería: en todas las herramientas, o en el mayor número de ellas posible.

Asegúrese de registrar cuidadosamente sus páginas en las herramientas más utilizadas por los internautas, y especialmente por aquellos que son su público objetivo.

De esta forma, tendrá más posibilidades de aumentar la audiencia de su sitio.

Para el SEO de su sitio, debería realizar:

- Indexación manual en las herramientas más importantes: las principales en español e internacionales si su sitio es bilingüe.
- Indexación automática para completar este proceso e intentar registrar su sitio en tantas herramientas como sea posible.

1. ¿En qué herramientas registrar sus páginas web?

La respuesta a la pregunta «dónde» también depende de los idiomas utilizados en su sitio.

- Si su sitio está en castellano y solo se destina a clientes de España o hispanohablantes, indéxelo manualmente en las herramientas principales.

  Piense también en otras herramientas de habla hispana: los países de Hispanoamérica, por ejemplo.

Nutrida lista de directorios (internacional):
https://quenohariayoporti.es/listado-de-directorios-web-gratuitos/

Para su nuevo negocio, indexará su sitio manualmente en herramientas españolas, pero también en herramientas mexicanas, chilenas y argentinas, que representan una fuente de clientes potenciales.

- Si su sitio es inglés bilingüe y está destinado a una clientela o un público internacional, le interesan especialmente las herramientas internacionales.
- Si su sitio ofrece otro idioma, indéxelo también en las principales herramientas de búsqueda del idioma elegido.

Tenga en cuenta que Google y Bing, por ejemplo, están disponibles en varias docenas de idiomas: encontrará la lista completa de estas versiones nacionales en sus respectivos sitios.

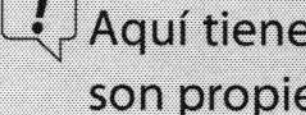

Aquí tiene la lista completa de los países y dependencias que disponen de dominios que son propiedad de Google: https://es.wikipedia.org/wiki/Anexo:Dominios_de_Google

2. Buscadores y directorios

En definitiva, tiene que indexar su sitio en dos tipos de herramientas: buscadores (o motores de búsqueda) y directorios.

- Los buscadores son las herramientas más utilizadas por los internautas; Google el primero. Generan mucho tráfico.
- Los directorios generan menos tráfico, por supuesto, pero la presencia de su sitio en ciertos directorios puede mejorar el posicionamiento en los motores; además, dicha presencia refleja un cierto criterio de calidad, ya que la indexación es humana.

No descuide ninguno de los dos, ya sean generales o temáticos:

- Matemáticamente, será más probable que le encuentren los internautas.
- Mejorará la popularidad de sus páginas, ya que aumentará el número potencial de enlaces que apuntan a sus páginas.
- Optimizará sus posibilidades de tráfico dirigido cuando su sitio aparezca en directorios especializados.

Encontrará una lista de herramientas de búsqueda clasificadas por país en el sitio:
http://searchenginecolossus.com/

Registre sus páginas en los cinco y diez primeros motores que generan más tráfico.

¿Cómo hacerlo?

D. Petición de registro de su sitio en directorios

La indexación en directorios es muy específica. Las bases de datos de los directorios almacenan fichas o «archivos descriptivos» de cada sitio, archivos con la información que usted suministró en el momento de realizar la petición de registro y que luego son examinados por el equipo editorial del directorio.

1. Principios

Optimizar su sitio para directorios significa optimizar la información contenida en la ficha informativa que usted les envía en línea.

Debe preparar esta ficha con bastante anticipación, antes de solicitar la indexación en los directorios; luego podrá reutilizarla en todos los directorios a los que se dirija.

Una vez que se ha realizado su solicitud de indexación, el documentalista del directorio verifica su información, evalúa la calidad de su sitio y lo indexa... o no.

Sea cuidadoso con la indexación en los directorios, aun cuando cada vez sean menos frecuentados por los internautas.

¿Por qué?

- Porque generan tráfico de todos modos: tráfico-objetivo en el caso de los directorios especializados: geográficos, profesionales, temáticos.
- Porque crean, en caso necesario, un enlace «duro» a su sitio cuando aparece en su base de datos y esto es bueno para la popularidad de sus páginas.

El directorio conoce la siguiente información de su sitio:

- su nombre (título),
- su URL,
- la descripción que usted ha proporcionado,
- la categoría en la que se ubica.

Por otro lado, los directorios no saben nada del contenido de las páginas de su sitio.

El paso previo a la indexación es la preparación de la ficha descriptiva.

2. Ficha descriptiva

Prepare su archivo antes de conectarse a los directorios para solicitar la indexación de su sitio. Esto le permitirá copiar y pegar la información que se le solicitará en línea y le ahorrará tiempo a la hora de completar los formularios.

Basta con que prepare un documento de Word en forma de tabla, como se muestra a continuación:

Para directorios hispanohablantes	
Título del sitio	
URL	
Correo electrónicol	
Descripción sucinta en 150 caracteres	
Descripción larga en 300 caracteres	
Nombre y apellidos del editor	
Nombre de la empresa	
Dirección de la empresa	
Actividad de la empresa	
Área geográfica	
Teléfono, fax	
Idioma del sitio	
10 palabras clave	
Objetivo del sitio	
Fecha de lanzamiento del sitio	
Para directorios internacionales (en inglés)	
Título del sitio (en 40 caracteres)	
Descripción sucinta en 150 caracteres	
Descripción larga en 300 caracteres	
10 palabras clave	
Actividad de la empresa	

He aquí el detalle de la información que hay que suministrar a los directorios:

Título en español:

Proporcione un título corto; la cantidad máxima de caracteres permitidos a menudo queda limitado en el cuadro de entrada.

No dé palabras clave innecesarias. Indique el nombre de su empresa o su asociación, el contenido de su actividad y el nombre del sitio. Inserte palabras clave bien elegidas, no demasiadas.

Título en inglés del sitio:

Lo mismo, pero en inglés.

URL:

Dirección de la página que se va a indexar: URL real de la página para la que envía la solicitud.

Dirección de correo electrónico:

Piense en dar una dirección vinculada al nombre de dominio del sitio que se indexará, en lugar de su dirección de correo electrónico personal, por ejemplo.

Descripción larga:

Generalmente, 300 caracteres como máximo.

Escriba una oración concisa, precisa y clara, que incluya el nombre de su empresa y describa claramente su actividad, usando alrededor de 25 palabras.

Evite palabras innecesarias y la repetición de palabras clave.

Como ha optimizado la metaetiqueta Description, redactar esta descripción no debería resultar difícil.

Recuerde: la descripción no debe parecerse a un anuncio, evite textos comerciales.

Evite faltas de ortografía o errores al teclear el texto.

Descripción reducida:

En 150 caracteres: con un pequeño esfuerzo de síntesis, podrá hacer lo mismo en este formato.

Palabras clave:

Elija 10 palabras clave o expresiones que correspondan a su actividad; inserte el nombre de su empresa.

Al igual que sucedía con la descripción, ya ha pensado estas palabras clave, puesto que las ha integrado previamente en la metaetiqueta Keywords.

Palabras clave en inglés:

Mismo enfoque, en inglés.

Público objetivo del sitio:

¿A quién va dirigido su sitio: individuos, profesionales, una categoría específica de personas?

Esta elección influirá en la selección de la categoría en la que se clasificará su sitio.

Área geográfica:

Asimismo, el contenido de esta zona informa al directorio sobre la clasificación geográfica de su sitio.

Actividad:

Actividad de su empresa o tema de su sitio. En general, se le pedirá que seleccione su actividad (o el ítem más cercano) en una lista desplegable.

Una vez que su archivo se haya completado correctamente, usted podrá:

- conectarse a los directorios,
- elegir la subcategoría en la que desea indexar su sitio,
- elegir también una segunda subcategoría,
- solicitar la indexación de su sitio completando el formulario correspondiente.

3. Elegir la categoría adecuada

El proceso de indexación en directorios implica elegir la categoría en la que desea indexar su sitio.

¿Cómo elegir esta categoría?

Algunas pistas:

- Mire dónde están ubicados sus competidores: ¿se hallan todos en la misma categoría?
- Observe el número de sitios en las categorías específicas: si este número es demasiado grande, su sitio pasará desapercibido entre la multitud de otros sitios; si este número es demasiado bajo, puede significar que la categoría es nueva o que no es relevante para su actividad.
- Introduzca sus palabras clave y observe en qué categorías se colocan los resultados. Esta búsqueda le mostrará cómo clasifica el directorio sitios comparables al suyo. Aunque, al final, cualquiera que sea la categoría que elija, sigue siendo el directorio el que decide.
- No intente registrar su sitio en una categoría demasiado general: su solicitud no será aceptada.
- Como primera categoría, elija una que ilustre su actividad.
- Elija una segunda categoría, geográfica, por ejemplo. La mayoría de los directorios le piden que elija dos categorías.

Para tener la oportunidad de ser aceptado, verifique que su sitio:

- incluye una versión en castellano para indexarla en la versión española de Open Directory,
- no se encuentra ya en el directorio,
- no infringe la ley,
- está accesible todo el tiempo,
- contiene las coordenadas exactas del editor del sitio,
- ofrece enlaces que funcionan,
- no contiene una página en construcción ni un error 404,
- ofrece contenido bastante «consistente»,
- es compatible con la mayoría de los navegadores.

El segundo paso para indexar un sito en un directorio es completar el formulario de indexación.

E. Registrar su sitio en los motores de búsqueda

La indexación de sus páginas en los motores de búsqueda es esencial, ya que este tipo de herramienta, como hemos visto, dirige una gran parte del tráfico relacionado con las herramientas de búsqueda.

Ahora va a indexar sus páginas en los motores, comenzando por el más grande de todos ellos, Google.

La indexación en los motores se lleva a cabo mediante software: un pequeño robot se encarga de transmitir su solicitud de indexación.

Luego, para calcular el posicionamiento de sus páginas, Google emplea una multitud de factores.

Para asegurarse de que no se ha olvidado nada durante la fase de optimización de su sitio, consulte en cada buscador la sección dedicada a la indexación.

Encontrará información útil y consejos para mejorar su solicitud de indexación.

Sus objetivos de cara a indexar su sitio en los buscadores son los siguientes:

- indexar tantas páginas como sea posible;
- realizar esta indexación lo más rápido posible;
- hacer que el robot venga con la mayor frecuencia posible.

1. Verificar las páginas del sitio

Verifique su sitio por última vez antes de solicitar la indexación en los motores de búsqueda:

- Cree enlaces correctos entre sus páginas; verifique que cada uno de ellos esté accesible mediante un hiperenlace.
- Tenga a punto un mapa del sitio.
- Cuide el contenido.
- Prevea todas las palabras clave que pueden usar los internautas.
- Asegúrese de que en su texto se aplican correctamente las distintas jerarquías.
- Compruebe la optimización de sus imágenes.
- Administre las URL de sus páginas dinámicas.
- No utilice factores de bloqueo.
- Personalice sus etiquetas Meta por sección.
- Compruebe que no hay enlaces rotos ni páginas huérfanas.
- Compruebe la optimización de sus archivos de imagen, sonido y vídeo.

Si desea verificar/probar su sitio, dispone de un módulo especial que puede descargar en Firefox y que le facilitará la tarea.

- Vaya aquí: https://addons.mozilla.org/es/firefox/addon/web-developer/
- Descargue e instale el módulo.
- Haga clic en el icono que representa una pieza de puzle y luego en **Web Developer**:

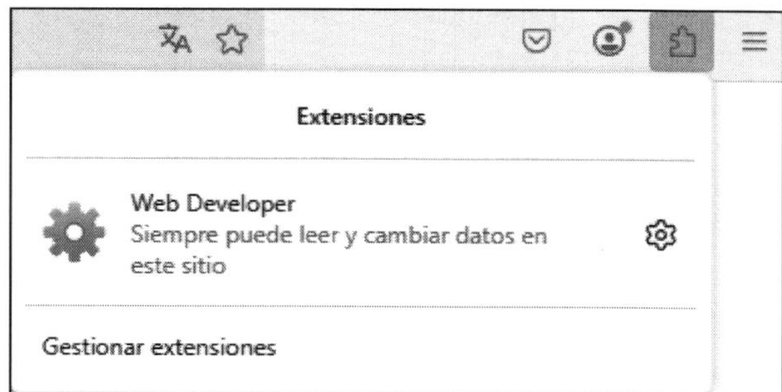

- Haga clic en la pestaña **Tools** para acceder a las siguientes funciones:

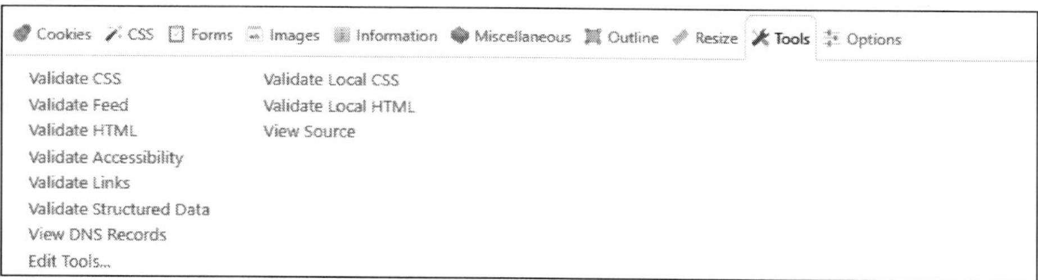

→ Utilice especialmente el validador de HTML y el de los vínculos para probar sus páginas.

He aquí un ejemplo de pantalla de prueba devuelta por el módulo:

Se le puede informar de distintos niveles de problemas (Info, Warning, Error); usted decide si los corrige o no

→ Una vez realizadas todas las comprobaciones, puede solicitar la indexación de sus páginas en el motor.

2. Indexar sus páginas en Google mediante Search Console

Existen dos métodos para indexar páginas en Google con más o menos rapidez.

a. Indexación a través de una página ya indexada

El primer «método» consiste en indexar desde una página ya indexada en Google.

El robot del motor sigue un enlace que lo conduce a una de sus páginas, la indexa en su base y es posible que usted no se entere de nada de esto.

En relación con este método, contamos con el hecho de que Googlebot (el robot de Google) sigue los enlaces que apuntan a sus páginas desde una página externa a su sitio.

Si este enlace proviene de una página con un buen PageRank, su página tendrá muchas opciones de ser visitada e indexada rápidamente.

Este método tiene una ventaja: la indexación puede ser muy rápida.

Pero también presenta algunas limitaciones:

- Debe disponer de un enlace en una página ya indexada.
- En este caso, es mejor que la fuente esté bien calificada.

Si este método de indexación no es posible, revise el formulario de solicitud.

b. Indexación por Google

Para solicitar el alta de un sitio en Google, dispone de dos métodos:

- Enviar un archivo mapa del sitio, como detallamos anteriormente en este libro.
- Pedir a Google que vuelva a inspeccionar sus URL a través de Search Console.

Para hacerlo, busque la URL en Search Console:

Si Google no encuentra la URL nueva, le propondrá solicitar la indexación.

3. Indexar sus páginas en Bing

El procedimiento de indexación es idéntico en todos los motores de búsqueda en los que puede solicitar el alta de su página de forma gratuita; se trata, pues, de repetir la misma operación en el motor Bing usando la herramienta para webmasters de Bing disponible en la siguiente dirección: https://www.bing.com/webmasters/about

Ya ha indexado manualmente su sitio en los principales motores y directorios.

¿Qué más puede hacer?

F. Otros tipos de indexación

Vamos a ampliar nuestro panorama sobre los métodos de indexación.

1. Otros métodos

Como ya sabe, hay cientos de motores de búsqueda en Internet. No puede ir uno por uno completando su formulario de indexación.

Asimismo, tenga en cuenta que las tecnologías utilizadas por los motores y directorios son mucho menos numerosas que los propios motores. Muchas herramientas usan tecnologías comunes.

Además del proceso de indexación manual, puede utilizar herramientas que le permitan la indexación automática a su sitio.

Los programas le solicitan que indique la URL que se va a indexar; luego, en ciertas herramientas, puede configurar la lista de motores en los que desea tener presencia.

2. Otras herramientas de búsqueda

a. Herramientas de búsqueda especializadas

Acaba de ver cómo hacer indexar su sitio en herramientas de búsqueda generalistas, motores y directorios.

Las herramientas especializadas se multiplican y, en estos momentos, parece que tienen un futuro prometedor: de hecho, cada vez hay menos directorios generalistas, ya que parece que la evolución tiende claramente hacia la especialización.

Esta especialización se lleva a cabo en las tres direcciones siguientes:

- especialización geográfica,
- especialización temática,
- especialización profesional.

Dado que su objetivo es siempre atraer a más internautas a su sitio, le interesa mucho registrarse también en herramientas geográficas y temáticas.

Para este tipo de indexación elija las herramientas especializadas en su región, su ciudad y su actividad.

Para encontrar estos directorios temáticos o geográficos, puede utilizar, por ejemplo, un motor de búsqueda en... el mundo del SEO.

Por ejemplo, Mergin Maps nos permite encontrar a los mejores expertos en SIG para proyectos topográficos: https://es.merginmaps.com/partners

Desde un punto de vista más local, la Cámara de Valencia enumera las mejores empresas de informática y soluciones en la nube de Valencia (https://ticnegocios.camaravalencia.com/servicios/tendencias/las-mejores-empresas-de-informatica-y-soluciones-en-la-nube-de-valencia/).

Le corresponde a usted encontrar los directorios especializados relacionados con sus intereses a través de un motor de búsqueda.

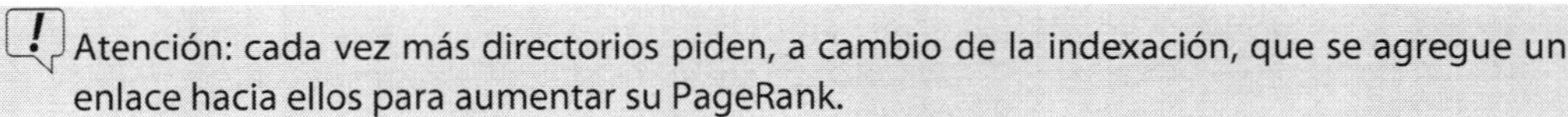
Atención: cada vez más directorios piden, a cambio de la indexación, que se agregue un enlace hacia ellos para aumentar su PageRank.

→ Una vez que se han identificado estas herramientas, para efectuar la indexación, proceda tal y como hemos visto en el caso de las herramientas generalistas:

- En el caso de los motores, vaya a **Añadir página** (o similar).
- En el caso de los directorios, tenga a punto la ficha descriptiva y proceda igual que en el caso de los directorios generalistas.

b. Indexación internacional

La indexación internacional consiste en indexar un sitio en herramientas de búsqueda internacionales, de habla inglesa y otras.

Si se dirige a una clientela internacional, es importante que sus páginas estén presentes en herramientas internacionales.

Los motores y directorios internacionales no utilizan necesariamente las mismas bases de datos que las herramientas nacionales. Por lo tanto, debe registrarse en cada herramienta.

Recuerde que, en el caso de los sitios multilingües, es mejor evitar mezclar en las mismas páginas varios idiomas, ya que esto perjudica sistemáticamente su indexación.

Si desea indexar un sitio bilingüe en inglés, proceda de la misma manera que en el caso de los motores y directorios de habla española; por lo general, encontrará el comando **add URL** en lugar de **Enviar página** (o similar).

No es posible proporcionarle aquí una lista exhaustiva de herramientas de búsqueda en otros idiomas.

Es obvio que las herramientas de búsqueda internacional tienen muchas más páginas en su base de datos que las herramientas en español (¡casi 3/4 partes de las páginas web en línea están en inglés!).

También resulta instructivo saber que la proporción de sitios web escritos en español es baja en comparación con los sitios web de habla inglesa. Esto significa que tiene muchos más competidores en las herramientas internacionales, por lo que debe prestar aún más atención a su solicitud. Por cierto: ¡es mejor conocer un poco el idioma en el que se va a efectuar la búsqueda!

Según esto, si está apuntando a un objetivo europeo, por ejemplo, es doblemente importante que prevea, al menos, el uso de dos idiomas para su sitio y, por qué no, también del idioma de los países objetivo, y ello por varias razones:

- Porque es más probable que aumente el tráfico a su sitio en los países de destino si «habla» el idioma de las personas con las que quiere contactar.
- Porque puede conseguir la indexación en herramientas nacionales, que no es el caso si solo usa español. De hecho, es muy poco probable que aparezca en las herramientas de búsqueda en alemán si su sitio está escrito exclusivamente en español.

Para su sitio turístico, ha planeado una traducción al inglés y al francés con objeto de satisfacer a los clientes provenientes de estos países, cada vez más numerosos. Por lo tanto, va a indexar su sitio en herramientas españolas e internacionales (inglesas y francesas).

G. Acelerar la indexación

El tiempo entre la solicitud de indexación (envío del formulario correspondiente) y la indexación real de sus páginas en las herramientas de búsqueda puede ser largo o incluso muy largo.

Y solo puede solicitar esta indexación una vez que el sitio esté en línea.

Entonces, ¿es posible ganar algo de tiempo?

- Ponga en línea algunas páginas de su sitio optimizadas y actualizadas para los motores de búsqueda lo antes posible.
- Registre su sitio en los directorios lo antes posible.
- Comience su política de intercambio de enlaces lo antes posible (hablaremos de ello en la cuarta parte de este libro).

H. Resumen sobre la indexación

Una vez que ha solicitado la indexación de sus páginas en todos los sitios útiles:

- directorios generalistas importantes,
- motores principales,
- otros motores y directorios «más pequeños» mediante indexación automática,
- herramientas de búsqueda especializadas,
- Perfil de Empresa de Google (ex Google MyBusiness) y Google Noticias (si puede ser útil),
- sea activo en las redes sociales que ha seleccionado.

Y espere unos días o unas semanas. No recibirá mensajes que le informen sobre la indexación de su sitio.

I. Spamdexing y penalizaciones

1. Definición

Las técnicas fraudulentas relacionadas con la indexación se agrupan bajo el término «spamdexing» y no las expondremos en este libro.

Cada vez están más mal vistas por los motores de búsqueda; si las aplica, corre el riesgo de que su sitio quede excluido de la base de datos, se agregue a la «blackliste» de ese motor y pierda todas las opciones de indexación en él.

Olvídese, pues, de todas las técnicas que permiten repetir excesivamente las palabras clave, crear páginas falsas, duplicar contenido y aumentar artificialmente la popularidad de sus páginas.

Por otro lado, sepa que, si usted conoce una o más técnicas de spamdexing, no es el único, y que, en cualquier caso, los profesionales del SEO las conocen mejor que usted.

2. Contenido duplicado y Panda/Coatí

a. Panda/Coatí

El contenido duplicado es una de las principales preocupaciones de Google: consiste en proporcionar el mismo contenido en múltiples sitios o blogs.

Para contrarrestar este fenómeno, Google lanzó Panda, una evolución importante de su algoritmo con el objetivo declarado de combatir el contenido de baja calidad o duplicado (*duplicate content*) para mejorar la relevancia de los resultados que se muestran en las SERP.

Panda incluso tiene su definición en Wikipedia:

Google Panda *es un cambio al algoritmo de clasificación de los resultados de búsqueda de Google, su primera versión fue liberada en febrero del 2011. El cambio apuntó a bajar el rango de «sitios de baja calidad» o «sitios pobres»,y devolver los sitios de mayor calidad cerca de la parte superior de los resultados de la búsqueda. El nombre «Panda» proviene del ingeniero de Google Navneet Panda, quién desarrolló la tecnología que hizo posible para Google crear e implementar el algoritmo.*

CNET Informó un aumento en el ranking de sitios web de noticias y sitios de redes sociales, y una caída en la clasificación para los sitios que contienen grandes cantidades de publicidad. Este cambio según lo reportado afectó la clasificación de casi el 12 por ciento de todos los resultados de la búsqueda.

Poco después de la implementación de Panda, muchos sitios web, incluyendo el foro para webmasters de Google, se llenaron de quejas de infractores de derechos de autor y dueños de sitios scrapers (webs que copian contenidos de otros sitios usando web scraping) para conseguir una mejor clasificación que los sitios con contenido original. En un momento dado, Google pidió públicamente datos para ayudar a detectar mejor los scrapers.

Más información: https://es.wikipedia.org/wiki/Google_Panda
¿Desea consultar una infografía para verlo con más claridad?
La de Search Engine Land, disponible aquí: http://searchengineland.com/google-panda-update-112805?utm_source=embed&medium=lg&campaign=panda
La de SEOBook, aquí: http://www.seobook.com/learn-seo/infographics/panda.php

Algunas páginas web y sitios, principalmente agregadores de contenido y comparadores de precios, vieron cómo su posicionamiento en Google caía bruscamente tras la primera visita de Panda.

La actualización de Panda se ha integrado desde entonces en el algoritmo principal de Google.

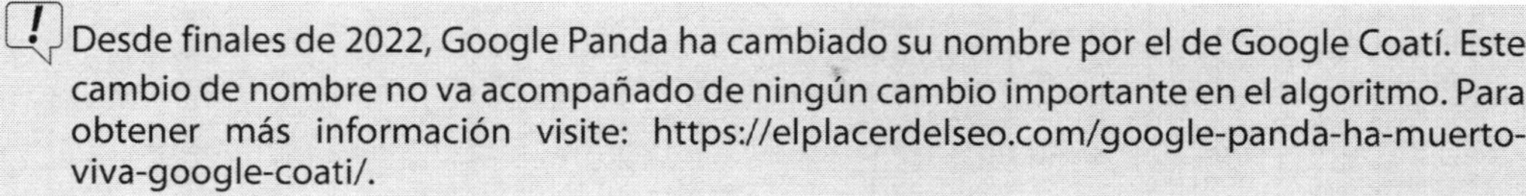
Desde finales de 2022, Google Panda ha cambiado su nombre por el de Google Coatí. Este cambio de nombre no va acompañado de ningún cambio importante en el algoritmo. Para obtener más información visite: https://elplacerdelseo.com/google-panda-ha-muerto-viva-google-coati/.

b. Si su sitio se ha visto afectado por Panda/Coatí

En primer lugar, le recomendamos que lea este artículo, en el que se explican los principales errores que deben evitarse para impedir que Panda interprete que su sitio incluye contenido duplicado: https://www.xovi.com/es/como-evitar-el-contenido-duplicado-en-tu-pagina-web/

Si su sitio se ha visto afectado por Coatí y ha bajado de posición en las SERP:

- Comience por auditar su contenido: ¿es original, de buena calidad?
- Un buen indicador puede ser la tasa de rebote de sus páginas: si esta tasa es alta, significa que el usuario abandona su sitio desde la página de inicio, es decir, que no se queda en la página ni hace clic en ningún enlace a otra página. Quizás la razón sea que el usuario no encuentra lo que está buscando en esta página, que esta página no cumple con sus expectativas.

Este indicador está disponible en Google Analytics 4. Esta versión sustituyó oficialmente a Universal Analytics el 1 de julio de 2023. También incluye un indicador nuevo: el porcentaje de interacción, que es lo contrario del porcentaje de rebote.

- Google analiza los clics en sus SERP para saber en qué páginas hacen clic los internautas. Si esta tasa de clics es promedio o mala, probablemente Google considerará que su página no es lo suficientemente relevante en relación con la consulta introducida. Intente optimizar lo que vemos en las SERP: el contenido de la etiqueta title y de la metaetiqueta description.
- Del mismo modo, si el usuario vuelve a las SERP rápidamente después de hacer clic en su página, puede significar que no ha encontrado la respuesta a la pregunta que estaba haciendo en su sitio, y que va a probar en el siguiente resultado.

Algunos consejos adicionales en relación con el contenido duplicado:

- En general, se dice que la tasa de similitud no debe ser superior al 70 %.

Aquí puede ver una herramienta para calcular el porcentaje de similaridad entre dos URL o entre dos textos: https://app.copyleaks.com/es/text-compare

- Use la etiqueta **link rel canonical** para decirle a Google que está ofreciendo contenido original.

Para saber más, visite: https://developers.google.com/search/docs/crawling-indexing/consolidate-duplicate-urls?hl=es

- No todas sus páginas tienen el mismo objetivo de posicionamiento: evite indexar páginas que no agreguen valor al contenido.
- Muy importante: evite poner demasiada publicidad en sus páginas, así como enlaces salientes.

Finalmente, no olvide que Coatí puede ser beneficioso para su sitio si ofrece contenido original y de calidad. Coatí esencialmente ha penalizado las granjas de contenido, agregadores y comparadores de precios.

3. Penalizaciones

Google siempre se ha dedicado a buscar sitios considerados «tramposos» y los ha penalizado en términos de posicionamiento. Incluso ofrece un formulario de reporte de spam (que parece ser una muy buena fuente de información para el motor).

 Para enviar una URL en el formulario de reporte de spam:
https://search.google.com/search-console/report-spam

¿A qué penalizaciones puede exponerse?

a. Desclasificación

Una página web se puede quedar fuera de la clasificación para una consulta determinada y, de este modo, perder algunas decenas de posiciones. Su PageRank también se ve afectado.

En ese caso, la página pierde al menos seis posiciones y, por lo tanto, queda necesariamente por debajo de la línea de flotación, que se encuentra en el sexto resultado.

Si esto sucede, ¿quizá se deba a que ha optimizado demasiado su página? Esto es lo que les sucedió a algunos sitios cuando pasó por ellos Panda/Coatí o Penguin tras su lanzamiento.

b. Inclusión en la lista negra (blacklist)

Esta es, sin duda, la penalización más severa impuesta por el motor, ya que, en este caso, sus páginas desaparecerán del índice.

Si esto le sucede, es posible que haya exagerado sus técnicas de SEO, llevándolas más allá del límite.

Se trataría entonces de revisar el contenido de sus páginas y hacer una solicitud de reconsideración a Google:
https://support.google.com/webmasters/answer/35843?hl=es&utm_source=wmx&utm_medium=deprecation-pane&utm_content=reconsideration

4. Algunos consejos básicos

Siga las normas del juego y el resultado será, sin duda, mejor a largo plazo.

Tenga en cuenta, además, que los motores de búsqueda, para responder al aumento en el uso de estas técnicas, están incrementando el número de criterios que se tienen en cuenta en términos de indexación y posicionamiento.

Para completar esta información, y por si no estaba todavía lo suficientemente convencido, visite las páginas de ayuda de Google.

Bajo el título «Directrices para webmasters», encontrará un recordatorio de las instrucciones aquí: https://developers.google.com/search/docs/essentials?hl=es

Siga estos consejos escrupulosamente y evitará algunas sorpresas desagradables en el posicionamiento de sus páginas.

En caso de que le apliquen alguna penalización, hágase las preguntas correctas y:

- plantéese eliminar las páginas satélite,
- no repita ostensiblemente las palabras clave,
- preste atención a la multiplicación de enlaces y a los enlaces ocultos,
- compruebe que no ofrece contenido duplicado,
- etc.

Y no lo olvide: usted diseña su sitio para los internautas, no para motores de búsqueda.

Su sitio ahora está listo: visual y conceptualmente atractivo, nuevo, bien pensado, bien hecho, optimizado para SEO.

5. Consejos del experto

Casi todos los motores de búsqueda en general, y Google en particular, ofrecen consejos a webmasters enfocados en optimizar las páginas; todo lo que queda fuera de la lista de consejos de optimización está más cerca del spamdexing que de otra cosa, según Google.

Ya hemos hablado con anterioridad de la guía de inicio en SEO que ofrece Google; léala detenidamente.

Tómese su tiempo para interiorizar sus consejos:
https://developers.google.com/search/docs/essentials?hl=es

J. ¿Cómo excluir un contenido?

En algunos casos, puede ser necesario evitar que ciertos contenidos de su sitio web aparezcan en los resultados de búsqueda:

- El sitio web está en construcción.
- Algunos de documentos son confidenciales o están protegidos por derechos de autor.
- No desea que se indexen determinados formatos, como archivos PDF.
- -Existen páginas con contenido interno duplicado.
- Etc.

Existen tres métodos principales para evitar que determinados contenidos sean indexados por los motores de búsqueda:

- el archivo **robots.txt** (ver Envoltorio técnico);
- la etiqueta **meta robots** de la página afectada:

```
<meta name="robots" content="atributo1,atributo2">
```

Valores posibles de `atributo1`	**Valores posibles de** `atributo2`
`index`: página para indexar por el spider	`follow`: el spider sigue los enlaces contenidos en la página para indexar los contenidos correspondientes
`noindex`: página prohibida para la indexación por el spider	`noindex`: el spider no sigue los enlaces de la página

- - la directiva **X-Robots-Tag** del protocolo http.

Este método resulta útil cuando los otros dos no pueden aplicarse, por ejemplo, en el caso de la desindexación de archivos PDF.

Esta opción es más compleja porque solicita una intervención directamente en el servidor. Para obtener más información, consulte esta página:
https://es.semrush.com/blog/robots-meta-tag-y-x-robots-tag/

Si Google ya ha indexado su contenido, puede hacer una solicitud de desindexación a través de un formulario destinado a este propósito:
https://reportcontent.google.com/forms/rtbf?hl=es&utm_source=wmx&utm_medium=deprecation-pane&utm_content=legal-removal-request

Capítulo 18

Monitorización del SEO

A. Introducción

1. Los indicadores de SEO

Ya ha hecho todo lo que hacía falta para dar a conocer tu sitio o blog a los internautas y a los motores de búsqueda: indexación, búsqueda de posicionamiento, anuncios en todas las direcciones del lanzamiento de tu sitio, promoción, etc.

Ha escogido una o dos redes sociales para asegurarse de que su presencia será efectiva.

Ahora ha llegado el momento de realizar una primera evaluación: ¿sus acciones han conseguido los resultados esperados?

Un tiempo después del lanzamiento de su sitio, necesitará saber si todos los esfuerzos realizados han valido la pena: de este modo, entrará en la fase de evaluación y análisis de los resultados, que debería permitirle corregir la situación, si es preciso, en lo relativo al contenido y las acciones de SEO.

En esta parte, aprenderá a:

- Evaluar la indexación de su sitio, es decir, su presencia efectiva en los motores de búsqueda.
- Evaluar la popularidad de sus páginas (¿han valido la pena sus acciones promocionales?).
- Evaluar el posicionamiento de su sitio, es decir, el rango que ocupan sus páginas en las SERP de Google respecto a las palabras clave elegidas,
- Evaluar el tráfico generado por sus diversas acciones: ¿ha aumentado el tráfico en las páginas «objetivo»; por ejemplo, las páginas de productos o las páginas de reserva?
- Usar las herramientas de Google (y otras) para evaluar y optimizar su posicionamiento.

Una vez completada esta evaluación, se deben extraer lecciones de ella y, si es necesario:

- Corregir el sitio.
- Preparar acciones dirigidas a mejorar su posicionamiento.
- Plantearse la creación de indicadores para medir la efectividad de las acciones de promoción.

Para evaluar su SEO, debería establecer varios indicadores:

- **Cobertura:** ¿en cuántas herramientas de búsqueda está presente? ¿De qué herramientas se trata? Pondere este número con la importancia relativa de las herramientas de búsqueda en términos de frecuencia. ¿Sus páginas están presentes en las principales herramientas?
- **Relevancia:** ¿se colocan sus páginas en las palabras clave correctas (motores) o en las categorías correctas (directorios)? Este indicador también es muy importante. De hecho, si la relevancia no es buena, no llegará a su cliente objetivo.
- **Posicionamiento:** ¿sus páginas están bien clasificadas en las SERP? ¿En qué rangos están y con qué expresiones clave?

- **El tráfico generado**: ¿las distintas acciones le han permitido aumentar el tráfico generado en sus páginas, y principalmente el tráfico de calidad? Los internautas que visitan el sitio ¿realizan las acciones que se espera?

2. Problemática

Como hemos visto a lo largo de este libro, los resultados que se muestran en las SERP son cada vez más personalizados.

La página de resultados varía según:

- su ubicación,
- el dispositivo utilizado para navegar,
- el historial de búsquedas.

Por lo tanto, no resulta tan sencillo evaluar las acciones de SEO teniendo solo un indicador. Se trata, sobre todo, de calcular el retorno de la inversión.

¿Es rentable el tiempo empleado (o el presupuesto si ha externalizado el SEO)? ¿Ha aumentado su volumen de ventas en línea? ¿Ha registrado inscripciones o reservas adicionales? La evolución de estos indicadores es más interesante que su valor absoluto.

Para su negocio de turismo, ¿cuántas reservas adicionales ha registrado en comparación con las que obtenía antes de implementar su estrategia de SEO? ¿Cuántos productos más has vendido en línea?

B. Evaluar el SEO

1. Evaluar su presencia

a. La presencia de sus páginas en los motores de búsqueda

Como ya sabe, las principales herramientas de búsqueda acaparan más del 95 % del tráfico generado por los motores de búsqueda. Por lo tanto, no se trata de estar presente a toda costa y en cualquier motor o en cualquier directorio.

Si lanza una búsqueda sobre su nombre de dominio y el motor incluye sus páginas en los resultados, esto ya es una buena noticia, aunque no baste para estar satisfecho con su SEO.

Visite asimismo los directorios y realice esta misma prueba: si está presente, observe la categoría en la que se clasifica su sitio.

Busque, por ejemplo, su dominio en un metabuscador, que agrega los resultados de varias herramientas de búsqueda.

Wikipedia proporciona la siguiente definición para metabuscador: «Un metabuscador es un sistema que localiza información en los motores de búsqueda más usados; carece de base de datos propia, por lo que usa las de otros buscadores y muestra una combinación de las mejores páginas que ha devuelto cada uno. Un buscador normal recopila la información de las páginas mediante su indexación, como Google, o bien mantiene un amplio directorio temático, como Yahoo. La definición simplista sería que un metabuscador es un buscador en buscadores».
(ver: https://es.wikipedia.org/wiki/Metabuscador).

→ Vaya a https://duckduckgo.com.

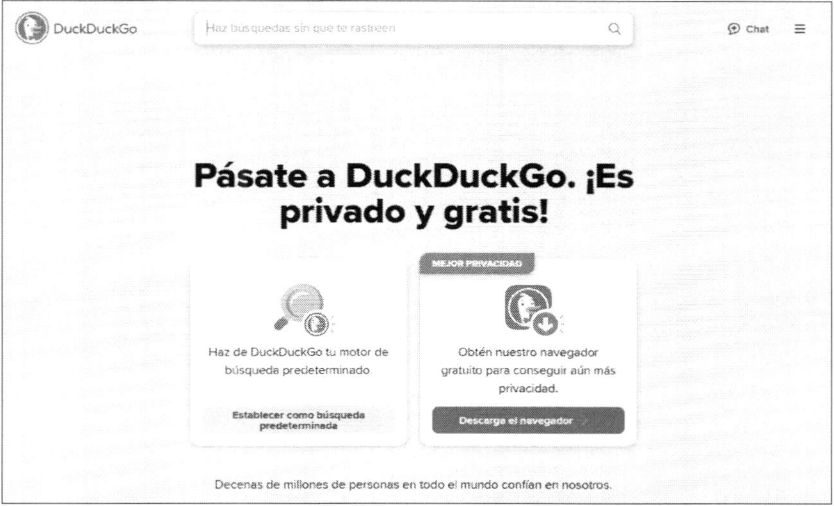

DuckDuckGo reivindica la confidencialidad de sus búsquedas.

En la lista de resultados, obtendrá todas las herramientas en las que está indexado su sitio.

> ! Un metabuscador ejecuta su consulta en varias herramientas de búsqueda simultáneamente.

Para evaluar la presencia de su sitio en las herramientas de búsqueda, también puede usar herramientas que están disponibles en línea; encontrará varias de ellas desde aquí:
https://kinsta.com/es/blog/analisis-trafico-sitio-web/

b. La «visita» de los robots y otra información de utilidad sobre indexación

También es interesante saber si los diferentes robots han visitado sus páginas, aunque solo sea para saber si se han indexado en la base de datos de los motores.

Tenga en cuenta que es más probable que los robots visiten páginas que se actualizan regularmente.

Como ya sabe, algunas de las herramientas que analizan el tráfico del sitio informan sobre la visita de los robots y proporcionan información interesante sobre aspectos que pueden plantear problemas a la hora de que estos robots indexen sus páginas.

Escriba el comando **cache: { url-del-sitio }** en la barra del navegador de Chrome o en Google para acceder a la versión almacenada en la memoria caché de un sitio web.

> Para saber más visite esta página:
> https://kinsta.com/es/blog/operadores-de-busqueda-de-google/

En Woorank (https://www.woorank.com/es) puede encontrar una herramienta en línea que le dará información sobre el paso de los robots.

> En el próximo capítulo veremos que las herramientas de Google para webmasters proporcionan información precisa y preciosa sobre la visita de los robots de este buscador a su web, entre otros. Google Search Console también le permite obtener esta información si introduce una URL para analizar.

2. Evaluar la relevancia

¿El resultado de la indexación es satisfactorio en términos de relevancia?

Intente responder a las siguientes preguntas:

- ¿Aparece en los resultados del motor de búsqueda de palabras clave relevantes para su actividad? ¿Fueron estas las palabras clave que eligió?
- En los directorios, ¿aparece en las categorías correctas, es decir, en las categorías que había solicitado? ¿Corresponden estas categorías a su objetivo potencial?
- Al introducir las palabras clave que ha elegido para sus páginas, ¿aparecen en los resultados?

> Tenga en cuenta, sin embargo, que los resultados de búsqueda ofrecidos por los motores son cada vez más personalizados, y dependen del usuario y de su comportamiento en relación con la búsqueda de información. Por lo tanto, el contenido de las SERP también dependerá del historial de búsqueda, la ubicación del usuario...

3. Evaluar el rango de sus páginas

a. Ranking

Aquí se trata de conocer la posición de sus páginas en los resultados del motor de búsqueda en relación con las palabras clave elegidas e insertadas en sus páginas. Esto equivale a valorar el posicionamiento de sus páginas.

El objetivo es evaluar el retorno de la inversión (ROI), tal y como se hace con cualquiera de las inversiones que una empresa puede efectuar. ¿El presupuesto asignado para SEO es rentable?

Puede considerar que su SEO ha tenido éxito cuando:

- Todas sus páginas están presentes en las principales herramientas de búsqueda, las herramientas más utilizadas por los internautas.
- Está presente en las palabras clave elegidas o en las categorías de directorios que solicitó.
- Sus páginas aparecen en las primeras páginas de los resultados de los motores, o incluso en la posición 0 para ciertas consultas muy específicas.

b. Por palabras clave

¿En qué rango se sitúan sus páginas en relación con las palabras clave elegidas? ¿Y las de tus competidores?

Para responder a estas preguntas, puede utilizar un software disponible en la Web: estas aplicaciones le permiten evaluar el posicionamiento de sus páginas en las palabras clave o grupo de palabras clave elegidas.

Presentamos aquí Ubersuggest, pero hay muchas más:

→ Diríjase a https://neilpatel.com/es/ubersuggest/ (debe registrarse, pero es gratuito)

→ Introduzca el nombre de dominio.

→ Haga clic en **SUBMIT**.

Obtendrá bastante información detallada, clasificada por temática, así como consejos de optimización.

Encontrará en línea una multitud de herramientas para auditar el posicionamiento de sus páginas; por ejemplo:
https://www.seo-browser.com/, https://mysiteauditor.com/user/tools o
https://en.myposeo.com/

A continuación, va a evaluar la popularidad de sus páginas.

C. Evaluar la popularidad

¿Han dado frutos todas las acciones que ha realizado para optimizar los criterios off-page?

Para evaluar la popularidad de sus páginas, puede realizar una consulta específica en las herramientas de búsqueda; una consulta del tipo Link:misitio.com. O puede usar sitios web que ofrecen esta funcionalidad.

- Vaya a www.linkpopularity.com
- Escriba en el cuadro correspondiente el nombre del dominio que quiere evaluar, como se indica en la pantalla siguiente:

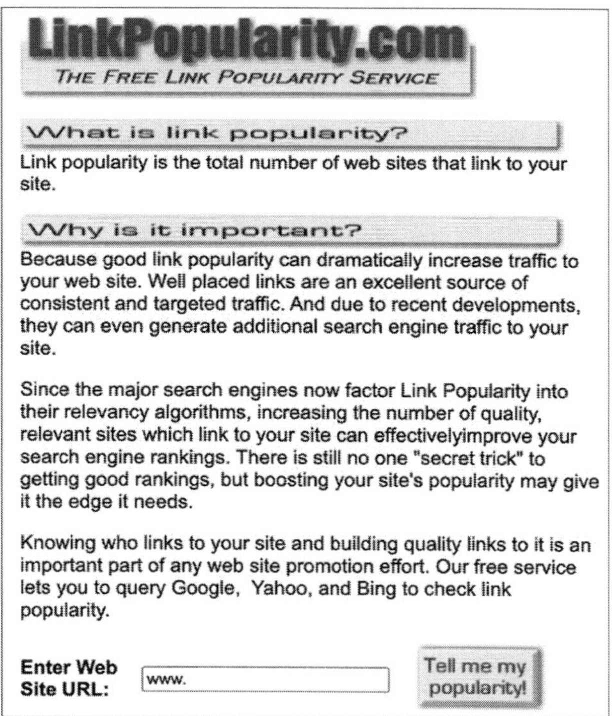

De este modo obtendrá el análisis de sus backlinks en Google, Bing y Yahoo, es decir, la lista de páginas que enlazan con las suyas para cada herramienta de búsqueda.

Este sitio también le ofrece la posibilidad de recibir un informe mensual por correo electrónico que enumere los enlaces entrantes a su dominio.

Otro indicador de popularidad es la cantidad de respuestas que ha recibido en su proceso de intercambio de enlaces.

- ¿Los socios elegidos respondieron favorablemente a su solicitud?
- Si es así, ¿realmente insertaron un enlace a sus páginas? ¡Es hora de comprobarlo!
- En cuanto a usted: ¿insertó un enlace recíproco en una de sus páginas que dirigiera hacia el sitio de quienes aceptaron el intercambio?

D. Evaluar la e-visibilidad

Asimismo, ha puesto en marcha una política de presencia activa en las redes sociales para optimizar su visibilidad. ¿Está siendo efectiva esta estrategia?

En la actualidad la mayoría de estas herramientas han evolucionado y son de pago. Puede encontrar una lista aquí:
https://davemeler.com/mejores-herramientas-gestion-redes-sociales/

E. Evaluar la audiencia de su sitio

Ahora ya sabe si está presente y, en caso de que así sea, cómo están posicionadas sus páginas.

Pero ¿cuál es el tráfico generado? ¿Cuántos visitantes recibe su sitio diariamente? ¿De dónde proceden? ¿Quiénes son? ¿Qué están haciendo en su sitio?

Para responder a todas estas preguntas, realizará un análisis detallado de la audiencia de su sitio.

1. Análisis cuantitativo de la audiencia

a. La información transmitida

Dispone de varias fuentes de datos para evaluar el volumen de tráfico que llega a su sitio.

El host de su sitio, como la gran mayoría de los hosts profesionales, le proporciona herramientas para analizar las visitas de su sitio; por lo tanto, tiene acceso a los datos relativos a la audiencia de su sitio durante un período determinado.

Estas herramientas estadísticas son numerosas y no podemos presentarlas todas aquí. Le proporcionan la información siguiente en un formato de tabla y gráfico:

- el historial de visitas por mes, semana, día, hora,
- el origen de las visitas por país,
- información sobre la visita de los robots,
- la duración de las visitas por página,
- páginas vistas, así como páginas de entrada/salida,

- información sobre los sistemas operativos y navegadores de sus visitantes,
- las palabras clave introducidas en las consultas.

b. El análisis de la información

Asimismo, también puede saber:

- si ha recibido más visitas desde sus acciones de SEO,
- en cuánto ha aumentado ese número,
- si las páginas optimizadas han tenido éxito,
- si las páginas que contienen los formularios de pedido o las solicitudes de contacto se visitan más que antes de su proceso de SEO.

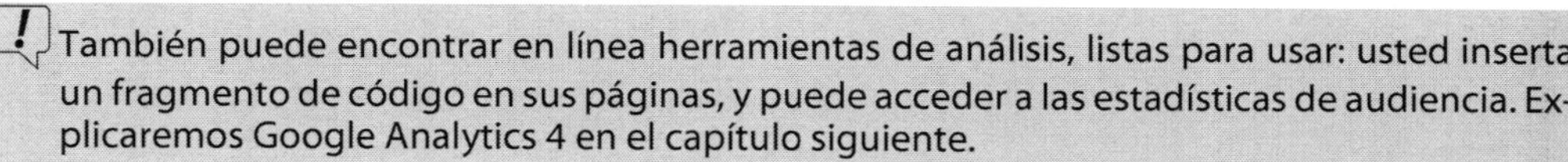

También puede encontrar en línea herramientas de análisis, listas para usar: usted inserta un fragmento de código en sus páginas, y puede acceder a las estadísticas de audiencia. Explicaremos Google Analytics 4 en el capítulo siguiente.

Este análisis cuantitativo debe complementarse con un análisis cualitativo para que la información sea utilizable y pueda extraer las conclusiones correctas.

2. Análisis cualitativo de la audiencia

a. Análisis de la información cualitativa

Observe los datos obtenidos por la herramienta estadística para saber:

- quiénes son sus visitantes, con la mayor precisión posible,
- cómo utilizan los visitantes las páginas de su sitio.

Este análisis le permitirá obtener una cantidad de información muy valiosa.

También puede averiguar el volumen de tráfico directamente desde las herramientas de búsqueda. Esta información es muy importante para evaluar los resultados de las estrategias de posicionamiento de pago, por ejemplo.

Pero no basta con saber cuántas visitas ha tenido, o incluso cuántos visitantes ha recibido de los motores; para llevar a cabo una evaluación precisa y útil, es importante analizar la información obtenida en detalle.

Necesita información adicional sobre sus visitantes:

- ¿Quiénes son sus visitantes? ¿De qué nacionalidad, por ejemplo?
- ¿Desde dónde llegaron a sus páginas? ¿Mediante herramientas de búsqueda? ¿Haciendo clic en un enlace backlink? ¿O escribieron directamente la dirección de su sitio en la barra del navegador?
- ¿Qué días visitan su sitio preferiblemente?
- ¿A qué hora hay más tráfico?

Analice también la información precisa sobre las visitas:

- ¿Qué páginas de su sitio son las más visitadas?
- ¿Cuál es la página de entrada a su sitio, es decir, a qué página llega el visitante? ¿Es esta la página de inicio? ¿Es esta la página que indexó en las herramientas de habla española? ¿O es la página en inglés que ha registrado en herramientas internacionales? ¿Es esta la página que ha proporcionado a sus socios de netlinking?
- ¿Cuál es la página de salida, es decir, la última página que visita el usuario en su sitio? ¿Es siempre la misma? ¿Es la última página «lógica» (en el circuito de navegación ideal, por ejemplo)? Si la página de salida es siempre la misma y coincide con la primera a la que llegan a su sitio, aquí hay sin duda un problema. El usuario no permanece en su sitio. ¿Por qué?
- ¿Cuál es el tiempo promedio de consulta en el sitio? ¿Es demasiado corto en comparación con el tiempo de lectura promedio que calcula? En ese caso, puede haber un problema de contenido o de orientación: esto probablemente significa que el contenido no es satisfactorio (ya que el visitante no se toma el tiempo necesario para leerlo) o que el visitante no corresponde a la audiencia a la que quiere llegar. En este supuesto, ¿por qué llega a su sitio? ¿Error en la palabra clave, error de descripción? Puede que no sea el contenido que buscaba: ¿era el sitio equivocado?

Además de las herramientas estadísticas de análisis de audiencia, puede interrogar a sus visitantes usted mismo y crear sus propias estadísticas personales.

b. ¿De dónde proceden sus visitantes?

Para optimizar su SEO, es útil conocer el origen de las visitas:

- ¿Desde qué motores de búsqueda?
- ¿Desde qué sitios asociados?
- ¿Con qué origen geográfico?

Google Analytics 4 le proporciona toda esta información a través de las diversas funcionalidades que ofrece (accesos directos, motores, sitios de referencia).

Una caja de herramientas muy completa le permite analizar todos los datos de su sitio, incluidos los relacionados con la indexación, el posicionamiento y el tráfico generado en sus páginas: es la caja de herramientas de Google Search Console, que examinaremos en detalle en el próximo capítulo.

Capítulo 19

Herramientas para webmasters

A. Introducción

Los motores de búsqueda, principalmente Google, proporcionan a los webmasters y profesionales del posicionamiento web una variedad de herramientas para administrar sitios web y monitorizar el SEO.

En este capítulo abordaremos tres herramientas:

- Google Search Console (GSC)
- Google Analytics
- Herramientas para los navegadores

B. Google Search Console (GSC)

Si desea acceder a Google Search Console, una herramienta para los webmasters, debe tener una cuenta de Google.

Esta caja de herramientas, gratuita y eficiente, es esencial para realizar el seguimiento de los eventos en sus páginas, establecer un diagnóstico, saber qué consultas se utilizan para acceder a sus páginas, conocer los enlaces entrantes, etc.

1. Configuración

a. La interfaz

➜ Para acceder a la herramienta, vaya aquí: https://search.google.com/search-console/welcome

La primera etapa consiste en registrar el sitio que desea gestionar.

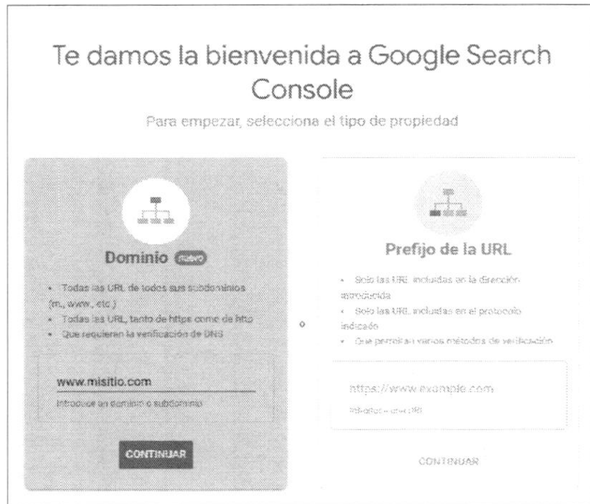

- Introduzca la URL del sitio.
- Haga clic en **CONTINUAR**.

La segunda etapa se refiere a la validación del sitio. Google debe asegurarse de que usted es el propietario del sitio y tiene la autoridad para administrarlo. Le pedirá que instale un pequeño archivo en el servidor. Esta instalación demuestra que tiene derechos de administrador en el sitio en cuestión.

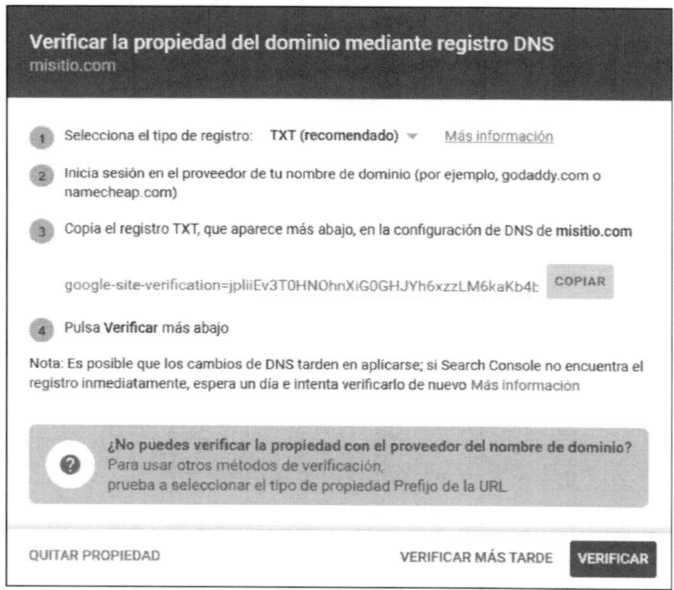

- Siga las instrucciones copiando el pequeño archivo TXT y vaya a la configuración de DNS a través de la interfaz de cliente de su host.

Esta validación puede requerir algo de tiempo, pero no tendrá acceso a Google Search Console en tanto no se realice.

b. La ayuda de Google

Si accede por primera vez a la interfaz de Google Search Console, o si desea familiarizarse más rápidamente con esta herramienta, puede consultar la ayuda de Google: https://support.google.com/webmasters/?hl=es#topic=9128571

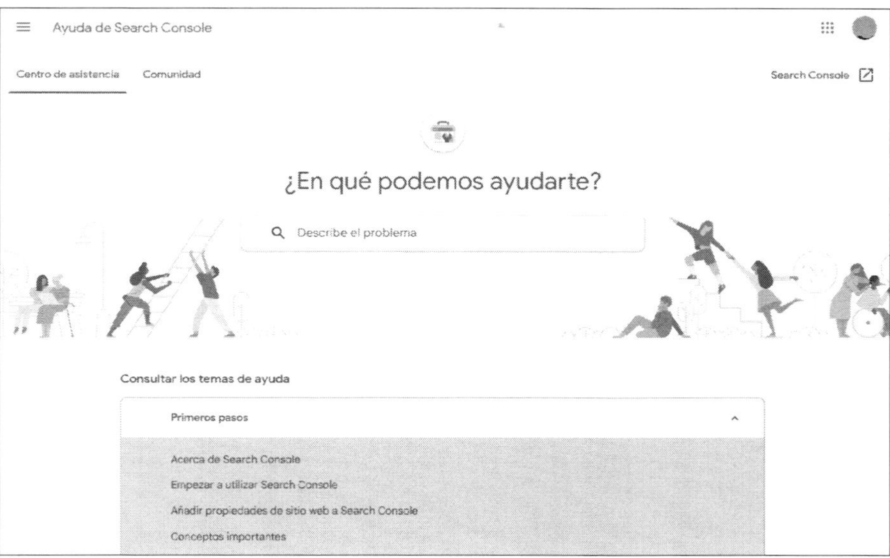

2. Uso

→ En la página de inicio, haga clic en el nombre del sitio para acceder a su panel de control.

a. Panel de control

El menú lateral izquierdo proporciona una vista rápida de las funcionalidades, organizadas por temas.

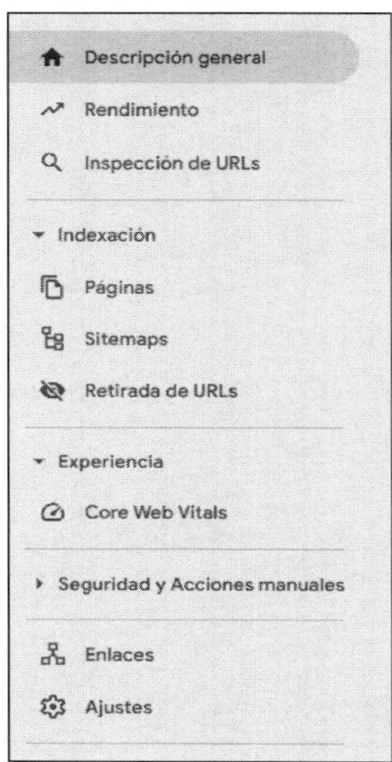

De un vistazo, puede acceder a datos generales:

- Descripción general del rendimiento, cobertura del índice, porcentaje de éxito de las mejoras.
- Rendimiento en los resultados de la búsqueda.
- Inspección de URL: indica si las páginas aparecen o no en los resultados de búsqueda o si lo hacen de forma incorrecta.
- Qué páginas Google no puede indexar y por qué motivo.
- Qué sitemaps ha encontrado Google y posibilidad de enviar sitemaps nuevos.
- Lista de sitios web que contienen enlace a su sitio y texto de enlace que utilizan.

En la parte izquierda, Google Search Console ofrece el acceso a las funcionalidades detalladas de la herramienta.

b. Funcionalidades

La sección **Descripción general** ofrece un resumen de los informes principales de Google Search Console: **Rendimiento**, **Indexación**, **Experiencia** y **Mejoras**.

El informe **Rendimiento** muestra el número total de clics e impresiones de Google según el tipo de búsqueda (Web, Imágenes, Vídeos o Noticias) en un periodo determinado. También muestra las consultas y las páginas que tienen más éxito.

Las opciones de la categoría **Indexación** permiten hacer un balance de las páginas indexadas y no indexadas. Aquí encontrará los famosos errores 404 si determinadas páginas de su sitio web están afectadas. La opción **Sitemaps** le permite enviar la URL de su archivo sitemap a Google. La opción **Retirada de URLs** sirve para desindexar un contenido en la búsqueda de Google.

Las opciones de la categoría **Experiencia** proporcionan un resumen de los problemas detectados con **Core Web Vitals**.

La siguiente categoría se centra en posibles problemas de **seguridad y acciones manuales aplicadas por Google**.

El informe **Enlaces** es esencial para analizar los enlaces internos y externos más relevantes para su sitio web.

3. GSC: pros y contras

La herramienta que ofrece Google es realmente muy completa (y, además, gratuita) y le proporciona gran cantidad de información muy precisa sobre el contenido de sus páginas, su indexación, los criterios «on page» y «off page»: esto es indiscutible.

Sin embargo, la herramienta no es perfecta; Google nos muestra lo que quiere mostrarnos, con tiempos de actualización de información a veces insatisfactorios.

En conclusión, esta herramienta resulta esencial, pero es recomendable utilizarla en combinación con otras. Además, Google no es el único motor de búsqueda que ofrece herramientas para webmasters: Bing también lo hace, por ejemplo.

C. Google Analytics

La herramienta Google Analytics, que complementa a GSC, le permite analizar la audiencia y el tráfico en su sitio. A través de Analytics, obtendrá elementos de análisis cuantitativos y cualitativos muy útiles para optimizar su SEO.

1. La interfaz

La herramienta Google Analytics 4 es el complemento ideal para Google Search Console, ya que le permite analizar el tráfico de su página en detalle.

Debe iniciar sesión con su cuenta de Google para acceder a ella.

Esta herramienta está disponible aquí: https://analytics.google.com/analytics/web

➜ En la lista de sitios disponibles (aquellos para los que Google pudo verificar que usted era el propietario o el administrador), haga clic en aquel a cuyo seguimiento desee acceder.

La página de inicio le presenta una visión general de los datos:

- el tráfico en sus páginas,
- el volumen de usuarios,
- los datos demográficos, en función del sistema utilizado; datos de Google Mobile,
- y los canales que generan tráfico hacia su sitio.

2. Las funcionalidades

Desde esta página, y usando los enlaces situados a la izquierda, obtiene datos más precisos y muy útiles para auditar su tráfico: datos que usará para optimizar su SEO.

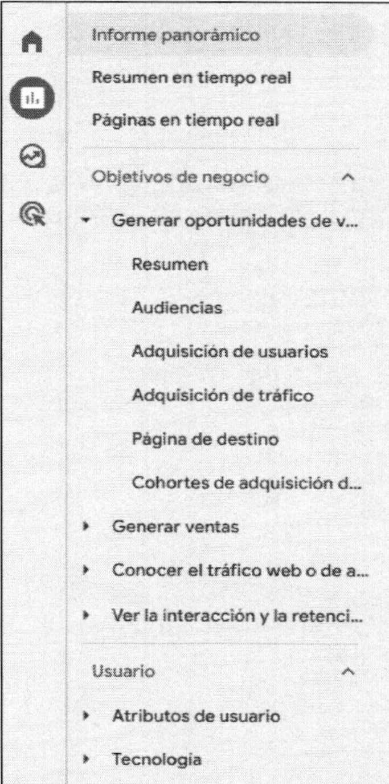

En la categoría **Generar oportunidades de venta** encontrará información sobre:

- la procedencia de sus visitantes y el idioma utilizado,
- su comportamiento (usuarios nuevos o recurrentes, frecuencia de visitas e interacciones).

En la categoría **Ver la interación y la retención de usuarios, obtendrá datos útiles** sobre el comportamiento de los visitantes y el rendimiento del sitio. Podrá saber si los usuarios permanecen mucho tiempo en el sitio web y si generan alguna interacción.

En Google Analytics 4, una sesión con interacción corresponde, como mínimo, a una de estas tres acciones relacionadas con la sesión:

- duración superior a 10 segundos,
- sesión con un evento de conversión,
- la visualización de al menos de 2 páginas o 2 pantallas.

En la categoría **Resumen en tiempo real**, obtendrá información valiosa sobre las fuentes de tráfico y el contenido del sitio en tiempo real.

Para obtener más información sobre Google Analytics 4, le recomendamos que lea el libro dedicado a este tema publicado por Ediciones ENI.

D. Herramientas de los navegadores

Algunos navegadores ofrecen una «caja de herramientas» que puede ser interesante en términos de optimización de su sitio.

Chrome, el navegador de Google, también ofrece un conjunto de módulos que puede agregar a dicho navegador. Los encontrará aquí: https://chrome.google.com

→ La **Chrome web store** ofrece diferentes módulos.

→ Luego busque **SEO**: https://chromewebstore.google.com/search/seo?hl=es.
Obtendrá una lista de herramientas descargables:

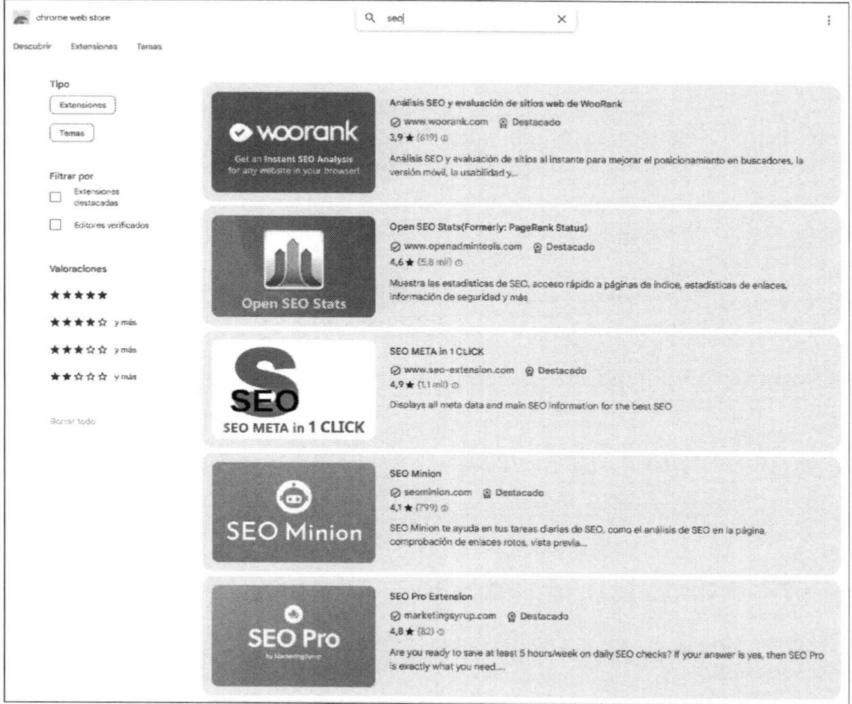

Estas herramientas completan la colección de las herramientas que proponen Google y Bing.

E. Herramientas de optimización

1. Herramientas SEO

Algunas herramientas le permiten evaluar y optimizar su SEO, por ejemplo, realizando una monitorización de posicionamiento.

Hoy en día es dificil (casi imposible) encontrar herramientas gratuitas y de calidad para hacer un seguimiento del posicionamiento de un sitio web. Sin embargo, la mayoría de las herramientas disponibles ofrecen una versión *freemium* con acceso limitado a ciertas funciones, como SemRush, Woorank, etc.

Puede consultar una lista de herramientas en: https://wizishop.com/blog/keyword-rank-checker.

En cuanto a la optimización SEO del sitio, existen algunas herramientas gratuitas que pueden resultar útiles, como https://en.alyze.info/.

2. Herramientas de netlinking

a. Majestic SEO

Dispone de varias herramientas que le brindan información valiosa sobre su estrategia de netlinking; sin embargo aparte de Google Search Console, actualmente todas son de pago, como Majestic, que solo ofrece un análisis gratuito.

- Vaya a: http://es.majesticseo.com/
- Introduzca la URL o las palabras claves que desee probar.
- Haga clic en la lupa para iniciar la aplicación.

Dispone de diversas áreas para el análisis de enlaces; no obstante, será preciso que se registre en el sitio para acceder a toda la información.

b. Link Explorer

Link Explorer de **Moz** ofrece las mismas funcionalidades, pero con una presentación diferente, y permite realizar hasta 10 consultas mensuales con acceso a 50 líneas de datos, por cada una.

→ Vaya a: https://moz.com/link-explorer

→ Introduzca la URL que quiere probar.

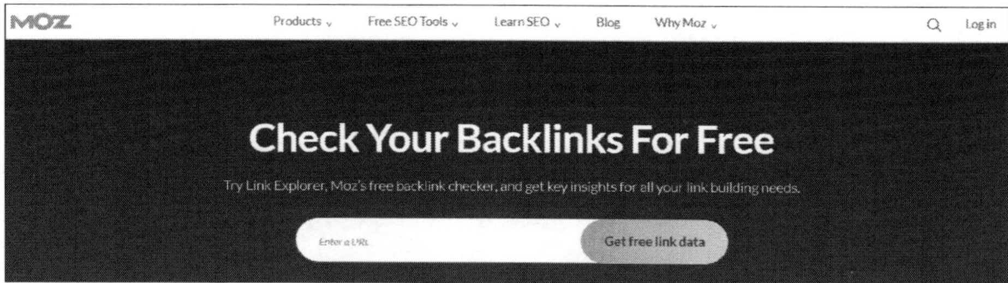

Obtendrá un informe completo (aunque determinada información queda reservada para los suscriptores), que incluye:

- la lista de páginas con un enlace al suyo,
- indicación sobre la autoridad de la página,
- indicación sobre la autoridad del dominio,
- el número total de enlaces.

F. Herramientas para las redes sociales

Encontrará una multitud de herramientas en línea dedicadas a la gestión de redes sociales, tanto para automatizar publicaciones como para medir su e-visibilidad. La mayoría también son de pago con un acceso gratuito limitado.

Ya hemos hablado extensamente sobre el tiempo que requiere una presencia activa en las redes sociales. Para ahorrar tiempo, algunas herramientas disponibles en línea le permiten preparar sus publicaciones en varias redes al mismo tiempo.

1. HootSuite

HootSuite es una de estas herramientas.

→ Vaya a: http://hootsuite.com/

→ Cree una cuenta si no dispone ya de una.

→ A continuación, conecte sus perfiles de redes sociales.

2. Buffer

Con esta herramienta podrá dinamizar sus cuentas de redes sociales, en particular Facebook, Instagram, LinkedIn y X (antes Twitter), ahorrando un tiempo valioso.

Buffer le permite programar su dedicación «editorial»: usted define sus horarios de publicación, preparando sus entradas para ser publicadas.

También dispone de complementos para Firefox, Chrome y Safari, que le ayudarán con estas tareas de publicación planificada.

- Para probarla, vaya a: https://buffer.com/. La versión gratuita permite conectar hasta tres redes sociales.
- A través de la función **Dashboard**, conecte sus cuentas de Facebook, Instagram, LinkedIn, X (antes Twitter), etc.

Acabamos de revisar algunas de las principales herramientas que le ayudarán a dirigir su estrategia de SEO.

Veamos qué conclusiones extraer de la auditoría de SEO que ha completado como resultado de la implementación de su estrategia.

Capítulo 20

Llegar a conclusiones útiles

A. Causas y consecuencias

Como ya sabe, lo esencial es el contenido y la actualización de ese contenido.

Si lo indexa y posiciona, pero no recibe suficientes visitas, es que los visitantes no hacen clic en los enlaces que se muestran en las páginas de resultados. Si no hacen clic, es porque no quieren: pero ¿por qué?

- El estímulo no es lo bastante potente: tal vez el título del sitio no sea lo suficientemente claro; tal vez la descripción que se muestra en los resultados no anime a los usuarios a hacer clic; tal vez usted no haya posicionado su página con las palabras clave correctas.
- ¿Cuándo fue su última actualización? Cada vez más, los motores de búsqueda muestran la fecha de actualización de las páginas. Si esta fecha es demasiado antigua, hay un problema: ¿quién quiere ir a visitar un sitio cuya información se remonta a varios meses antes?

Intente optimizar estos elementos de nuevo.

Si el tiempo de visita es demasiado corto, y no tiene suficiente feed-back en términos de contactos, por ejemplo, hay un problema de contenido. Estas pueden ser las causas:

- Contenido poco interesante.
- Contenido demasiado ligero o demasiado pesado: recuerde que leer en la pantalla es más difícil que en papel. No tiene sentido proponer páginas que contengan miles de palabras: no se leerán. Envíe un mínimo de 300 palabras. Con menos de 300 palabras, es difícil decir algo consistente.
- Contenido mal organizado: revise la ergonomía de su sitio o la estructura de árbol. ¿Las secciones están bien organizadas? ¿La navegación es fluida? ¿Están claros los títulos de las secciones?
- ¿Está bien diseñada la navegación? La función de un sistema de navegación es permitir al internauta ubicarse en la estructura del sitio y orientarse. ¿Es ese el caso? Adopte el papel del visitante medio en su propio sitio o haga que alguien lo visite y le haga comentarios críticos. Recopile los comentarios y aprenda de ellos.
- ¿Está bien definido el público objetivo? ¿Su contenido realmente se dirige a la audiencia que definió en su estrategia de marketing? En caso afirmativo, ¿eligió las palabras clave correctas?

Intente optimizar su estudio de mercado y su contenido.

Si su sitio no está presente en las herramientas de búsqueda, ¿cuáles pueden ser los motivos?

- Es demasiado pronto: su sitio aún no está indexado, tenga paciencia.
- Inconscientemente ha utilizado técnicas de spamdexing y las herramientas de búsqueda se niegan a indexar su sitio: en este caso, es urgente revisar las técnicas de optimización utilizadas y eliminar las técnicas situadas en la línea roja.
- Le han afectado los filtros Panda/Coatí o Penguin.
- A los directorios no les pareció interesante su sitio en relación con sus criterios: revise el contenido o cambie la categoría.

Después de corregir su sitio, repita sus acciones de SEO.

Si su sitio está indexado, pero no bien posicionado o si usted no está satisfecho con el posicionamiento, no hay duda de que los motores de búsqueda consideran que sus páginas no cumplen suficientemente con sus criterios de relevancia.

- Revise las listas de criterios on page y off page.
- Optimice su contenido para cumplir con los criterios on page.
- En cuanto a los criterios off page, intente aumentar la notoriedad de su sitio, realice acciones promocionales, procure hacer que sus páginas sean más populares.
- Sea más activo en las redes sociales que ha seleccionado.

B. Resumen de posibles causas y acciones a implementar

Para ayudarle mejor en esta fase de evaluación/ajuste, he aquí una tabla no exhaustiva sobre las disfunciones, sus posibles causas y las acciones a implementar.

Constatación	Causas posibles	Acciones
No está presente	Tiempo de respuesta excesivo Olvido de los motores Rechazo (spamdexing) Página no es bastante popular	Paciencia Repita la solicitud Corrija su sitio Emprenda acciones de promoción
Está mal posicionado	PageRank demasiado débil Popularidad demasiado débil	Optimice sus criterios de relevancia Rehaga acciones promocionales y de netlinking
No obtiene suficientes visitas	Sitio mal indexado	Optimice sus criterios y rehaga las acciones de SEO Plantéese el posicionamiento de pago Sea más activo en las redes sociales
No obtiene suficientes visitas de calidad	Palabras clave mal elegidas Contenido podo adecuado Público objetivo mal evaluado	Revise el contenido Afine su público objetivo
Los tiempos de visita son demasiado cortos	Problema de contenido Problema de público objetivo	Revise el contenido Revise las palabras clave

En cualquier caso, e incluso si obtiene resultados satisfactorios, su trabajo como SEO no ha terminado.

El SEO es un trabajo a largo plazo, que debe actualizarse periódicamente.

- Todos los días aparecen muchos sitios en la Web.
- Las herramientas de búsqueda aparecen (y desaparecen).
- Los algoritmos de las herramientas de búsqueda evolucionan con frecuencia.
- La importancia relativa de los criterios de relevancia se modifica constantemente.
- Aparecen nuevos modos de hacer SEO.
- Aparecen nuevas funcionalidades en los motores de búsqueda que impactan en el SEO (Google SGE, por ejemplo).

C. La regularidad, requisito imprescindible

Para mantener sus páginas bien posicionadas:

- Siga las estadísticas de su audiencia con atención y regularidad.
- Controle con cuidado y regularidad su posicionamiento en las palabras clave elegidas.
- Utilice regularmente las herramientas de análisis disponibles en su cuenta de Google.
- Repita acciones de SEO tan pronto como modifique el contenido de sus páginas de manera significativa: los robots lo volverán a visitar y se modificará la fecha de actualización que posiblemente se muestre. Haga lo mismo en los directorios, utilizando el formulario para modificar la información que le concierne (pero tenga cuidado: existe el riesgo de ser desindexado).
- Manténgase activo en las redes sociales: intercambie información, opiniones, etc., con sus contactos, comparta con ellos comentarios, noticias...
- Manténgase al tanto de los desarrollos en el mundo de las herramientas de búsqueda. Todo evoluciona rápidamente. Los criterios de relevancia actuales pueden cambiar, su importancia mutua puede variar y luego tendrá que optimizar su sitio de acuerdo con los nuevos criterios y/o la nueva escala de valores de estos criterios.
- Esté atento también al nacimiento de nuevas herramientas de búsqueda. Recuerde: Google no es tan viejo y su éxito (monopolio) es en última instancia muy reciente.
- Aumente su presencia en las redes sociales.

En todos los casos, encargarse del SEO implica un trabajo de monitorización regular.

Manténgase vigilante en relación con:

- los motores de búsqueda. En el caso de Google, no pierda de vista la versión estadounidense del motor, ya que en ella se prueban por primera vez las funciones nuevas,
- las técnicas,
- las herramientas,
- los indicadores,
- el contenido del sitio,

- las redes sociales: nuevas funcionalidades propuestas en redes sociales existentes y redes sociales emergentes,
- Siga de cerca las noticias sobre la búsqueda por voz de Google, la orientación AEO de Google así como el uso de inteligencia artificial en el motor de respuestas.

En definitiva, se requiere un compromiso con un enfoque a largo plazo. Su papel como SEO no termina nunca.

A lo largo de este libro, hemos insistido en que el contenido de su sitio es realmente primordial.

Esto significa que la etapa de reflexión sobre el diseño/creación de su sitio o blog, que se lleva a cabo mucho antes que el SEO, es la más importante. Es más: si omite este paso, tendrá muy pocas posibilidades, por no decir ninguna, de estar correctamente indexado y bien posicionado en las herramientas de búsqueda, haga lo que haga.

El trabajo de SEO es un trabajo a largo plazo que comienza mucho antes de la definición técnica de su proyecto de sitio web. Le hemos explicado los pasos tratando de hacerlos inteligibles, ilustrándolos con imágenes y ejemplos.

Esperamos haber tenido éxito en esta tarea y que este libro le resulte útil durante todo el proceso de SEO.

En realidad, se trata de un trabajo que requiere una serie de conocimientos (que hemos tratado de poner a su disposición), mucho tiempo, paciencia y, a veces, un presupuesto más o menos generoso dependiendo de los objetivos establecidos.

Solo un último consejo: la indexación de un sitio web no se limita a una posición en Google y no todos los visitantes provienen de una herramienta de búsqueda. Use todos los medios a su disposición: láncese a las redes sociales y asegúrese en una o dos de ellas una presencia regular y relevante.

También hemos mencionado la llegada de la inteligencia artificial en el contexto del posicionamiento natural. Es importante recordar que se trata únicamente de una herramienta complementaria para ayudarle a crear contenido relevante. Solo usted puede aportar el valor que convierte ese contenido en algo realmente útil..

El futuro de Google SGE sigue siendo incierto, tanto por la relevancia y los matices de sus resultados, como por la posible pérdida de ingresos para la propia Google, ya que Google Ads perdería importancia siaumentarasignificativamente el uso de SGE. Por lo tanto, los fundamentos expuestos en este libro pueden evolucionar. Lo único quedebe hacer ahora es mantenerse atento a las novedades que surjan tras la publicación de este libro.

Para complementar esta información, ofrecemos a continuación un glosario sobre los términos utilizados en el mundo del SEO y más ampliamente en el de la Web.

También ponemos a su disposición un índice de términos utilizados y una webografía que, a buen seguro, le resultará de gran utilidad para completar su información y llevar a cabo su trabajo de monitorización.

Le deseamos muchos visitantes a su sitio o blog.

A

AdWords	Nombre de la herramienta de posicionamiento de pago que ofrece Google.
AEO	*Answer Engine Optimization:* orientación de Google hacia un motor de respuesta en lugar de un motor de búsqueda.
AEPD	Agencia Española de Protección de Datos: autoridad pública independiente encargada de velar por la privacidad y la protección de datos de los ciudadanos en España.
Ajax	Tecnologías y lenguajes para crear sitios web 2.0.
Algoritmo	Descripción detallada de un programa informático.
Alojamiento web, host	Para que su sitio web esté accesible en todo el mundo las 24 horas, debe estar instalado en un servidor web. El alquiler de un espacio en un servidor web recibe el nombre de «alojamiento web».
AMP	Formato open source desarrollado por Google para hacer más ligeras las páginas web móviles.

B

Backlink	Enlace entrante a una página.
Backrub	Nombre del proyecto inicial que ha acabado convirtiéndose en Google.
B2B	*Business to business:* dícese de los sitios web que se dirigen a empresas o profesionales.
B2C	*Business to consumer:* dícese de los sitios web que se dirigen a los particulares.
Blogs	Diarios personales en línea, accesibles a los internautas: los visitantes de los blogs pueden leer y participar.
Búsqueda por voz	Buscar información utilizando los asistentes de voz.
Búsqueda universal	Búsqueda en las bases de datos (imágenes, vídeos, noticias, mapas, etc.).
Byte	Unidad de medida del tamaño de los archivos informáticos.

C

Cloaking	Técnica consistente en «duplicar» páginas web con la intención de burlar a las herramientas de búsqueda.
Clustering	Técnica que consiste en limitar el número de páginas de un mismo sitio que se muestran en los resultados de los motores.
CPC	Coste por clic: modo de facturación adoptado en la publicidad en línea.
CPM	Coste por 1000 impresiones: modo de facturación habitual de la publicidad en línea.
Crawler	Robot de las herramientas de búsqueda dedicado a rastrear información; también conocido como «spider».

D

Dirección IP	Número que corresponde a la dirección de un ordenador conectado a Internet.
Directorio	Sitio web de búsqueda de información basado en la clasificación y la búsqueda de sitios por temas y subtemas.
Dominio	Nombre que identifica a un servidor de Internet.

E

Editor HTML	Software de creación de páginas web.
Enlace azul	Resultado de posicionamiento orgánico.
Enlace patrocinado	Hiperenlace que se ha comprado mediante subastas de palabras clave.
Error 404	Mensaje de error que aparece en su navegador cuando un hiperenlace se ha roto o ya no existe.
Estructura en árbol de un sitio web	Estructura representada en forma de árbol que describe las secciones y las rutas de visita previstas para un sitio web.

F

Flash	Software de animación 2D.
Foro	Servicio de Internet que permite a los suscritos a él comunicarse sobre un mismo tema de forma síncrona o asíncrona.

G

Generador de palabras clave	Herramienta que sugiere palabras clave a partir de una palabra dada.
Google Analytics	Nombre de la herramienta de análisis que ofrece Google.

Googlebot	Nombre del robot del motor de Google.
Google Search Console	Interfaz de gestión de SEO que ofrece Google a los webmasters.

H

Herramienta de búsqueda	Término que agrupa motores y directorios: herramientas para encontrar información en Internet.
HTML	*Hyper Text Markup Language:* lenguaje de etiquetas utilizado en la creación de páginas web.
HTTP	*Hyper Text Transfer Protocol:* nombre del protocolo utilizado para la transmisión de información en la Web.

I

Indexación	Indexación de páginas y sitios web en las bases de datos de los motores y directorios.
Interfaz	Modúlo gráfico interactivo que facilita el uso de un programa informático.

J

JavaScript	Lenguaje de script que sirve para añadir interactividad a las páginas HTML.

K

Kilobyte	Unidad de medida del tamaño de los archivos en informática: un kilobyte equivale a mil bytes.

L

Landing Page	Página de destino de los enlaces patrocinados en una campaña de posicionamiento de pago.
Linkbait	Estrategia de intercambio de enlaces definida en el contexto de una estrategia de marketing.
Log	Archivo de texto que enumera los eventos acaecidos en un archivo informático.

M

Metabuscador	Aplicación que permite lanzar consultas en varias herramientas de búsqueda simultáneamente.
Mobile First	El índice de Google ahora se conoce como Mobile First porque da prioridad a las páginas diseñadas para mostrarse en un teléfono móvil.

	Motor de búsqueda	Sitio de Internet especializado en la búsqueda de información que se basa en las búsquedas por palabra clave.
N		
	Navegador	Software que sirve para visualizar páginas web.
O		
	Operador booleano	Operador lógico utilizado en la búsqueda de información en Internet: AND, OR y NOT.
P		
	PageRank	Calificación atribuida por Google a una página web.
	Página dinámica	Página web cuyo contenido se ha extraído de una base de datos.
	Palabra clave	Palabra introducida por el internauta en las consultas de búsqueda y utilizada por los motores para buscar información en su índice.
	PHP	Lenguaje de programación que permite crear, entre otras, páginas dinámicas.
	Posicionamiento	Rango de una página web en las listas de resultados para una palabra clave concreta.
	Posición 0	Zona situada por encima de los resultados de búsqueda clásicos (de pago o gratuitos).
R		
	Rang/Ranking	Lugar que ocupa una página en los resultados de las herramientas de búsqueda.
	Rich Media	Formato publicitario que integra recursos multimedia.
	Robots	Nombre de las herramientas de software utilizadas por los motores para la búsqueda e indexación de páginas web.
	Robots.txt	Archivo de texto que sirve para informar a los robots de las herramientas de búsqueda sobre las páginas o carpetas que deben visitar en un sitio web.
	ROI	*Return On Investment* (retorno de la inversión): cálculo efectuado para saber si una inversión es rentable o no.

S

SEA	*Search Engine Advertising:* optimización de los anuncios de pago (Google Adwords) en Google y los demás motores.
SEM	*Search Engine Marketing:* estrategia de optimización de web marketing que incluye SEO, SEA, AEO, SMO.
SEO	*Search Engine Optimizer:* proveedor de servicios de TI que ofrece soluciones de optimización de sitios para los motores de búsqueda.
SERP	*Search Engine Results Pages:* páginas de resultados de los motores de búsqueda.
SMO	*Social Media Optimization:* optimización de los sitios en relación con las redes sociales.
Solicitud de indexación	Solicitud de indexación realizada a un motor de búsqueda.
Spam	Técnica fraudulenta que consiste en enviar al máximo de destinatarios posible correos electrónicos no solicitados.
Spamdexing	Técnica fraudulenta de indexación cuyo objetivo es engañar a las herramientas de búsqueda.
Spider	*Véase Crawler.*

T

Tracking	Sistema de seguimiento de la visita de un internauta.

U

URL	*Uniform Resource Locator:* dirección de una página en Internet.
Usenet	Conjunto de servicios de foros y grupos de noticias.

V

Visita	Consulta de un sitio web por un internauta.

W

Web	Red de páginas web almacenadas en servidores web y vinculadas entre sí mediante hiperenlaces.
Web social	Redes sociales.

B

C

D

E

F

G

I

L

M

N

O

P

SEO

SERP

SGE

SITEMAP

SITIO

X

Y

Para poder acceder durante un año
a la versión online de este libro,
envíenos su justificante de compra a

librodigital@ediciones-eni.com

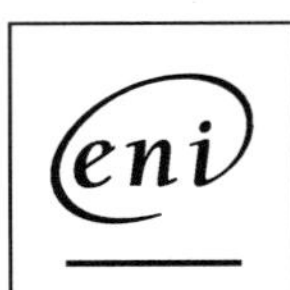